JASRAC概論

音楽著作権の法と管理

紋谷暢男［編］

日本評論社

はじめに──音楽文化とJASRAC

　日本音楽著作権協会は通常JASRAC（Japanese Society for Rights of Authors, Composers and Publishers）と称され、1932年（昭和7年）以降のプラーゲ旋風の結果1939年（昭和14年）に成立した「著作権ニ関スル仲介業務ニ関スル法律」（昭和14年法律第67号）に基づいて同年末に設立された。歌詞、楽曲に関する仲介業務を掌る日本最初の社団法人である。以来、同協会は2001年（平成13年）に著作権等管理事業法が制定されるまで、62年間にわたり日本で音楽著作権を管理する唯一の団体として活動してきた。著作権等管理事業法が制定された以降、他の著作権管理団体との競争下にあっても、確実な歩みを継続してきた。

　わが国の著作権法は、1899年（明治32年）に制定されたが、その後も実質的に著作権を保護するには程遠い状態にあり、「著作権法あれど著作権なし」の時代が続いていた。本書にもあるように、JASRACは、いわばわが国において著作権思想が理解されず、社会一般に普及していない時代に設立され、以降音楽の創作とその普及、流通、利用のために努めてきた。実に、日本の著作権管理の歴史は、音楽という分野を通して、JASRACがそれを牽引し、音楽著作者の社会的地位の向上と経済的保証を高めるとともに、他方その利用を促進し、音楽を通じてわが国の著作権思想の普及・啓発や文化の発展に貢献してきたといっても決して過言ではないだろう。

　現在、デジタル化・ネットワーク化の時代を迎え顕著に発達した科学技術を反映して、著作物の新しい多様な利用形態が生じてきた。しかも、それらが権利者の承諾もなくネットワークを介して大量に流通しており、従来の著作権制度では対応できないような問題も数多く生じている。かかる状況下において、著作者の権利を軽視し、著作権制度を否定するような見解も多数見受けられる。しかし、

著作者の権利を制限して著作物の流通促進を図ることは、流通機関が創作の場を有しないことから、著作物の創作奨励には自ずと限界があり、ひいては創作のインセンティブは失われ、日本の多様な伝統文化が衰退してゆく恐れも存する。他方、現在のようなネット時代においては、日本国内だけでは問題は解決されず、国際的な諸関係とその中における調整・調和が重要なものとなっている。

　JASRACは今年、創立70周年を迎えた。そこでかかる時代においてこそ、JASRACが蓄積してきた著作権管理のスキームや、日本国内外において果たしてきた役割などを検証することは、日本の著作権法を理解し、今後の発展を予見するうえにおいても有意義なものと思われる。

　今般、音楽を中心とする著作権制度の現状やJASRACの役割等を平易にまとめた出版物『JASRAC概論──音楽著作権の法と管理』が、日本評論社から刊行されることとなった。

　本書は、学術的にも著作権実務の観点からも、第一人者の先生方にそれぞれ執筆していただいた。したがって、本書が学術的、客観的な視点に立った解説書、入門書として、マスメディア、音楽やコンテンツビジネスの関係者、知的財産権を学ぶ方々にとって、音楽著作権を取り巻く現状や課題を理解する一助になれば幸いである。

　本書の刊行にあたり、きわめて多忙な中、執筆の労をとられた諸先生方に改めて謝意を表したい。

　2009年10月

紋谷暢男

目 次

はじめに──音楽文化と JASRAC────────────紋谷暢男 i

第1章　JASRAC 誕生の経緯と法的環境────────大家重夫 1
　　1　JASRAC と民法（公益法人）……………………………… 2
　　2　旧著作権法とベルヌ条約…………………………………… 3
　　　（1）翻訳権の 10 年消滅制度　3
　　　（2）ベルリン会議　4
　　　（3）ローマ会議と著作権法改正　4
　　　（4）プラーゲ博士の登場　5
　　3　「プラーゲ旋風」の 10 年…………………………………… 5
　　　（1）プラーゲ博士と NHK　5
　　　（2）NHK と著作権使用料　6
　　　（3）プラーゲ博士の活動　8
　　　（4）旧著作権法 30 条 1 項 8 号とプラーゲ博士　11
　　　（5）プラーゲ博士の「大日本音楽作家出版者協会」　11
　　　（6）プラーゲ博士への抵抗──団体設立へ　12
　　　（7）「大日本音楽著作権協会」の誕生　13
　　　（8）「著作権ニ関スル仲介業務ニ関スル法律」の制定　14
　　　（9）プラーゲ博士の帰国　14
　　4　戦後の著作権をめぐる動きと JASRAC …………………… 15
　　　（1）昭和 45 年の著作権法全面改正まで　15
　　　（2）著作権法全面改正と 30 条 1 項 8 号の廃止　17
　　　（3）新しい利用形態の登場　18
　　5　JASRAC を取り巻く法と制度……………………………… 19
　　　（1）「著作権等管理事業法」誕生の背景と意義　19
　　　（2）管理団体複数化と独占禁止法　20
　　　（3）JASRAC と信託法　21
　　　（4）著作権の登録制度　22
　　　（5）公益法人制度改革と JASRAC　23
　　　（6）弁護士法と JASRAC　25
　　　（7）JASRAC と著作権協会国際連合（CISAC）　25
　　6　おわりに……………………………………………………… 27

第2章　JASRAC が管理する権利──────────上野達弘 29
　　1　はじめに……………………………………………………… 30

        (1) 問題の所在　30
        (2) 信託契約約款　30
        (3) JASRACが管理する権利　31
        (4) 著作権の制限　34
        (5) 本章の構成　34
    2 著作権の内容……………………………………………………………… 35
        (1) 複製権　35
        (2) 上演権・演奏権　35
        (3) 上映権　37
        (4) 公衆送信権等　38
        (5) 口述権　39
        (6) 展示権　40
        (7) 頒布権　40
        (8) 譲渡権　41
        (9) 貸与権　41
        (10) 翻訳権・翻案権等　41
        (11) 二次的著作物利用権　43
    3 著作権の制限……………………………………………………………… 44
        (1) 権利制限規定　45
        (2) 保護期間　52
    4 著作者人格権……………………………………………………………… 54
        (1) 公表権　55
        (2) 氏名表示権　56
        (3) 同一性保持権　57
        (4) みなし著作者人格権侵害　58
        (5) 著作者が存しなくなった後における人格的利益保護　58
    5 おわりに…………………………………………………………………… 59

第3章　JASRACへの音楽著作権の信託─────────鈴木道夫　61
    1 著作権等管理事業法の制定 ……………………………………………… 62
    2 著作権等管理事業法による規制 ………………………………………… 63
        (1) 管理委託契約　63
        (2) 一任型の管理　64
        (3) 規制の内容　64
    3 管理委託契約約款を構成する10の諸規程の概要 ……………………… 66
        (1) 信託契約約款　66
        (2) 著作物使用料分配規程　66
        (3) 収支差額金分配規程　66
        (4) 私的録音補償金分配規程　67
        (5) 私的録画補償金分配規程　67
        (6) 管理手数料規程　67

(7) 信託契約申込金規程　　67
　　　(8) 私的録音補償金管理手数料規程　　68
　　　(9) 私的録画補償金管理手数料規程　　68
　　　(10) 信託契約の期間に関する取扱基準　　68
　4　信託契約締結の手続き …………………………………………… 68
　　　(1) 委託者となることができる者　　68
　　　(2) 訳詞・編曲の取扱い　　70
　　　(3) 音楽出版者について　　71
　　　(4) 信託契約の手続き　　76
　　　(5) 著作権信託契約の承継の届出　　77
　　　(6) 信託契約の締結とJASRACの会員との関係　　77
　5　管理委託範囲の選択 ……………………………………………… 78
　　　(1) 管理委託範囲に関する原則　　78
　　　(2) 管理委託範囲の選択制　　80
　　　(3) 管理委託範囲の選択の方法　　80
　　　(4) 管理委託範囲から除外できる「支分権の区分」と
　　　　　「利用形態の区分」　　82
　　　(5) 音楽出版者との複数著作権信託契約　　85
　　　(6) 外国地域における管理委託範囲の選択区分　　86
　6　著作権管理の特例 (1)──著作権譲渡の特例 ………………… 86
　7　著作権管理の特例 (2)──著作権管理の留保または制限 …… 89
　　　(1) 音楽出版者以外の著作権者の場合　　90
　　　(2) 音楽出版者の場合　　93
　　　(3) すべての委託者に共通する留保または制限　　94
　8　著作権管理の特例 (3)──使用料を指定できる利用形態 …… 95
　　　(1) 「指し値」を認める利用形態　　95
　　　(2) シンクロナイゼイション・ライツ　　96
　9　著作権管理の特例 (4)──分配保留、許諾停止および信託除外 …… 96
　　　(1) 分配保留　　96
　　　(2) 許諾停止　　97
　　　(3) 信託除外　　97
　10　信託契約期間と契約更新 ………………………………………… 97
　　　(1) 信託契約期間　　97
　　　(2) 自動更新　　98
　　　(3) 管理委託範囲の変更　　99
　11　著作権信託契約の解除 …………………………………………… 99
　　　(1) 委託者からの信託契約の解除　　99
　　　(2) JASRACからの信託契約の解除　　100
　　　(3) 契約終了による著作権の移転　　100
　12　信託契約における当事者の義務 …………………………………101
　　　(1) 委託者の義務　　101

　　　　　(2) 受託者の義務　　103

第4章　JASRACの音楽著作権管理―――――――――――市村直也　107
　1　JASRACの音楽著作権管理の特徴 …………………………………108
　　　　　(1) 信託による著作権管理　　108
　　　　　(2) 網羅的な著作権管理　　118
　　　　　(3) 指定管理事業者としての管理　　122
　2　利用許諾から使用料分配までの流れ…………………………………124
　　　　　(1) 利用許諾の種別――曲別許諾と包括許諾　　125
　　　　　(2) 使用料の種別――曲別使用料と包括使用料　　126
　　　　　(3) 分配方法の種別――曲別分配、センサス分配、
　　　　　　　およびサンプリング分配　　127
　　　　　(4) 使用料の送金および分配結果の通知　　130
　3　利用許諾 ………………………………………………………………131
　　　　　(1) 利用許諾契約　　131
　　　　　(2) 利用許諾ができない場合　　133
　4　使用料の徴収 …………………………………………………………137
　　　　　(1) 使用料規程　　137
　　　　　(2) 「指し値」について　　139
　5　使用料の分配 …………………………………………………………142
　　　　　(1) 分配対象作品の特定　　143
　　　　　(2) 関係権利者の特定　　144
　　　　　(3) 分配率　　145
　　　　　(4) 権利確定基準日　　147
　　　　　(5) 分配計算および送金　　148
　6　むすび …………………………………………………………………150

第5章　著作権侵害とJASRACの対応
　　　　――司法救済による権利の実効性確保――――――――田中　豊　151
　1　JASRACの対応を決定する諸要因 …………………………………152
　　　　　(1) 侵害に弱い著作権　　152
　　　　　(2) 管理の公正性――著作権等管理事業者であり、信託契約に基づく
　　　　　　　受託者であること　　152
　　　　　(3) 司法救済を求めた民事事件数の推移　　153
　2　権利侵害（直接侵害）の形態と特徴……………………………………155
　　　　　(1) 密室性　　155
　　　　　(2) 匿名性　　156
　　　　　(3) 大量性・零細性　　156
　　　　　(4) 小　括　　157
　3　侵害行為の証明――密室性を乗り越えて ……………………………157

        (1) はじめに　157
        (2) 社交ダンス教授所事件　158
        (3) デサフィナード事件　163
        (4) 将来への示唆　164
　　4　利用主体論の発展——著作物の利用拡大と権利の実効性の確保 …………165
        (1) 著作物の利用量および利用形態の著しい拡大　165
        (2) 規範的利用主体論——クラブ・キャッツアイ事件最高裁判決　166
        (3) 権利侵害の道具の提供者についての共同不法行為論の展開　175
        (4) 権利侵害の道具の提供者に対する差止請求の可否　180
　　5　インターネット上の権利侵害とその対応 ……………………………………183
        (1) インターネット環境の投げかける問題　183
        (2) 米国のナップスター事件決定から日本の
　　　　　ファイルローグ事件判決へ　184
        (3) MYUTA 事件判決　188
        (4) MGM 事件アメリカ合衆国連邦最高裁判決　190
　　6　おわりに ………………………………………………………………………191

第6章　国際条約と日本国著作権法 ———————————— 岡本　薫　193
　　1　「執筆依頼の内容」と「筆者の基本的スタンス」……………………………194
        (1) 執筆依頼の内容　194
        (2) 筆者の基本的スタンス　195
　　2　執筆依頼事項1：国際条約と JASRAC の関係 ……………………………200
        (1) 条約は「自国のもの」の保護を義務付けていない　200
        (2) 「条約の解釈」は勝手に決めてよい　203
　　3　執筆依頼事項2：JASRAC への提言 ………………………………………206
        (1) 筆者が行う「提言」の種類　206
        (2) JASRAC 理事長から聴取した「JASRAC の目標」　209
        (3) 具体的な提言の内容　209
　　4　おわりに ………………………………………………………………………227

第7章　音楽産業とその関係者——著作隣接権とは ——————— 前田哲男　229
　　1　音楽が鑑賞されるまでに関与する人々 ………………………………………230
        (1) 実演家　230
        (2) アーティスト事務所　231
        (3) 音楽出版社　231
        (4) レコード製作者・レコード会社　232
        (5) レコード販売店　233
        (6) レコードレンタル店　234
        (7) 放送事業者・有線放送事業者　234
        (8) 音楽配信事業者　235
        (9) 映画製作者　236

        (10) 相互関係　236
    2　著作隣接権の概観……………………………………………237
        (1) 実演家等に与えられる権利の種類　237
        (2) 著作隣接権のはたらき方　240
        (3) 著作隣接権の存続期間　241
        (4) 権利制限　242
    3　実演家の権利……………………………………………………242
        (1) 実演・実演家とは　242
        (2) 実演家人格権　243
        (3) 録音権・録画権　245
        (4) 放送権・有線放送権　249
        (5) 二次使用料請求権　251
        (6) 送信可能化権　251
        (7) 譲渡権　255
        (8) 貸与権等　255
        (9) 実演家にない権利　257
    4　レコード製作者の権利………………………………………258
        (1) レコード製作者とは　258
        (2) レコード製作者に認められる権利　259
        (3) 商業用レコードの還流防止措置　260
        (4) レコード製作者に与えられていない権利　261
        (5) 実演家の権利とレコード製作者の権利との関係　262
    5　放送事業者・有線放送事業者の権利………………………262
        (1) 放送事業者・有線放送事業者とは　262
        (2) 放送事業者の権利　263
        (3) 有線放送事業者の権利　264
        (4) 放送事業者等とJASRAC等の著作権等管理事業者との関係　265

第8章　著作権をめぐる今日的課題
  ——著作権制度を抜本的に見直す必要性と文化政策——————斉藤　博　269
    1　最近の動向……………………………………………………270
    2　デジタル化・ネットワーク化時代……………………………272
    3　メディアの多様化と情報の量の不均衡………………………272
    4　著作物の流通形態の変化への迅速な対応……………………273
        (1) Google和解案　273
        (2) Google和解案の提起した問題　275
        (3) 書籍流通の新たなチャンネル　276
        (4) フェアユース概念の不透明性　277
    5　「利用者」の拡散と著作権の個別処理…………………………278
        (1) 著作物の「利用者」の拡散　278
        (2) 権利の電子的処理　279

　　　　　(3) 技術的手段と権利管理情報　279
　　　　　(4) データベースの構築　281
　　6　関係者間の利益の調整 ……………………………………281
　　　　　(1) 著作権の内容をめぐる調整　281
　　　　　(2) 著作権の制限をめぐる調整　283
　　7　「創作者」の原点に立ち返る ……………………………287
　　　　　(1) 著作者と著作権者　287
　　　　　(2) 著作権の存続期間　289
　　　　　(3) 著作者人格権　289
　　　　　(4) 著作権制度の使命　290

コラム　アンケートにみるプラーゲ博士　10
　　　　　JASRACと多彩な文化事業　24
　　　　　もしもJASRACがなかったら　104
　　　　　カラオケGメン　168

事項索引─────────────────────291
判例索引─────────────────────296

第 1 章
JASRAC 誕生の経緯と法的環境

大家重夫

　日本における著作権法の歩みは明治32年（1899年）のベルヌ条約への加盟とともに始まった。その後、さらに40年を経て、初めて独自の音楽著作権管理団体「大日本音楽著作権協会」（JASRACの前身）が誕生することとなる。その歴史的な経緯とは何か。背景にはいかなる曲折と模索があったのか。本章では、JASRACの誕生から現在までを、著作権をめぐる内外の動きのなかに位置付けて素描し、さらに現在のJASRACの活動を根拠付けかつ制約している法律等の諸制度についての概観も与えておきたい。

1847年。当時の日本は孝明天皇と12代将軍家慶の時代、ペリー来航の6年前のことである。

　パリのシャンゼリゼのカフェ「アンバサドール」に2人の作曲家が連れ立って入った。アレキサンドル・ブールジェとビクトール・パリゾである。そのカフェでは、たまたまブールジェの作品が演奏されていた。席料と飲食代を支払う段になって、2人は、「作曲者に断りもなく、音楽を使っている。われわれは、払わないよ」と言ってカフェを出た。

　これにおさまらず、ブールジェは、セーヌ商事裁判所にカフェを訴えた。裁判所は同年9月8日、「アンバサドール」でブールジェの作品を演奏しないよう命じたが、店主はかまわずブールジェ作品の演奏を続けたため、再び訴訟となった。1848年8月3日、判決はやはり店主に損害賠償を命じ、さらに1849年4月26日、パリ控訴院もこの判決を是認した。

　この事件をきっかけとして、1850年3月18日、ブールジェ、パリゾ、アリニヨンの3人は、出版社コロンビエの援助を得て、「音楽作詞家作曲家著作権使用料徴収中央代理機関」を設立。翌1851年から使用料を徴収するとともに、作詞家・作曲家への分配を始めた。同年2月26日には「音楽作詞家作曲家出版者協会」（通称、SACEM＝「サセム」。Société des Auteurs Compositeurs et Editeurs de Musique）と名称を改めて、パリの公証人フルハンから設立の認証を受けた。音楽著作権の管理と使用料の徴収を行う団体の歴史的な誕生であった（J・J・ルモワール「SACEMの歴史」〔宮澤溥明訳〕日本音楽著作権協会報36号による）。

1　JASRACと民法（公益法人）

　人々が団体をつくり、その団体が社会的に認知されて活動を行うには、法人格を取得する必要がある。後で詳しく述べるように、日本音楽著作権協会（JASRAC）の前身「大日本音楽著作権協会」は、昭和14年（1939年）に当時の内務省から許可を得て社団法人となった。その背景には当の内務省の後押しがあった。作詞家・作曲家（のちに音楽出版社も加わる）をメンバーとし、それらメンバーがもつ著作権の信託譲渡を受けて、著作権使用料を徴収し、徴収した使用料をメンバーに分配するという事業を行う団体である。そのような団体が昭和14年の時点で、株式会社でも有限会社でも協同組合でもなく、公益法人といわれる社団法人として政府が認めたことの意義は大きい。

当時、民法（明治29年4月27日法律第89号）は、「祭祀、宗教、慈善、学術、技芸其他公益ニ関スル社団又ハ財団ニシテ営利ヲ目的トセサルモノハ主務官庁ノ許可ヲ得テ之ヲ法人ト為スコトヲ得」（34条）と規定しており、大日本音楽著作権協会は、この「公益ニ関スル社団」として許可されたのである。

　近年（平成18年）、公益法人の制度について、民法の法人の規定が改正され、「一般社団法人及び一般財団法人に関する法律」が公布施行され、「改正前の民法第34条の規定により設立された社団法人又は財団法人であってこの法律の施行の際現に存するものは、施行日後は、この節の定めるところにより、それぞれ一般社団法人又は一般財団法人として存続するものとする」（「一般社団法人及び一般財団法人に関する法律」および「公益社団法人及び公益財団法人の認定等に関する法律の施行に伴う関係法律の整備等に関する法律」〔平成18年6月2日法律第50号〕40条）と規定されている。日本音楽著作権協会は、「一般社団法人」または「公益社団法人」として存続していくことになるわけである。

　では、現在のJASRACは、どのような経緯でできあがったのだろうか。以下で、日本における著作権法の黎明期から現在までをたどりながら、JASRACの由来を浮き彫りにしてみよう。

2　旧著作権法とベルヌ条約

(1)　翻訳権の10年消滅制度

　明治32年（1899年）、日本に初めて著作権法（旧著作権法）が制定された。外国人の著作物を日本人の著作物と同様に保護するとともに、その保護期間を原則30年とし、著作権の発生に登録を要しない「無方式主義」を採用していた。著作権法制定と同時にベルヌ条約にも加盟したが、それは英・独等のヨーロッパ諸国との間の不平等条約の撤廃と引き替えに条約加盟を強いられたというのが真実の姿に近かった。

　当時の開発途上国・日本にとって最大の関心事は、外国文献を翻訳すること、しかも、できれば無断・無料で翻訳することであった。そのような事情に照らせば、著者がもつ翻訳許諾権（翻訳権）が10年で消滅するという当時の制度（1896年ベルヌ条約パリ追加規定第三）は、まだ容認できるものであったから、日本は、著作権法に「著作権者原著作物発行ノトキヨリ十年内ニ其ノ翻訳物ヲ発行セサルトキハ其ノ翻訳権ハ消滅ス」（旧著作権法7条1項）と規定した。

(2) ベルリン会議

ところが、明治41年（1908年）、ベルリンで開かれたベルヌ条約国際会議において、翻訳権を著作権の支分権とすること、したがって翻訳権の保護期間も、著作権と同じ30年とすること、という提案がなされたのである。当然日本はこの提案に反対し、10年間で翻訳が為されなければ、翻訳権は消滅するという従前の規定に準拠する旨の留保宣言をもって対抗した。「翻訳権10年留保」といい、上述の旧著作権法7条の規定に基づくものであり、日本はその後長く法改正を行うことなく、昭和45年までこれを維持することになる。

ところで、ベルヌ創設条約では「表紙もしくは冒頭において、その演奏を禁止する旨を明示して公にしたる楽譜の演奏」のみに「著作権」を認めることが規定されていたが、ベルリン会議では、この条項を廃止することも決められた（ベルヌ条約ベルリン改正条約11条）。これについても日本は、従前のベルヌ創設条約の規定に準拠するという留保宣言をもって応じた。この時ベルリン会議に出席していた水野錬太郎（内務省参事官）は、会議の場ではひとことも音楽著作物の上演・演奏について発言せずに帰国した。その後内務省警保局において、留保宣言を行うことが決まったといわれるが、日本における洋楽の振興のためには、著作者の許諾なしで音楽著作物を演奏できる機会を広げることが必要であるとの思惑を背景に、音楽関係者や文部省関係者が内務省と協議したことが推測されるのである。

(3) ローマ会議と著作権法改正

ベルリン会議から20年後の昭和3年（1928年）、ベルヌ条約のローマ会議が行われた。この会議では、ラジオという新たなメディアの出現に対して、「放送権」がテーマとして取り上げられた。また映画、定期刊行物に関しての規定が修正され、「著作者人格権」が採り入れられた。

日本は、このベルヌ条約ローマ改正条約を批准するに際し、翻訳権（ローマ改正条約8条）については、上述の「10年留保規定」を維持したが、もうひとつの改正ベルリン条約11条に関する留保は放棄することとした。

ローマ改正条約に対応して、昭和6年6月1日に著作権法が改正され、同年8月1日から施行された。この結果、日本でも音楽の著作権について、ヨーロッパ諸国と同じく、楽譜の複製はもちろん、レコードに音楽を吹き込むこと、大勢の人々の前で演奏すること、および演奏をラジオで放送することにも著作権が及ぶ

ことになった。

(4) プラーゲ博士の登場

　日本でもヨーロッパの音楽家の著作権が全面的に保護されることになったと知り、英国、フランス、ドイツ、イタリア、オーストリアの5カ国からなる音楽著作権管理団体が日本に代理人を置くことを検討し始めた。この団体は「カルテル」と呼ばれ、正式名称を Cartel des Sociétés D'Auteurs de Perceptions non Théatrales（「演劇を除外した作詞作曲文芸著作権管理団体」）といった。当初カルテルは、日本における代理人は日本人が望ましいとの方針で人選を進めたらしいが、適任者が見つからなかったため、東京在住のドイツ人ウィルヘルム・プラーゲ博士（Wilhelm Plage〔1888～1969〕）に白羽の矢が立った。プラーゲ博士は当時、旧制府立高校、旧制一高でドイツ語の教師をしており、日本語に堪能で、「現行日本民法における家族関係」と題する論文によってハンブルク大学で法学博士号を得ている人物だった。

　プラーゲ博士は、カルテルとともに BIEM（「ビーム」。Bureau International de L'Edition Musico-Mécanique）というレコード録音権のみを管理する著作権管理団体（機械的写調権国際事務局）からも、日本における使用料の徴収の委任を受けた。プラーゲ博士が、カルテルおよび BIEM の代理権限を取得したのは昭和6年のことであった。

3　「プラーゲ旋風」の10年

(1)　プラーゲ博士と NHK

　昭和7年7月22日、プラーゲ博士は社団法人日本放送協会（NHK）に姿を現した。博士は英仏独伊墺5カ国の音楽著作権管理団体（カルテル）および BIEM の代理人を名乗って、今後ヨーロッパ音楽家の作品を放送するにあたっての著作権使用料を自分に支払うよう求めた。博士が提示した使用料は、歌曲1曲当たり3分刻みで、はじめ20円、のち15円であった。ちなみに、当時の巡査の初任給（基本給）は45円ほどであったといわれる（週刊朝日編『値段の明治大正昭和風俗史』〔朝日文庫、1987年〕）。

　交渉を重ねた末、同年12月17日、プラーゲ博士の管理楽曲全部について、昭和7年8月1日から1年間、月額600円、昭和7年以前に遡る1年分として、一

括して2000円を支払うことで合意が成立し、以下のような契約書が博士とNHKの間で交わされることになった。

「第1　甲（日本放送協会）は、乙（プラーゲ博士）の管理に属する総べての著作権にして既に発行又は興行したるものは予め許諾を経ずして之を放送し得るものとす。

第2　甲は乙に対し毎月六百円（日本通貨を以てす）宛てを支払うものとす。この支払いは東京に於てその月の初めに乙の代理者に之を払い渡すものとす。

第3　本契約の有効期間は昭和7年8月1日より満1ケ年とし期間満了3月前に当事者の一方より何等の申出を為さざるときは更に満1ケ年間同一条件の下に其の効力を存続す。事後満期の時に於ても亦同じ」。

(2)　NHKと著作権使用料

NHKは、ラジオで音楽や文芸作品等、日本人の作品を放送する場合、当初は著作者に往復ハガキを送って許諾を求めていた。当時、番組内容が確定するのは放送の1週間前だったが、もし著作者に拒否されたら急遽差し替えなければならず、これは労力がかかることであった。そこで諸手続きを簡便にするため、作詞家、作曲家、文芸作家それぞれの団体を交渉相手とすることになった。そしてNHKは、音楽については大日本作曲家協会（代表者＝小松耕輔）と作詞家団体の日本作歌者協会（代表者＝小林愛雄）、文芸作品については日本文藝家協会（代表者＝菊池寛）との間で以下のような契約を結んだのである。

1　協会員の著作物は事前の照会は要せず、自由に放送できること（文藝家協会員の脚本は除く）。
2　所定使用料は3カ月ごとにとりまとめ、全国放送局分を一括して各団体に送付すること。

使用料の内訳をみてみると、東京局の場合、作詞については放送時間10分以内3円、20分以内8円、20分超過17円。作曲については5分以内3円、10分以内6円、20分以内12円、20分超過25円。大阪局の使用料は東京局の4割、その他の放送局が2割、子供の時間は半額。レコード放送は独立した音楽番組として使用される場合に使用料が発生するというものであった。

ところが、NHKがプラーゲ博士に月600円、年間7200円支払っており、さらに値上げするかもしれないというニュースが、大日本作曲家協会、日本作歌者協会に伝わった。

若き日のプラーゲ博士

　NHKの東京局が、昭和7年の1年間に大日本作曲家協会会員の童謡を825曲放送して支払った著作権使用料は1489円である。ヨーロッパの著作権者には年間7200円支払っておきながら、日本人作曲家には1500円足らずというのはひどい差別ではないかと、協会メンバーの間に憤慨の声があがった。

　昭和8年6月4日、大日本作曲家協会は、著作権使用料の値上げと、「公式の儀式、特別の場合を除いて会員の著作物の放送を拒絶する」旨を決議した。いわばストライキである。ところが、大物作曲家、山田耕筰が、同年6月16日付け読売新聞夕刊に、「もっと交渉して貰いたい、放送拒否は行き過ぎだ」という意見を公表し、大日本作曲家協会の決議に反対の意思を表明した。結局、同協会は7月28日夜の緊急理事会で山田耕筰を除名するとともに、NHKとの和解を決めた。大日本作曲家協会の値上げ要求は失敗したわけである。

　一方、プラーゲ博士はNHKとの契約更新へと動き始めていた。早くも昭和8年4月28日（前述の契約書の第3条に基づく契約有効期間満了3カ月前にあたる）、博士は月額600円の使用料を1500円にするよう要求していた。

　新聞は、「高利貸しの如く、著作権料の苛斂誅求をしている欧州作詞、作曲文芸著作権管理組合連盟の日本代理人プラーゲ氏」も料金の値上げを要求中と報じた（読売新聞昭和8年6月15日）。

　NHKは、プラーゲ博士の要求を拒絶し、昭和8年からほぼ1年間、外国曲の放送を取りやめたが、結局昭和9年7月7日、月額1000円を支払うことで妥結した（朝日新聞昭和9年7月8日）。

(3) プラーゲ博士の活動

　NHKとの契約や交渉にとどまらず、プラーゲ博士は各方面で代理人として精力的な活動を展開していった。博士のそうした活動の具体例のいくつかを、戸惑う日本側関係者の対応とともに紹介しておこう。

　(i)　昭和7年、プラーゲ博士は宝塚の少女歌劇「モン・パリ」の公演について、パリの流行歌の無断使用を指摘したのに続き、石井漠の新作舞踊発表会の際の音楽について、代理人として作曲家の権利を主張した。

　(ii)　昭和9年、松竹少女歌劇團の「お蝶夫人の幻想」は「マダム・バタフライ」の、同じく「思い出」は「アルト・ハイデルベルヒ」の無断上演であるとして、博士は民事事件、また刑事事件として告訴した。

　(iii)　音楽会、演奏会に対しても博士は著作権使用料を請求した。それまで、公の演奏を行っても著作権使用料を支払う習慣がなかった演奏家は戸惑いを隠さず、加えて請求額も当時の感覚からすれば高額であったから、博士に対する反感をつのらせることになった。

　当時、音楽会で歌手や演奏家が唄ったり演奏したりした場合、著作権（演奏権）使用料を負担する責任者は歌手や演奏家であるとする判例が過去にあったこともあり、当時の新聞には、プラーゲ博士によって刑事告訴された小林千代子、奥田良三、藤山一郎、紙恭輔らの歌手・演奏家が警察に事情を聴取されたと顔写真入りで報じられている。

　博士は、新聞で音楽会の開催情報を得ては望遠鏡をもって会場に出かけて行き、自分が管理している楽曲が演奏されれば直ちに訴えを起こした。こうした活動は効を奏し、昭和7年5月、演奏家たちは「東京音楽協会」を結成して、プラーゲ博士と契約を結び、月額で約30円を支払うこととなった。

　(iv)　音楽学校関係者や演奏家など音楽利用者がプラーゲ博士に抱いていた不満・不信は以下の3点に要約できる。①使用料の金額がまちまちで一定の基準を有していないきらいがある。②著作権の消滅した著作物にも使用料を請求した事例がある。③博士が管理する楽曲の一覧表が提示されていないので、利用者は果たして博士に対し事前の許諾を求むべきか否かが不明である。

　博士に対する感情的反発も手伝って、博士がヨーロッパの著作権団体の正当な代理人であることに疑問を呈する人々も少なくなかった。上述の東京音楽協会は昭和9年の2月ないし3月頃、パリのカルテル本部に対し、博士を正当な代理人とは認めがたいとし、カルテルに直接送金したい旨の電報を送った。だが、同年

秋に届いた返信は、博士はカルテルの日本における唯一の法定代理人であって、演奏を禁止させる権利をもっていること、カルテルは博士に料金の基準を立てることを委任していること、カルテルは直接の送金を受け付けないこと等を明らかにしていた。

（v）プラーゲ博士は、録音権の管理団体 BIEM の代理人でもあったことから、ヨーロッパの権利者に代わって、レコード会社を訴えたりしたほか、春秋社が発行した『世界音楽全集』に無許諾の作詞、作曲が収録されているとして執達吏を率いて仮差押えを執行したこともあった。

ところで、日本ビクター、日本ポリドール、コロンビア、キングレコードは、昭和 13 年の 1 年間で、博士に 10 万円を超える金額を支払っているが、そのうちどの程度の額が博士の収入になったのだろうか。この録音権使用料の場合、BIEM との契約で、博士の手数料は徴収した使用料金の 100 分の 9 ということであったから、相当な収入を得ていたことになる。一方、カルテルと結んだ契約では手数料は徴収額の 5 割であったが、小口が多く、金額としては少なかった。ちなみに、麻布区三河台町（現在の六本木、俳優座劇場近く）に置かれた「プラーゲ事務所」の事務員は 4 名ないし 5 名であった。

（vi）文芸作品の出版についてはどうであったか。戦前の日本は、ロシア文学、フランス文学の翻訳が好まれ、アメリカ文学は人気がなかった。宮田昇（翻訳エージェントの日本ユニ・エージェンシー元社長）の調査によれば、約 30 人の著作者の翻訳点数だけで外国文学の過半数を占めていた。出版界は、新しい文学作品について海外での評価を待ち、10 年経過してから翻訳出版した。翻訳権 10 年留保制度の恩恵で、無料・無断出版が可能であるということも大きな事情であった。

出版物の翻訳権をめぐって、いずれもプラーゲ博士が背後にいたと思われるふたつの事件がある。ひとつはエミール・ルードウイッヒ（早坂二郎訳）『誰が世界大戦を製造したか』（先進社、1930 年）である。これはタイトルを勝手に変え、無断翻訳したもので、翻訳許諾料 100 円を命じられた。もうひとつはバンジャミン・クレミウ（増田篤雄訳）『不安と再建』（小山書店、1935 年）の無断翻訳の事例で、これは示談が成立している。

翻訳権 10 年留保制度により合法的に無断で翻訳できたため、違法な無断翻訳は少なかった。フランスの大衆小説家モーリス・デコブラ、英国のバーナード・ショーは、いずれも来日した折りに自分の作品の無断翻訳書を見せられ、不快感を隠さなかったという。雑誌に掲載の記事については、無断翻訳が多少あったと

思われる。

　ただ、評論家、翻訳家のなかには、プラーゲ博士の法外とも思える使用料請求、請求の仕方や態度に不信感をもつ者もおり、新居　格、中島健蔵らはベルヌ条約脱退論すら主張し始めた。

　(vii)　プラーゲ博士は、当時の新聞、雑誌に充分な情報を提供せず、また自分の考え方についても多くを語らなかったことから（下のコラムを参照）、マスコミも博士に対する不信感をもっていた。それでも、次のような発言が雑誌の記事になっている。「精神労働者、すなわち作家というものは、この著作権によって生活しなければどうなりますか……日本でも同じではありませんか」（『サンデー毎日』昭和13年5月15日号）。

---

column

アンケートにみるプラーゲ博士

　法律時報5巻9号（昭和8年9月号）が著作権特集を組んでいる。その特集に、編集部が関係者に対して実施したアンケート調査と、それに寄せられた回答が掲載されており、その回答者のなかに「ドクトル・プラーゲ」の名がある。

　博士は、日本における著作権の差押えや出版契約関連法規の制定の可否等、個別のトピックスについての見解を問うた設問には「外国人」を理由に回答を避け、最後の任意記述にのみ応じている。博士は、自分が代理人を務めるBIEMと「カルテル」について説明した後、仮に日本の作曲家がBIEMに加入すれば、また仮に日本でも欧州諸国なみの作曲家・作詞家・出版社の協会が組織されてカルテルと委任契約を結べば、どのようなメリットがあるかを述べつつ、こう結んでいる。「著作者個人が有力な資本家例えば出版業者又は工業家に対して自分々々の著作権を守り且つ実行するは内地に於いても甚だ困難な場合が多いのですし、況や国際的なるに於いてをやでありますから、即内的にも即外的にも著作家はそれぞれの権利を守る為に協会を組織し依之所謂団体協約的交渉の実現を計る必要があります」（漢字を現代表記に改めた）。博士が自らの考え方の一端を披瀝した数少ない文章として興味深い。

(4) 旧著作権法30条1項8号とプラーゲ博士

すでに述べたように、NHK はプラーゲ博士の値上げ要求を拒絶し、昭和8年からほぼ1年間、外国曲の放送を中止した。

NHK は、当時の主務官庁である内務省に善後策を陳情し、それをうけて内務省は、音楽を放送する場合について、楽曲の生演奏とレコードによる再生とに分け、後者の場合は出所を明示すれば著作権（演奏権）は及ばない、という著作権法改正を行った。すなわち、同法30条1項8号で、「音ヲ機械的ニ複製スルノ用ニ供スル機器ニ著作権ノ適法ニ写調セラレタルモノヲ興行又ハ放送ノ用ニ供スルコト」は著作権侵害に当たらない、ただしその出所を明示せよと規定したのである。そして、生演奏を放送する場合には著作権が及ぶから、その場合のみプラーゲ博士へ使用料を支払うこととした。この法改正は、東京音楽協会、大日本作曲家協会、全国蓄音器レコード協会等の反発を呼んだが、結局上記の規定は、昭和45年末まで生き続けることとなった。その間、レコード演奏されても海外の作詞・作曲家はもちろん、日本人の作詞・作曲家にも放送使用料が入らない状態が続き、一方で NHK、民間放送はラジオだけでなくテレビ放送が始まってからも、その恩恵にあずかることになった。

昭和45年に著作権法が全面改正された（昭和46年1月1日施行）が、経過措置として附則14条が置かれた（後述）ことにより、レコードによる再生と生演奏の区別がなくなっても、使用料の支払いが義務付けられたのは名曲喫茶など一定の事業者に限られ、一般の喫茶店や、パチンコ店には著作権は及ばなかった。附則14条の廃止は、平成11年の著作権法改正まで待たねばならなかった。このような事情も、JASRAC の総使用料徴収額に占める放送使用料の割合が世界諸国に比して低い理由のひとつになっているものと思われる。

(5) プラーゲ博士の「大日本音楽作家出版者協会」

昭和12年、プラーゲ博士は城戸芳彦弁護士とともに「大日本音楽作家出版者協会」という団体を設立した。城戸弁護士の説明によれば、日本で音楽著作権の仲介をするのではなく、外国において日本音楽の著作権管理を行う団体であった（城戸芳彦『音楽著作権の研究』〔全音楽譜出版社、昭和24年〕201頁）。実際、博士は懇意の間柄になっていた山田耕筰から著作権の信託譲渡を受けるとともに、代理人として、外国で山田の音楽が使用された場合の使用料の徴収を始めた。また、同協会は、フランスにある世界の著作権に関する連盟本部（現在の CISAC）に加

盟した。このときの加入金2000フランを博士自身が拠出し、ベルヌ条約に基づく著作権使用料を日本人作家に支払うよう契約を交わしている。

　昭和13年4月24日付け東京日日新聞によれば、山田耕筰は、ドイツの放送局と演奏会責任者から使用料として700円あまりの送金を受けた。山田は「3回分の使用料としては随分多いですね、日本の場合よりも多いですよ」と語っており、日本で演奏される場合の2倍、あるいは3倍の額だったとされる。山田耕筰以外には、当時海外で利用される日本人の有名作曲家は存在しなかったといわれている。

(6)　プラーゲ博士への抵抗──団体設立へ

　プラーゲ博士による大日本音楽作家出版者協会の設立は波紋を広げ、いくつかの新たな動きを呼び起こした。これらの動きが、日本における独自の著作権団体設立へと急速に収斂していくことになる。

　昭和12年12月、現代作曲家聯盟理事を務める清瀬保二が内務省警保局図書課を訪問した。当時の著作権担当は、小林尋次（昭和3年から昭和11年まで担当）から、国塩耕一郎に代わっていた。

　清瀬は、国塩に「最近、プラーゲよりその主宰する大日本音楽作家出版者協会に日本の作曲家一同の音楽著作権を委任するよう勧誘申込みがある。これに応じることは、為替管理の関係並びにプラーゲが種々の問題を惹起しており、如何かと思い、之に関して適当な方策其の他意見あればご教示願いたい」と述べた。

　それに対して、国塩はこう答えた。

　「為替管理法上の問題は、一定限度以上の送金は制限されるが、これ以下は支障がない。之とは別に、我が国に於て幾多の好ましからざる事件を惹起しつつある『プラーゲ』の主宰する団体に日本の全作曲家がその作品を委託することは国民感情上面白からざる結果を招来するに至る虞あり。寧ろ自主的に我が国の作曲家が著作権保護団体を組織して自らその権利を保護するを以て得策とすべし。作曲家側に於てその意向あるならば諸外国において法律制定の例もある故、内務省においても必要なる法律命令を制定する等積極的に援助してもよい」。

　さらに翌月の昭和13年1月、日本演奏家聯盟役員の奥田良三、小森宗太郎、鯨井孝が国塩を訪ね、こう述べた。

　「（外国曲の使用について）本聯盟とプラーゲとの間の契約が近く満了し、近く更改の予定だが、プラーゲから、更改の条件として、日本人作曲家の作品を使用

する場合には、その使用料もプラーゲに支払うよう要求し、これを応諾しなければ従来の条件の契約更改には応じないと申し越したり。しかして、プラーゲは、日本の多数の作曲家は既に著作権を自分に委任したというが調査するとその事実はない。本聯盟としては日本人の作曲の使用料を従来プラーゲが要求した条件で支払うは、甚だ苦痛とするところなるをもって、之に応ずることは頗る困難にて苦慮している。何等か適当な打開策はないだろうか」。

国塩は、清瀬とのやりとりを引き合いに出して応じた。

「先般、現代作曲家聯盟理事が来たれるときに日本人の作曲について、日本人自ら保護するため自主的に著作権保護団体を組織するを可とする旨説いたところである。作曲家側も乗り気である。演奏家聯盟もこれに協力し、速やかに我が国の自主的著作権団体を組織し、これに外国の作品も一切取り扱わしめるよう努力してはどうか」。

奥田良三は国塩の提案に大いに賛意を表し、近く具体化したいと述べた。

(7) 「大日本音楽著作権協会」の誕生

昭和13年1月末、日本演奏家聯盟の奥田良三、作曲家の小松耕輔と佐々木英、そして国塩耕一郎が出席し、著作権保護団体組織に関する協議会が開催された。出席者は、著作権保護団体設立準備会を組織する旨申し合わせ、以後7月までの半年の間に協議会が12〜13回開催された。

注目すべきは作詞家、作曲家といった権利者だけでなく演奏家、歌手など音楽の使用者がこの協議会のメンバーとして入っていたことである。全文化団体、全著作権者を打って一丸とした「日本著作権保護同盟」(仮称) という案も出たが、昭和13年12月には、日本文藝家協会を主体とする文芸同盟と日本音楽著作権保護同盟のふたつを結成しようという案にまとまった。

音楽家 (洋楽作曲家、邦楽作曲家、作詞家、演奏家) は、昭和14年11月18日、社団法人設立総会を開き、ほぼ1カ月後の12月20日、内務大臣は、社団法人の設立を許可し、ここに「社団法人大日本音楽著作権協会」が誕生した。現在の「社団法人日本音楽著作権協会」(JASRAC) の前身である。

大日本音楽著作権協会の定款や著作物使用料規程を作成する段になって、山田耕筰が国塩耕一郎事務官に、参考までにと、ヨーロッパ旅行で入手したというドイツのSTAGMA (GEMAの前身) の定款、著作権管理契約書 (著作権信託契約約款)、分配規程の3つを手渡している。山田耕筰は、東京音楽協会が昭和11年9

月、大日本音楽協会になった際、その副会長に就任し、副会長の資格でフランス作曲家連盟、ドイツの音楽著作権協会などを訪問し、資料を入手していたのである。

　国塩耕一郎は後年、「山田（耕筰）さんの御好意は大変有難かった。……山田さんは大作曲家であったが、他面また機を見るに敏な事業家でもあり、才子であった。日本の音楽作家がその権利に充分に目覚める前は、プラーゲ氏を利用される形で利用し、同時に将来の国内での権利保護の組織確立にも密かに深い関心を持っておられた。山田耕筰氏の方がプラーゲ氏よりも役者が上だった訳である」（コピライト185号〔1976年〕）と述懐している。

(8)　「著作権ニ関スル仲介業務ニ関スル法律」の制定

　内務省は、昭和14年1月、15条からなる「著作権ニ関スル仲介業務ニ関スル法律」（以下、「仲介業務法」）の法案を作成した。その主な内容は、こうであった。

　第1条で仲介業務を定義し、第2条では、仲介業務を行おうとする仲介人は主務大臣の許可を得ることを要し、許可を受けた者以外の者がこれを行った場合は3000円以下の罰金に処すると定めた。仲介人は、著作物使用料規程を定め、それを変更するときは主務大臣の認可を要する。主務大臣は、いつでも、業務の報告または帳簿書類の提出を求め、係官吏をして事務所等の臨検または業務財産の状況検査を行わしめる等、主務大臣の監督に服することが規定されている。

　この法律は、昭和14年4月5日公布され、同年12月15日から施行された。施行に先だつ12月13日、内務省は、仲介業務法2条により内務大臣の許可を受けようとする者は、許可申請書を提出するよう省令を発した（内務省令43号）。

　大日本音楽著作権協会は、12月23日、仲介業務実施の許可申請を内務大臣に提出し、12月28日許可された。

(9)　プラーゲ博士の帰国

　プラーゲ博士の大日本音楽作家出版者協会も、昭和14年3月16日および昭和15年1月16日の二度にわたり著作権仲介業務の実施許可を申請したが、内務省は、音楽の分野では1団体に限るという方針を理由に、3月9日、不許可処分とした。当時、日本は日独防共協定（昭和11年）を結び、日独伊の三国同盟（昭和15年）締結の前夜で、ドイツと友好関係にあったから、陸軍省の山県有光少佐（山県有朋の孫）、ドイツ大使館のフーバーが内務省の国塩耕一郎を訪問し、プラ

ーゲ博士の団体にも許可を与えるよう懇願したが、国塩はこれを拒んだ。

仲介業務法は附則で、現に著作権仲介業務を行っている者には、3カ月間に限り業務実施を認め、3カ月を過ぎれば、3000円以下の罰金に処すと規定していた。

博士は、満州の奉天市に「東亜コピライト事務所」を設置したものの、これが違法とされて東京区裁判所から罰金600円を命ぜられた。プラーゲ博士は、「奉天市の東亜コピライト事務所は、独立のもので、私と関係ない」と主張し、東京に残って従来どおり著作権侵害行為を摘発する、との姿勢を崩さなかったが、この言い分は通らなかった。昭和15年6月14日、東亜コピライト事務所のスタッフ成定愛子は拘引され、朝鮮経由で東京の警視庁の留置場へ送られた。約4カ月ののちの10月29日、成定愛子が、長期間の留置に堪えられず、自殺するという痛ましい出来事が起こっている。

昭和15年5月、ドイツ軍はフランスに侵攻し、第二次世界大戦が始まり、大日本音楽著作権協会にしろ、プラーゲ博士にしろ、著作権使用料の送金ができない状況になった。そして昭和16年12月、大東亜戦争が始まるとともにプラーゲ博士は帰国した。10年にも及んだ「プラーゲ旋風」はこうして終焉したのである。

なお、文芸については、大日本文芸著作権保護同盟が昭和14年12月20日、社団法人として設立許可され、仲介業務法の業務実施の許可を12月28日に得ている（昭和43年、業務を再開し、平成15年9月30日解散、業務は日本文藝家協会および特定非営利活動法人日本文芸著作権センターへ引き継がれた）。

4　戦後の著作権をめぐる動きとJASRAC

(1)　昭和45年の著作権法全面改正まで

昭和20年、敗戦とともに日本は占領下に置かれた。

廃虚の中で、大日本音楽著作権協会は活動を再開した。昭和21年、初代会長・水野錬太郎が辞任し、2代目会長に国塩耕一郎が就任した。

昭和22年5月、内務省が同年年末で廃止されることが決まり、著作権行政は文部省に移管された。

昭和23年、大日本音楽著作権協会は名称を「日本音楽著作権協会」と改め、第3代会長に作曲家の中山晋平が就任した（その後の歴代の会長をたどってみると、第4代会長・西条八十、5代・堀内敬三、6代・サトウハチロー、7代・古賀政男、8

代・勝承夫、9代・服部良一、10代・吉田正、11代・黛敏郎、12代・遠藤実、13代・星野哲郎、そして平成19年、14代の会長に船村徹が就任し、今日に至っている）。

　戦後の占領期、外国の著作権は連合国最高司令部（GHQ）の管理下におかれていた。昭和24年、アメリカの放送局NBCの東京支局に勤務していたジョージ・トーマス・フォルスターがGHQの許可を得て「フォルスター事務所」を設立し、著作権仲介業に乗り出した。彼は外国著作物の翻訳出版の権利を取得し、日本の出版社への譲渡を開始した。

　さらに彼は、外国音楽の著作権の管理業務も始めた。アメリカでヒットした「ボタンとリボン」に訳詞をつけ、日本人歌手に歌わせるために、フォルスターは訳詞の権利をGHQの許可を得て取得し、その曲の演奏権、放送権の管理を日本音楽著作権協会に委託した。また、フォルスターは、音楽分野では、録音権の管理を行った。

　フォルスターが死去した昭和39年以後も事務所の業務は続けられていたが、昭和49年にフォルスター事務所は廃業し、日本音楽著作権協会が外国の著作物に関しても音楽著作権の唯一の管理団体となった。

　まだ占領下にあった昭和26年3月、日本音楽著作権協会は、アメリカの演奏権管理団体であるASCAP（アメリカ作曲家作詞家出版者協会）との間に、ASCAPの管理楽曲を日本国内で管理する契約を結んだ。ASCAP駐日代表トーマス・マクナマラと日本音楽著作権協会理事長・増沢健美との間で調印が行われ、GHQと日本政府の承認を得て、契約は3月27日から発効した。この契約書の中で、「JASRAC」という英文名称が初めて用いられた（『日本音楽著作権協会50年史』31頁）。

　昭和32年10月5日、日本音楽著作権協会の定款が変更され、Japanese Society for Rights of Authors, Composers（略称JASRAC）という英文名称となった。

　昭和30年代初め頃になると、音楽出版社が出現し始めた。作詞作曲家に代わって、あるいはパートナーとして活動するために、その作品の著作権の信託的な譲渡を受けて作品をプロモートする会社である（音楽出版社についての詳細は、本書第3章・第7章等を参照）。

　音楽出版社と作詞家・作曲家との間の契約書は次のようなものが一般的である。

　「本件作品の利用開発を図るために著作権管理を行うことを目的として、甲（筆者注：作詞家、作曲家）は、本件著作権を、以下に定める諸事項に従い、乙

（筆者注：音楽出版社）に対し独占的に譲渡します」。

　音楽出版社は、まずNOSK（楽譜出版社系）というグループができ、ついでJAMP（放送局系）というグループもできた。両者はまもなく合併するが、当時JASRACが管理していた音楽著作物を音楽出版社が音楽の使用者に対して直接許諾事務を行うことは合法か、音楽出版社は必要だとしても何ができるのかなど、仲介業務法との関連が問題になった。文部省の著作権制度調査会委員の国塩耕一郎（JASRAC会長、理事長を務めた）は、NOSKの浅香淳（音楽之友社社長、NOSK理事長）の依頼を受けて、昭和36年10月、音楽出版社と仲介業務法との関係について文部省へ照会した。それに対して昭和36年12月、文部省は「条件付で譲渡を受けた音楽著作物を自ら出版し、自ら写調物を発行するなど、当該出版社自身が直接その著作権を使用する行為のみにとどまり、他の使用者による使用についての契約等はすべて日本音楽著作権協会が行うものであるならば、そのような音楽出版社の行為は仲介業務とはみなさない」と回答した。許諾、徴収、分配をJASRAC経由で行う限り、音楽出版社の行為は仲介業務に当たらない、というものである。

　昭和40年、JASRACの新定款によって、20の音楽出版社が、正会員に選ばれ、理事会メンバー12名のうち音楽出版社2名となった（そのことを受けて英文表記はJapanese Society for Rights of Authors, Composers and Publishersと改められ、定款に記載された）。

(2) 著作権法全面改正と30条1項8号の廃止

　昭和45年、著作権法が全面改正された（昭和46年1月1日施行）。改正の主要な目的は、①世界の大勢に合わせ、著作権の保護期間を死後50年に延長すること、②昭和9年改正によりレコードを再生して放送する場合は出所を明示すれば、著作権（演奏権）は及ばない、とされていた旧著作権法30条1項8号を廃止すること、などであった。

　終戦後、歌謡曲全盛の時代を迎えたが、同法30条1項8号によって、内外の作詞家・作曲家へはレコード演奏による放送使用料が支払われず、外国からも同法30条1項8号を早く廃止するよう圧力がかかっていた。

　著作権法全面改正で、この旧法30条1項8号は廃止され、レコードによる演奏についても著作権が及ぶことになったが、すべてのレコード演奏に著作権が及ぶような急激な変化、すなわち音楽レコードによって営業を行っている喫茶店、

パチンコ店等から著作権使用料をいきなり徴収することに対して抵抗があり、これをやわらげるため、経過措置として演奏権に係る附則14条が置かれた。すなわち「適法に録音された音楽の著作物の演奏の再生」つまり、レコードによる音楽の演奏については、「放送又は有線放送に該当するもの及び営利を目的として音楽の著作物を使用する事業で政令で定めるものにおいて行われるものを除き、当分の間」、「旧法第30条第1項第8号及び第2項並びに同項に係る旧法第39条の規定は、なおその効力を有する」とした。つまり、放送、有線放送および政令（著作権法施行令附則3条）で定める以下の3つの事業にのみ、権利を及ぼすというのである。

1　喫茶店その他客に飲食をさせる営業で、客に音楽を鑑賞させることを営業の内容とする旨を広告し、又は客に音楽を鑑賞させるための特別の設備を設けているもの。
2　キャバレー、ナイトクラブ、ダンスホールその他フロアにおいて客にダンスをさせる営業。
3　音楽を伴って行われる演劇、演芸、舞踊その他の芸能を観客に見せる事業。

その後、平成11年6月23日、改正著作権法が公布され（平成12年1月1日施行）、この附則14条も廃止された。演奏権の趣旨が一般に理解されたこと、附則14条の「当分の間」が十分に経過したこと等の理由によるものである。

(3)　新しい利用形態の登場

音楽を利用する事業の世界では、テクノロジーの発展と相次ぐビジネスモデルの登場とともに、新たな形態の事業が生まれ続ける。法律制定時にその後の展開を予想することは困難であるため、次々と出現する新たな事業形態に対応して、制度改革や裁判所の新たな判断が重ねられているのも著作権制度の特徴といえよう。詳しくは本書の第5章・第7章・第8章等を参照されたいが、ここでその例をいくつか拾っておこう。

①貸しレコード業が生まれた時、議員提案の立法ののち、著作権法に貸与権（26条の3）を規定し、作詞家、作曲家、レコード製作者の権利が及ぶ改正を行った。

②カラオケ営業の場合、上記の著作権法施行令附則3条の3つのどれにも該当しなかった。かといって、演奏権を及ぼさない、著作権侵害にならないという解釈も採り難い。結局、最高裁はカラオケ装置を設置した社交場クラブ・キャッツ

アイの店主が演奏権侵害の主体にあたると判断した（最判昭63・3・15民集42巻3号199頁）。

③カラオケ・リース業の出現も予想外の事態だった。これについては、リース業者にカラオケ装置の引渡しの際の注意義務を認め、その共同不法行為責任を認める判決が得られている（最判平13・3・2民集55巻2号185頁判時1744号108頁）。

④平成に入り携帯電話が普及し始めた。携帯電話の着信アラームにメロディを利用するいわゆる「着メロ」や、レコード、CDからの歌手の歌を着信音とする「着うた（「着うたフル」を含む）」について、JASRACは、「プロバイダ責任制限法」に基づきプロバイダに削除要請を行い、また告訴を行うなど対処するとともに、「使用料規程」を改正し対応している。

5 JASRACを取り巻く法と制度

ここまで、駆け足ではあったがJASRACの誕生とその後の動きを日本における著作権制度の歩みとともにみてきた。以下ではそれを踏まえながら、JASRACとその業務が依って立つ主な法律や制度についてみておこう。あくまで概観の域を出ないが、詳細で具体的な論点については後続の各章で扱っているので、そちらを参照してほしい。

(1) 「著作権等管理事業法」誕生の背景と意義

すでに述べたとおり、「著作権ニ関スル仲介業務ニ関スル法律」（以下、「仲介業務法」）が制定されたのは昭和14年のことであった。以来、平成12年までの約60年間、著作権の管理事業を行う者はこの法律に従わねばならなかった。

仲介業務法では、①「仲介業務を為さんとする者」、すなわち著作権等管理事業を行おうとする者は、文化庁長官の許可が必要で、許可なく行えば、罰金が課されることになっていた。②明文の規定はなかったが、許可を与えるのは分野ごとに1団体、音楽の分野については、大日本音楽著作権協会のみとするという方針であった。③規制の対象が「小説」、「脚本」、「楽曲を伴う場合における歌詞」、「楽曲」に限定されていた。④使用料規程について文化庁長官の認可制がとられていた。

平成12年11月29日、仲介業務法に代えて「著作権等管理事業法」（以下、「管理事業法」）が制定公布され、平成13年10月1日施行された。この法律がそ

れまで60年間続いた仲介業務法に代わって制定されたのは、次の理由による。
　①著作権の管理事業実施を許可制にし、新規参入を制限することは望ましくないこと。
　②規制の対象である適用範囲が狭く、著作隣接権については規定してなかったこと。
　③著作物の利用契約の媒介行為まで規制対象としていたこと。
　④できるだけ文化庁の裁量権限を減らし、利用者保護のため、業務運営のための規定を充実させたこと。
　政府は、国際競争力の強化のため、規制を緩和し、知的財産の創造および活用を図るため、知的財産基本法（平成14年12月4日法律第122号）を制定、知的財産戦略本部を設置したが、管理事業法の制定もこうした流れのひとつであったといえよう。
　管理事業法が制定されたことによって、著作権の管理事業を行おうとする者は登録をすればよいこととなった。すなわち、最低限の適格事由を満たせば、原則として管理事業を行えることから、音楽の分野においても複数の団体が管理事業を行えることになったわけである。
　これは、創作者にとって、サービスのよい団体を選ぶ自由が与えられることを意味した。ここで「サービスのよい」とは、著作権使用料の分配額が多いということである。
　一方、音楽の利用者からみるとどうだろうか。それまではJASRACがぼう大な著作物を管理していて、管理団体がJASRACのみであることが便利であったが、現在では複数の管理団体が設立されており、利用者にとっては、利用したい著作物をどの団体が管理しているかを確認せねばならず、不便になったといえるかもしれない。

(2)　管理団体複数化と独占禁止法

　上でみたように、JASRACが大日本音楽著作権協会の時代から音楽分野の唯一の管理団体として種々の規制に服してきた時代は終わった。この管理団体複数化と独占禁止法（「私的独占の禁止及び公正取引の確保に関する法律」。以下「独禁法」）21条の関係にもひとことふれておく。
　独禁法は、昭和22年に公布された。私的独占、不当な取引制限および不公正な取引方法を禁止し、公正かつ自由な競争を促進し、以て一般消費者の利益を確

保し、国民経済の民主的で健全な発達を促進することを目的としている（同法1条）。

同法21条は、「この法律の規定は、著作権法、特許法、実用新案法、意匠法又は商標法による権利の行使と認められる行為にはこれを適用しない」と規定する。この規定の意味について、「知的財産の利用に関する独占禁止法上の指針」（平成19年9月28日公正取引委員会）は、知的財産権の行使に係る行為が独占禁止法の適用除外かどうかは、①それが外形上「権利の行使」とみられる行為かどうか、②「権利の行使」とみられる行為であっても、実質的に「権利の行使と認められる行為」かどうか、の判断で決まるとしている（この点につき根岸哲・舟田正之『独占禁止法概説（第2版）』〔有斐閣、2003年〕366頁参照）。

(3) JASRACと信託法

著作権は、著作者人格権のような他者に譲渡できない一身専属性（著作権法59条）を有する権利ではない。経済価値を有する私法上の財産権であり、移転性を有するから、相続による移転（同法88条1項1号）、譲渡による移転も可能である（同法61条）。詳細は本書第3章等に譲るが、ここで著作権の信託譲渡についても説明しておきたい。

信託法（平成18年12月15日法律第108号）2条1項は、「信託」とは、「特定の者が一定の目的（専らその者の利益を図る目的を除く。……）に従い財産の管理又は処分及びその他の当該目的の達成のために必要な行為をすべきものとすることをいう」とし、同条3項は、「信託財産」を「受託者に属する財産」、「信託により管理処分すべき一切の財産」であるとする。

作詞家、作曲家、および作詞家・作曲家から著作権の信託的譲渡を受けている音楽出版社は、さらにJASRACとの間に著作権信託契約を締結し、作詞家、作曲家、音楽出版社が有した著作権はJASRACの信託財産となる。

JASRACの著作権信託契約約款3条1項は、「委託者は、その有するすべての著作権及び将来取得するすべての著作権を、本契約の期間中、信託財産として受託者に移転し、受託者は、委託者のためにその著作権を管理し、その管理によって得た著作物使用料等を受益者に分配する」と規定している。

このように信託譲渡を受けていることから、著作物使用料を支払わない利用者に対し、JASRACは単独で訴訟を提起することができる。作詞家や作曲家と連名ではなく、JASRACが単独で訴訟を起こせることは、著作権管理を行ううえ

で、大きな利点となっているのである。

　上述のように作詞家、作曲家、音楽出版社はJASRACへ著作権を信託し、JASRACがその著作権を管理している。著作権管理という目的のために、著作権が信託（譲渡）されている、といってもよい。注意しなければならないのは、作詞家、作曲家、音楽出版社はJASRACへ著作権を信託譲渡した以上、すでに著作権者ではなく、著作権も管理していないということである。だが、意識として、JASRACへ著作権を単に「預けているだけ」と誤解しているケースも見受けられるようである。そこで、著作権を第三者に「譲渡」しようとして、譲渡契約先から譲渡の「登録」をしたいとの申し出を受けた段階でトラブルとなり、初めて、著作権がすでにJASRACに信託譲渡されていることの意味を理解する、などといったことが起こり得るわけである。

(4) 著作権の登録制度

　著作権は「無方式主義」といわれ、著作物を創作すれば、何の手続きも要することなく著作権が発生するが、著作権は準物権といわれるように、民法で不動産に登記という制度があるのと同様、明治32年の旧著作権法制定以来、「登録」制度が定められている。この登録は任意のもので、コンピュータ・プログラムを除いて、文化庁著作権課が取り扱っている。

　音楽著作物に限らず、著作物を譲渡したり質入したりする場合、文化庁著作権課で「登録」をすれば、第三者へ対抗でき、またペンネームの実名登録などもある。

　現行著作権法には、次のような登録制度がある。

　①著作者の実名登録（無名、変名で公表した著作物の著作者は、実名の登録を受けることができる〔75条〕。登録した時、官報で告示する〔78条2項〕。）

　②第一発行年月日等の登録（著作権者等は第一発行年月日又は第一公表年月日の登録を受けることができる〔76条〕。）

　③プログラム著作物の創作年月日登録（〔76条の2、78条の2〕、これは「プログラムの著作物に係る登録の特例に関する法律」により、（財）ソフトウエア情報センターが指定登録機関とされている。）

　④「登録しなければ第三者に対抗できない」登録

　　ア、著作権の移転（相続その他の一般承継によるものを除く）

　　イ、著作権を目的とする質権の設定、移転、変更若しくは消滅（混同又は著

作権若しくは担保する債権の消滅によるものを除く。）又は処分の制限
　⑤出版権の登録（88条）
　⑥著作隣接権の登録（104条）
　ところが、こうした登録制度は、広く利用されるに至っていない。その理由の第一は、著作権、著作隣接権がその権利の享有について無方式主義を採用し、「二重譲渡」のような場合は別として、登録しなくても通常は問題がないからである。著作権の譲渡を受けた者は、登録を受けなくても、完全にその権利を取得し、著作権侵害の不法行為者に対して告訴できる（大判明37・4・7刑録10輯766頁）。また、著作権侵害の不法行為者は、一般の物権変動と同じく、「登録の欠缺を主張するにつき正当な利益を有する者」ではないから、「第三者」には当たらず、著作権者は、登録しないでも権利を主張（対抗）できるとした判決（大判昭7・5・27民集11巻1069頁）もある。理由の第二は、登録制度を利用すると、登録免許税の負担を強いられるからである。登録免許税法（昭和42年法律第35号）の別表に、「著作権の移転の登録」は、1件につき、1万8000円、「信託の登録」、1件につき3000円、「出版権の設定の登録」は、1件3万円……と定められている。
　音楽著作物について、著作権者は、JASRACへ信託すれば著作権使用料が分配されるが、「信託」されることにより、個々の著作物が「登録」されているのと同様の効果が生じるといってよい。したがって、規制する法律は異なるが、音楽の分野については、文化庁への登録とJASRACへの信託といういわばふたつの制度が並立していると理解することもできよう。
　コンピュータ・プログラムの著作物については、財団法人ソフトウエア情報センターが登録事務を行っているが、音楽著作物についても、JASRACなど著作権管理事業者を中心とした公益法人を作り、ここへ登録事務を移管し、一元化してはどうかという意見もある。

(5) 公益法人制度改革とJASRAC

　JASRACは、作詞家、作曲家、音楽出版社から、著作権の信託譲渡を受けて、その著作権を集中的に管理し、その音楽著作物の広範で多様な利用を監視し、利用の許諾を与え、使用料を徴収し、作詞者、作曲者、音楽出版社へ分配する事業を行っている。社団法人という法人格をもって運営されてきた。
　「一般社団法人及び一般財団法人に関する法律」（平成18年6月2日法律第4850

号)、「公益社団法人及び公益財団法人の認定等に関する法律」(平成18年6月2日法律第49号)、「一般社団法人及び一般財団法人に関する法律及び公益社団法人及び公益財団法人の認定等に関する法律の施行に伴う関係法律の整備等に関する法律」(平成18年6月2日法律第50号)の3つの法律が平成20年12月1日施行された。従来の社団法人は、新制度の公益社団法人または一般社団法人へ、施行から5年以内に移行することになる。

column

JASRACと多彩な文化事業

　JASRACが多彩な文化事業を実施していることはあまり知られていない。

　仲介業務法(1939年12月施行)は、「公益を目的とする非営利法人として、作詞作曲家の代表者をもって組織する」ことを定め、JASRACも公益的事業を行う社団法人として設立された。

　しかし、時代の進展とともに公益法人の見直しが社会的に要請されてきた。平成4年の著作権審議会使用料部会の提言や平成8年の「公益法人の設立許可及び指導監督基準」(閣議決定)がそうである。それらは、公益法人は社会貢献のための公益的事業を行う必要があることを指摘している。このような社会的背景のもと、JASRACは定款改正を行い、会費制を導入し、文化事業を平成10年から実施することとした。

　JASRACの文化事業は、①著作権思想の普及、②各種コンサートの開催など音楽著作物の創作・普及活動の支援、③音楽療法など音楽の利用開発に関する研究支援を目的として実施されている。特筆すべきは著作権に関する調査研究や人材育成への支援であろう。大学に寄付講座・研究会を開設し、大学は、自主的に著作権や音楽の分野のみならず、映像、放送など実際にコンテンツ制作現場で活躍している講師を招くなど幅広く講義を重ねている。とくに東京大学での研究会では、日本の著作権に関係する第一線の学者、弁護士、判事がテーマに沿い高度な議論を戦わせている。

　近年、コンテンツの流通を促進するために著作権者の権利を制限しようとする一部産業界の動きが見受けられる。そのような状況であればこそJASRACは、著作権思想の普及を通じて音楽文化の振興に資するという趣旨に即した文化事業を今後も展開していくことが期待されている。

JASRACは、平成20年6月の評議員会において、一般社団法人に移行するとの方向性を表明している。

(6) 弁護士法とJASRAC

弁護士法73条は、「何人も、他人の権利を譲り受けて、訴訟、調停、和解その他の手段によって、その権利の実行をすることを業とすることができない」と定めている。この弁護士法73条に照らした場合、JASRACが著作権の信託譲渡を受け、著作権使用料を徴収することはどうなのか。あるいは、JASRACの行う著作権使用料の許諾・徴収は、同法72条が禁じている「弁護士又は弁護士法人でない者」が報酬を得る目的で法律事務を行うことではないか。実はこれは決して新しい問題ではない。

仲介業務法がまだなく、プラーゲ博士が著作権使用料を取り立てていた時代、「法律事務取扱ノ取締ニ関スル法律」(昭和8年法律第54号) は、いわゆる三百代言を取り締まる規定を置いていた (現在、その趣旨は、上述の弁護士法72条〔非弁護士の法律事務の取扱い等の禁止〕および同法73条〔譲り受けた権利の実行を業とすることの禁止〕に引き継がれている)。昭和13年、東京の東宝の顧問弁護士・真鍋八千代が、プラーゲ博士の行為はこの法律に違反しているとして東京地方検事局に告発したということがあった。しかし、検事局は取り上げなかった。

プラーゲ博士あるいはJASRACは、自ら法律事務を取り扱うことを業としているわけでなく (同法72条)、また、「他人の権利を譲り受けて、訴訟、調停、和解その他の手段によって、その権利の実行をすることを業とする」(同法73条) ことをしているわけでないので、弁護士法違反に当たらないからである。

(7) JASRACと著作権協会国際連合 (CISAC)

CISAC (Confederation Internationale des Societes d'Auteurs Composite) とは「著作権協会国際連合」のことであり、世界の著作権管理団体によって構成される国際組織である。本部はパリにあり、2008年6月現在、118カ国・地域の222団体が加盟している。JASRACは、1960年に加盟した。音楽以外の分野では日本からは、1987年に日本脚本家連盟 (WJG) が、1999年に日本美術著作権機構 (APG) が加盟している。

なお、JASRACは、CISACに加盟しているが、CISACは、JASRACが非官営、非営利の法人であることをその加盟条件としていることに留意しなければな

らない。

「著作権協会国際連合（CISAC）は、著作権全範疇における権利を管理する管理団体によって構成される、非官営、非営利の国際機関とする」（CISAC 定款 2 条）と規定されている。

CISAC の運営組織として、総会、理事会があり、専門の組織として、法律委員会、実務委員会がある。JASRAC は、1980 年以降、理事団体に選出されている。

CISAC の目的を定めた定款 6 条を以下に掲げておく。

> CISAC の本質的目的は、国内的、国際的両方の分野において、以下のとおりとする。
>
> a 創造的共同体の利益及び創造的共同体の持つ知的財産の利益を保護すること。
> b 著作権、集中管理または創作者及び出版者の権利の向上に関するいかなる問題についても、国内、大陸内、国際的組織のすべてに具申すること、または出席すること。
> c 創作者が創造したあらゆるカテゴリーの著作物及びあらゆる分野の創造性を保全し尊重すること。
> d 創作者の経済的、法律的及び精神上の利益の尊重を促進すること。
> e 出版者の経済的及び法律的利益の尊重を促進すること。
> f 著作権使用料の効果的徴収及び分配を奨励すること。
> g 管理団体の実務的活動の協調をはかること。
> h 正会員及び予備会員に対し、研究及び情報の国際センターの機能を果たすこと。
> i 正会員及び予備会員による CIS 使用を導入、開発及び維持すること。
> j 管理団体が存在しない地域に管理団体を設立し、効果的に運営するために必要な管理体制を確立するよう援助すること。
> k 管理団体が存在するが効果的に機能していない地域における、管理団体の発展及び強力化に対して奨励及び援助を提供すること。
> l 管理団体間の連帯を強めるためのあらゆる活動に携わること。
> m 管理団体間の友好関係及び協力を育むこと。
> n 管理団体のみならず、創作者及び出版者の精神的、物質的及び職業上の利益に直接かかわりのある問題を提起し及び研究すること。

o 管理団体の発展に寄与する他の機能をすべて果たすこと。
p 以下を目的とする別個基金（正会員及び予備会員の完全任意により定期的に補塡される）を確立すること。
　（i）発展途上国に位置する正会員及び予備会員が、最新の著作権管理技術を開発することを助成すること（「連帯基金」）、及び
　（ii）理事会が随時発動するおり、「目的」の範囲内にあるその他のプロジェクトを財政支援すること。
q 以下の事業を行うこと
　（i）上記と関連して便宜的に実行可能である事業、及び
　（ii）直接的または間接的に著作物の価値を高めると予測される事業。

6　おわりに

　ひとりの外国人が日本で新たなビジネスを始めた。演奏会や音楽会の会場に現れては、ヨーロッパの作曲家の著作権を侵害しているといって歌手や演奏家に金を請求し、払わなければ内容証明郵便の送付、差押え、差止め等の処分に打って出る。日本でまだ著作権思想が普及していなかった時代ゆえ、音楽家たちは動揺し、反発が広がり、大きな社会問題になった。あの外国人を取り締まれという声が上がったが、調べてみたら条約も国内法もその外国人の活動を是認していることがわかった。どうするか。そこで、彼のビジネスを政府の許可制にしようということに行き着いた。そして彼のビジネスには許可を与えず、それに代わって日本人の手で独自の団体をつくりあげた。──本章の前半で述べてきたことを要約するとこうなる。
　プラーゲ博士が展開した著作権管理の活動は、条約にも日本の法にも即したものではあったが、「著作権」あるいは広く「権利」という感覚と疎遠であった日本の社会的風土から嫌われた。その意味で、博士の活動は必要条件を満たしながら、十分条件を欠いていたということもできよう。博士が進めた事業そのものへの戸惑い、「法外な」請求額、外貨流出への懸念、国益との抵触等々、さまざまな根拠が動員されたが、近代日本が師と仰いできたヨーロッパの文化と文明に対するコンプレックスが、博士に対する反発をより屈折させ、感情的にしたということもいえるかもしれない。
　現在の視点に立ってもさまざまな評価がありえよう。しかし、本章の後半で概

説したように日本の著作権制度が実体化され、整備される契機をもたらしたのはまぎれもなくプラーゲ博士という本国では無名のドイツ人であった。彼の活動によって日本の著作権制度は「グローバル化」への道を歩み始めたのである。

第 2 章

JASRACが管理する権利

上野達弘

　著作権法は、作曲家や作詞家といった著作者にさまざまな権利を与えている。複製権や演奏権、あるいは公衆送信権などの著作権や、氏名表示権や同一性保持権などの著作者人格権がそれである。とはいえ、権利管理団体であるJASRACは、こうした権利のすべてを管理しているわけではない。では、JASRACはどのような権利を管理しているのであろうか。本章では、JASRACが管理する著作権を中心に、著作者の権利について概観する。

1 はじめに

(1) 問題の所在

権利管理団体である JASRAC は、どのような権利を管理しているのか。これが本章に与えられた課題である。

著作権法は、作曲家や作詞家といった著作者にさまざまな権利を与えている（著作権法17条以下参照）。著作者の権利とは、著作者人格権（同法18〜20条）と著作権（同法21〜28条）を含む。そして、これらはさらに多数の権利から構成されている。ただ、そうした著作者の権利のすべてが JASRAC によって管理されているわけではない。

というのも、たしかに音楽の著作物-1 についての著作権を管理するというのが JASRAC の主たる業務であるが（定款〔平成19年9月21日〕5条1号）-2、具体的にどのような権利が管理されるかは、著作権信託契約約款（以下、「信託契約約款」という）によって、委託者から受託者（JASRAC）に対して、どのような権利が信託されているかによって決まるからである（なお、信託および信託契約約款の詳細については本書第3章・第4章を参照）。

(2) 信託契約約款

現在の信託契約約款（平成19年7月10日届出）によれば、原則として、「委託者は、その有するすべての著作権及び将来取得するすべての著作権を、本契約の期間中、信託財産として受託者に移転し、受託者は、委託者のためにその著作権を管理し、その管理によって得た著作物使用料等を受益者に分配する。この場合

1—なお、「音楽の著作物」（著作権法10条1項2号）には、「楽曲と同時に利用されて音的に表現されるべき歌詞」も含まれるというのが起草者の説明であり（加戸守行『著作権法逐条講義（五訂新版）』〔著作権情報センター、2006年〕119頁参照）、JASRAC 信託契約約款1条でも「楽曲を伴う歌詞」が音楽の著作物に含まれるものとされている。起草者によれば、このような定義は、「実益としては、第69条の商業用レコードの裁定による利用の場合に音楽の著作物という概念が出てくるだけですから、関連するところは第69条だけ」にあると説明されているのであるが（加戸・前掲119頁）、通常の詩が事後的に歌詞に用いられることもあることを考えれば、このような解釈には見直しの余地があるように思われる。

2—なお、特別の委託があれば、「音楽の著作物以外（小説、脚本を除く。）の著作物の著作権に関する管理事業」も行うとされている（定款5条3号）。

において、委託者が受託者に移転する著作権には、著作権法第28条に規定する権利を含むものとする」と規定されている（信託契約約款3条1項）。したがって、JASRACは、原則として、委託者の著作権をすべて管理するようにみえる。

　ただ、委託者は一部の著作権の管理を除外することができることになっている。すなわち、信託契約約款において、「委託者は、別表に掲げる支分権又は利用形態の区分に従い、一部の著作権を管理委託の範囲から除外することができる」（同約款4条前段）と規定され、また、「委託者は……外国地域……における著作権のみを管理委託の範囲から除外することができる」（同約款5条前段）と規定されているのである—3。これによって、著作権の一部は委託されていないことになる。

(3)　JASRACが管理する権利
　以上のことから次の点を指摘できる。
(a)　著作者人格権
　第一に、JASRACに信託されている権利は、あくまで著作権だけであり、著作者人格権は含まれないということである。著作者人格権は、著作者本人と切り離すことのできない人格的利益を保護する権利として定められている。そのため、「著作者人格権は、著作者の一身に専属し、譲渡することができない」と規定されているのである（著作権法59条）。したがって、いくら著作者が同意していても、JASRACは著作者人格権を管理できないのである。

　そのため、たとえば、ある者がJASRACから音楽著作物について利用許諾を得たとしても、それはあくまで財産権としての著作権について許諾を受けたに過ぎないため、その利用が著作者の著作者人格権を侵害するような行為である場合、その者は著作者に対して法的な責任を負うことになる。

　そこで、JASRACも、特に著作者の人格的利益とかかわることが多いと考えられるCM利用について、「CMへの音楽利用は、作品に特定商品や企業のイメージが結びつく傾向があるため、作家の人格的利益の配慮が必要です」と呼びか

3—さらに、委託者は、信託著作権の管理委託の範囲について、あらかじめ受託者の承諾を得て、一定の留保または制限をすることができる（信託契約約款11条）。たとえば、委託者が、その著作物の利用開発を図るため自ら使用することや（同条1項1号）、委託者が、校歌等特別の依頼により作成する著作物について、依頼者に一定の使用を認めること（同項4号）などである。

けているようである–4。

　このように、JASRAC は著作者人格権を管理していないが、著作者人格権にまったく関与しないわけではない。というのも、JASRAC のような権利管理団体は基本的に応諾義務を負っており、「正当な理由がなければ、取り扱っている著作物等の利用の許諾を拒んではならない」と規定されており（著作権等管理事業法 16 条）、当該利用者が著作者人格権を侵害する利用を行おうとしている場合は、正当な理由があるとして、許諾を拒むことができると解されているからである–5。

（b）　二次的著作物の作成・利用権

　第二に、JASRAC に信託されている権利は、著作権のすべてではないと解されることである。

　著作権はその全部を移転することが可能であるが（著作権法 61 条 1 項）、27 条の権利（翻訳権、翻案権等）および 28 条の権利（二次的著作物の利用権）は、それが「譲渡の目的として特掲されていないときは、これらの権利は、譲渡した者に留保されたものと推定する」と規定されている（同条 2 項）。たしかに、現在の JASRAC 信託契約約款によると、「委託者は、その有するすべての著作権……を、本契約の期間中、信託財産として受託者に移転」するとしたうえで（3 条 1 項前段）、「委託者が受託者に移転する著作権には、著作権法第 28 条に規定する権利を含むものとする」と規定されているため（同項後段）、これによって 28 条の権利は特掲されていることになる。したがって、現在の信託契約約款に従う限り、28 条の権利は信託の対象になっているものと解される–6。

　他方、27 条の権利は特掲されていないため、編曲権を含む 27 条の権利は委託

4—社団法人日本音楽著作権協会映像部映像 2 課・送信部ネットワーク課「CM と音楽著作権」(http://www.jasrac.or.jp/network/pdf/cm.pdf) 6 頁参照。なお、「著作権者（作詞者・作曲者・音楽出版社）から必ず事前に同意を得る必要があります」とも述べられているが、著作者人格権の観点から同意を得るべき直接の相手方は「著作者」というべきであろう。

5—著作権法令研究会編『逐条解説 著作権等管理事業法』（有斐閣、2001 年）96 頁参照。

6—もっとも、かつての信託契約約款にはこのような特掲がなされていなかったため、そのような約款に従う場合、28 条の権利が信託の対象になっているといえるかどうかは問題となる。この点については争いがあるが、東京地判平 15・12・19 判時 1847 号 95 頁（記念樹〔対フジテレビ〕事件）は、「少なくとも、法 27 条の権利（編曲権）を侵害して創作された乙曲を二次的著作物とする法 28 条の権利は、JASRAC に譲渡されることなく原告会社に留保されているということができる」と判示している。

者に留保されたものと推定されることになる。そして実際にも、JASRAC関連文書には 27 条の権利が信託されていないことを前提とする説明が散見されるため、同条の権利は信託の対象になっていないものと解される。

したがって、楽曲の編曲や歌詞の翻案といった二次的著作物を作成する行為自体については、JASRAC が権利を管理していないことになる。他方、そのようにして作成された二次的著作物を利用する行為については、JASRAC が権利を管理していることになる。

(c) 将来の著作権

第三に、JASRAC に管理される権利は、委託者が現在有している著作権に限られないということである。JASRAC 信託契約約款によると、「委託者は、その有するすべての著作権及び将来取得するすべての著作権」を移転するものと規定されている（信託契約約款 3 条 1 項）。ここで「将来取得するすべての著作権」には、将来において創作される著作物の著作権を移転することをあらかじめ約しているものと解される-7。

(d) 除外

第四に、委託者によって除外された著作権は、JASRAC によって管理されていないということである。

まず、「委託者は、別表に掲げる支分権又は利用形態の区分に従い、一部の著作権を管理委託の範囲から除外することができる」と規定されている（同約款 4 条前段。「別表」は本書第 3 章 81 頁参照）。具体的には、支分権について、①演奏権、上演権、上映権、公衆送信権、伝達権および口述権、②録音権、頒布権および録音物に係る譲渡権、③貸与権、④出版権および出版物に係る譲渡権という区分があり、利用形態について、⑤映画への録音、⑥ビデオグラム等への録音、⑦ゲームソフトへの録音、⑧コマーシャル送信用録音、⑨放送・有線放送、⑩インタラクティブ配信、⑪業務用通信カラオケという区分がある。委託者は、こうした区分に従って、一定の条件の下に、一部の著作権を信託の対象から除外できるのである。著作権法上、著作権の内容的な分割譲渡は一部譲渡（著作権法 61 条 1

7—なお、将来の法改正によって著作権の範囲が拡大した場合、契約時に存在しなかった権利も移転の対象に含まれるかどうかは問題となる。最近の裁判例では、契約時に存在しなかった送信可能化権についても包括的な権利譲渡契約の対象に含まれるとしたものがみられる（東京地判平 19・1・19 判時 2003 号 111 頁〔THE BOOM 事件〕、東京地判平 19・4・27〔HEAT WAVE 事件〕参照）。

項）として認められるとされているため—8、このような部分的な除外も有効なものと考えることができる。

　また、「委託者は……外国地域……における著作権のみを管理委託の範囲から除外することができる」とされている（同約款5条前段）。そもそも日本の著作権法はあくまで日本の著作権を定めているに過ぎず、外国の著作権はそれぞれの外国の著作権法が定めているものである。ただ、著作権法に関しては、ほとんどの国が無方式主義を定めているため、著作者が著作物を創作すれば、著作者は同時に世界各国の著作権を取得することになる。JASRACの委託者は、原則として、そうした外国著作権もすべてJASRACに信託することになるが、この規定により、一定の条件の下に、一部の外国著作権を信託の対象から除外することができるのである。

(4) 著作権の制限

　以上が、JASRACに管理される著作権である。もっとも、そうした著作権は、いずれも永遠・絶対の権利ではない。著作権法は著作権について、内容的な制限（著作権法30条以下）および時間的な制限（同法51条以下）を加えている。

　前者は権利制限規定と呼ばれる。たとえば、私的複製（同法30条）、引用（同法32条）、非営利無料の演奏等（同法38条）といった利用行為は、著作権の侵害にならないものと規定されているため、このような行為は著作権者（JASRACを含む）の許諾を受けることなく自由に行うことができるのである。

　後者は保護期間と呼ばれる。著作権は、原則として著作者の死後50年で消滅する（同法51条2項）。このように著作権が消滅した後は、誰でも自由に著作物を利用することができる。

(5) 本章の構成

　さて、以下では、JASRACに管理されている著作権を中心にみたうえで、著作権の制限（権利制限規定・保護期間）について概観する。そのうえで、著作者人格権についても簡単にふれておく。

8—加戸・前掲369頁以下参照。

2 著作権の内容

(1) 複製権

複製権とは著作物を複製する権利である（著作権法21条）。ここで「複製」とは、「印刷、写真、複写、録音、録画その他の方法により有形的に再製すること」をいう（同法2条1項15号）。このように「有形的」とされていることから、複製とは有体物に固定されることが要件となる。したがって、歌を歌うとか、口でしゃべるといった無形利用は現行著作権法上の複製概念には含まれない―9。

「再製」というためには、すでに著作物が存在していることが必要であるが、その著作物が有体物に固定されている必要はない。たとえば、即興演奏されている音楽を記譜する行為も複製であるし、作曲した楽譜をいったん焼いたあと、思い出して同じ曲を楽譜に書く行為も複製である。また、音をCDに録音したり（同法2条1項13号）、映像をビデオに録画したり（同項14号）することも複製である。さらに、パソコンのハードディスクやフロッピーディスクなどに保存するのも複製である。

なお、複製とは有形的であれば足り、その方法は問われない。したがって、コピー機を使おうが、手書きで模写しようが、複製という評価を受けるうえでは変わりない。また、アナログであろうと、デジタルであろうと、複製であることに変わりはない。

(2) 上演権・演奏権

(a) 一般

上演権・演奏権は、著作物を公に（＝公衆に直接見せまたは聞かせることを目的として）上演または演奏する権利である（著作権法22条）。ここで「演奏」には楽器の演奏のみならず歌唱が含まれる。そして、「演奏」以外の方法により著作物を演ずる行為（同法2条1項3号）を「上演」と呼んでいる（同項16号）。上演の典型例は、演劇の著作物を舞台で上演する行為であるが、それのみならず、たとえば、落語や講談、あるいは舞踊などにより「演ずる」行為も「上演」という

9―これに対して、旧著作権法においては、無形利用も含めたすべての利用行為を一般に「複製」と呼んでいた。

ことになる。

(b) 公衆

もっとも、上演権・演奏権は、演奏・上演する行為のすべてに対する権利ではなく、これを「公に」する行為のみが権利の内容になっている。そのため、「公衆」に直接見せまたは聞かせる目的で行われなければ、この権利の対象にならないのである。

一般に、「公衆」というと不特定人を意味する。しかし、著作権法における「公衆」には、「特定かつ多数の者」が含まれるものと規定されている（同法2条5項）。そのため、著作権法における「公衆」とは、不特定または多数の者のことを意味する。他方、特定かつ少数の者は「公衆」でないということになる。

たとえば、親戚10人を集めたホームコンサートで演奏するという場合は、特定かつ少数の者に対する演奏であるから、たとえ有料であっても演奏権の対象にならないものと解される。他方、特定であっても多数であれば「公衆」に当たるため、特定の団体に属する者に聞かせる場合でも、それが数百人いれば「公衆」に対するものとして上演権・演奏権の対象となる。また、たとえ少数であっても不特定であれば「公衆」に当たるため、たとえば、ネットオークションで公募した1人にだけ演奏を聞かせるという場合も演奏権の対象となる。

なお、上演・演奏は、ライブで行われるものだけでなく、上演・演奏を録音・録画したものを再生する行為も、演奏・上演に含まれるものと規定されている（同法2条7項）。したがって、喫茶店などで音楽CDを再生する行為は演奏権の対象となるのである。

(c) 行為主体

上演権・演奏権に関しては、その利用行為の主体がしばしば問題となる[10]。たとえば、ホテル内のバーで演奏させるためにフリーの音楽家を雇った場合、そのホテルは演奏の主体といえよう。これは、ホテルがその音楽家を手足として演奏させているといえるため、法的には当該ホテルが利用行為の主体と評価されるからである。このように「手足」という程度に密接な支配関係が認められるケースにおいては、利用行為主体性を肯定した裁判例が少なからず見受けられる[11]。

また、裁判例によれば、最判昭63・3・15民集42巻3号199頁（クラブ・キャ

10—この問題について詳しくは、上野達弘「著作権法における『間接侵害』」ジュリスト1326号（2007年）75頁参照。

ッツアイ事件：上告審）に端を発するいわゆるカラオケ法理によって利用行為主体が認定されている（なお、上述のクラブ・キャッツアイ事件を始め、重要判例についての詳細は、本書第5章を参照されたい）。カラオケ法理とは、物理的な利用行為の主体とはいい難い者を、管理（支配）性および利益性というふたつの要素に着目して規範的に利用行為の主体と評価する考え方である−12。たとえば、カフェが自らライブを主催し、客からライブチャージを徴収したうえで、演奏者に演奏料を支払っているような場合、管理性と利益性があるとして、店を演奏の主体とした裁判例がある−13。

(3) 上映権

　上映権は、著作物を公に上映する権利である（著作権法22条の2）。ここで「上映」とは、著作物を映写幕その他の物に映写することをいう（同法2条1項17号）。たとえば、プロジェクターやディスプレイ、あるいはスクリーンを使って著作物を視覚的に映し出す行為がこれに当たる。したがって、映画のDVDを公に上映することは上映権の対象となる。

　また、映画の著作物の上映にともなってそれに固定されている音を再生することも上映に含まれる（同法2条1項17号）。そのため、たとえば、カラオケDVDを公に上映する行為には、楽曲の上映権も及ぶことになる。

　なお、公衆送信される著作物を受信してそのまま公に映写する行為は上映から除かれており（同法2条1項17号）、これは上映権ではなく公の伝達権（同法23条2項）によってカヴァーされている。たとえば、テレビ放送されている映画をリアルタイムで公に映写する行為がこれに当たる−14。

11——「手足」論に基づいて利用行為主体性を肯定したと考えられるものとして、楽団に演奏させているキャバレー等（名古屋高決昭35・4・27下民集11巻4号940頁〔中部観光事件〕、大阪地判昭42・8・21判時496号62頁〔ナニワ観光事件：第一審〕、大阪高判昭45・4・30無体裁集2巻1号252頁〔ナニワ観光事件：控訴審〕、大阪地判平18・2・6〔クラブ・R事件〕）、公演企画者（東京地判昭54・8・31無体裁集11巻2号439頁〔ビートル・フィーバー事件〕）参照。
12——カラオケ法理については、その問題点も含めて、上野達弘「いわゆる『カラオケ法理』の再検討」『知的財産権法と競争法の現代的展開——紋谷暢男先生古稀記念』（発明協会、2006年）781頁参照。
13——大阪高判平20・9・17判時2031号132頁（デサフィナード事件）参照。もっとも、第三者が主催するライブについては、管理性も利益性もないとして店を演奏の主体と認めなかった。

(4) 公衆送信権等

(a) 公衆送信権

公衆送信権は著作物を公衆送信する権利である（著作権法23条1項）。公衆送信とは、「公衆によつて直接受信されることを目的として無線通信又は有線電気通信の送信……を行うことをいう」と定義されている（同法2条1項7の2号）。したがって、公衆送信というのは、テレビ放送やラジオ放送のような送信（これを「放送」という）と、インターネットのウェブサイトを開設することやブログに書き込むことなどのようなオンディマンドな送信（これを「自動公衆送信」という）を包含する非常に広い概念である。

著作物の公衆送信を行うことは、たとえ非営利かつ無料であっても公衆送信権が及ぶ。そのため、たとえば、たとえ広告のない無料サイトであっても、そこに他人の著作物を掲載するためには著作権者の許諾を得る必要がある。JASRACの使用料規程においても、「インタラクティブ配信」（第10節）の定めがあり、広告料収入等があるかどうか、ストリーム形式かダウンロード形式かといった、さまざまな利用形態ごとに細かく使用料が定められている。

この公衆送信権は、著作物を送信可能化（すなわちアップロード）する行為も対象としている。送信可能化とは自動公衆送信し得るようにする行為である（同法2条1項9号の5）。アップロードしただけで誰もアクセスしなければ、実際にはまだ公衆送信されていないのであるが、公衆送信の前段階である送信可能化についても公衆送信権の対象に含めているのである（同法23条1項括弧書き）。したがって、無断で他人の著作物をアップロードした時点で、実際の公衆送信が行われているかどうかにかかわらず公衆送信権侵害となる。

さらに、公衆送信には、たとえば、不特定人から電話で注文を受け付けてファックスで送信する行為（これは求めに応じた送信ではあるが自動でないため自動公衆送信には当たらない）や、多数人にメールで送信する行為も含まれる（以上の行為は「その他の公衆送信」と呼ばれる）。

これに対して、ウェブサイトを閲覧する行為は、あくまで著作物を「受信」しているのであって、「送信」しているわけではないので公衆送信権の対象にならない。したがって、たとえ違法なサイトであっても、これを閲覧すること自体が

14——また、通信カラオケにおいて、利用者の求めに応じて映像や音楽等が送信され、それがリアルタイムに再生される場合は、上映権ではなく、公の伝達権が及ぶことになる。

著作権侵害になるわけではない。また、ダウンロードする行為も公衆送信権の対象にはならない。ただ、ダウンロードすることによって複製物が作成されるため、これは複製権の対象になり得る。もっとも、私的使用のための複製であれば私的複製（同法30条1項）として許容される。ただし、平成21年改正により同条1項3号が設けられ、著作権を侵害する自動公衆送信を受信して行うデジタル方式の録音または録画を、その事実を知りながら行う場合は、たとえ私的使用目的であっても、著作権法30条1項の適用を受けないことになった（2010年1月1日施行）。したがって、たとえば、違法な着メロサイトと知りつつ音楽著作物をダウンロードする行為は、複製権の侵害となる。

(b) 公の伝達権

公の伝達権は、公衆送信される著作物を受信装置を用いて公に伝達する権利である（同法23条2項）。たとえば、テレビで放送されている音楽ライブの映像を、リアルタイムに、スタジアムの大型スクリーンで公衆に見せるような行為である。この場合、ライブ映像を上映しているようにも見えるが、このように公衆送信されるものをリアルタイムで見せる行為は、上映権ではなく、公の伝達権でカヴァーすることになっているのである（同法2条1項17号）。

(5) 口述権

口述権は、言語の著作物を公に口述する権利である（著作権法24条）−15。口述とは、「朗読その他の方法により著作物を口頭で伝達すること……をいう」が、実演に該当するものは除かれる（同法2条1項18号）。たとえば、演劇的な著作物の口演、講談、漫談の語りのように、口演により「演ずる」行為は「実演」（同法2条1項3号）とされ、これは口述権ではなく、上演権でカヴァーされることになっているのである（同法2条1項17号）。したがって、口述とは単なる朗読、説教、講演など、実演の性格を有しない行為である。

なお、口述とは、口述を録音した録音物の再生も「口述」に含まれる。たとえば、講演の録音を公衆に聞かせる目的で再生する行為には口述権が及ぶ。

15—著作権法24条の文言によれば、口述権の対象は「言語の著作物」のみということになるが、楽曲を伴う歌詞が「音楽の著作物」だという解釈をとっても（前掲注1参照）、起草者によれば、歌詞は同時に「言語の著作物」でもあるという「二面性」を有するものと説明されているため（加戸・前掲119頁参照）、歌詞にも口述権が及ぶことになる。

(6) 展示権

　展示権は、美術の著作物または未発行の写真の著作物を、これらの原作品により公に展示する権利である（著作権法25条）。典型的には、彫刻作品を美術館で展示する行為が展示権の対象となる。ただし、展示権は、そもそも美術の著作物および写真の著作物しか対象としていない（しかも原作品のみである）。その意味では、JASRACが管理する音楽著作物については、展示権は関係しないといってよかろう。

(7) 頒布権

　頒布権は、映画の著作物をその複製物により頒布する権利である（著作権法26条1項）。このように頒布権は原則として映画著作物のみに与えられている。ただ、映画の著作物に複製されている映画音楽や美術作品についても頒布権は与えられている（同法26条2項）。つまり、映画音楽の作曲家は、当該映画著作物の複製物により音楽著作物を頒布することについて頒布権を有していることになる。たとえば、映画のDVDレンタルについては、映画の著作物の著作者が頒布権を有することはもちろん、当該映画に複製されたBGMの作曲家も頒布権を有していることになるのである。

　ここで「頒布」とは、「有償であるか又は無償であるかを問わず、複製物を公衆に譲渡し、又は貸与すること」をいうとされる（同法2条1項19号）-16。配給制度の下に流通する劇場用映画については、映画フィルムを誰に譲渡または貸与するかについてコントロールできる権利を頒布権として与えたというわけである。

　もっとも、劇場用映画と異なり、公衆に提示することを目的としない家庭用テレビゲーム（これも映画の著作物である）の譲渡については、市場における商品の円滑な流通を確保する等の観点から、当該著作物の複製物を公衆に譲渡する権利は、いったん適法に譲渡されたことにより、その目的を達成したものとして消尽し、もはや頒布権の効力は、当該複製物を公衆に再譲渡する行為には及ばないも

16—もっとも、映画著作物（およびそこに複製されている著作物）については、その複製物を、公衆に直接譲渡・貸与する行為（前段頒布）だけでなく、公衆でない者（特定かつ少数人）に対する譲渡・貸与であっても公衆に提示する目的であれば含まれる（後段頒布）と規定されている（著作権法2条1項19号）。そのため、映画著作物の頒布権の場合、たとえば公衆に上映する目的であれば、たとえ特定の1人に対する譲渡・貸与であっても頒布権が及ぶことになる。

のとするのが判例である（最判平14・4・25民集56巻4号808頁〔中古ゲームソフト事件：上告審〕参照）。

(8) 譲渡権

譲渡権は、著作物をその原作品または複製物の譲渡により公衆に提供する権利である（著作権法26条の2第1項）。たとえば、違法に作成された海賊版書籍を出版することは、複製権および譲渡権の侵害に当たる。もっとも、映画の著作物（およびそこに複製されている著作物）については頒布権があるため、譲渡権の対象とはされていない（同項括弧書き）。

もっとも、この譲渡権については消尽原則が明文の規定により定められている（同法26条の2第2項）。たとえば、譲渡権者（またはその許諾を受けた者）により公衆に譲渡された物に譲渡権は及ばないとされている（同項1号）。そのため、たとえば、古本や中古CDの販売には譲渡権が及ばないのである。

(9) 貸与権

貸与権は、著作物をその複製物の貸与により公衆に提供する権利である（著作権法26条の3）。もっとも、映画の著作物（およびそこに複製されている著作物）については、頒布権が貸与をカヴァーしているため、貸与権の対象とはされていない（同条括弧書き）。したがって、たとえば、音楽CDのレンタルについて貸与権が及ぶことになる。

(10) 翻訳権・翻案権等

著作権法27条には、「著作者は、その著作物を翻訳し、編曲し、若しくは変形し、又は脚色し、映画化し、その他翻案する権利を専有する」と規定されている。このように、27条の権利とは、既存の著作物の創作的表現に創作性ある変更を加えて二次的著作物を作成する権利だということができる[17]。たとえば、言語

---

[17] 最判平13・6・28民集55巻4号837頁（江差追分事件）は、形式的には「言語の著作物の翻案」について述べたものではあるが、「言語の著作物の翻案（著作権法27条）とは、既存の著作物に依拠し、かつ、その表現上の本質的な特徴の同一性を維持しつつ、具体的表現に修正、増減、変更等を加えて、新たに思想又は感情を創作的に表現することにより、これに接する者が既存の著作物の表現上の本質的な特徴を直接感得することのできる別の著作物を創作する行為をいう」と判示しており、同旨と解される。

の著作物を翻訳したり、音楽の著作物を編曲したり、小説を映画化したりといった行為が、27条の権利の対象となる。

なお、既存の著作物に大きな変更を加えた結果、作成された著作物に既存の著作物の創作的表現が残っていない場合（すなわち類似性がなくなった場合）、それはもはや別個独立の著作物であるから、これに権利が及ぶことはない。

厳密にいうと、27条の権利は4つの権利（翻訳権・編曲権・変形権・翻案権）によって構成されている-18。

このように、27条の権利はあくまで二次的著作物を・作・成するという単発的な行為を対象とする権利である。他方、翻訳や翻案等によって作成された二次的著作物を・利・用する行為は、27条の権利ではなく、28条の権利がカヴァーするのである。

たとえば、他人の楽曲を無断で編曲する行為は編曲権侵害に当たる。他方、このようにして編曲された音楽著作物を公に演奏する行為は、あくまで28条を介して有する演奏権の侵害であって、編曲という行為がすでに終了している以上、27条の権利である編曲権の侵害になるわけではない。そのため、翻訳物の販売や映画の上映といった二次的著作物の利用行為に対して原著作物の著作者が差止請求をする場合、その根拠となるのは、あくまで28条を介して有する譲渡権や上映権であって、27条の権利である翻訳権や翻案権ではないのである-19。

先述のように、現在のJASRAC信託契約約款によると27条の権利が特掲されておらず（3条1項）、編曲権を含む27条の権利は信託の対象になっていないものと解される。そのため、楽曲の編曲や歌詞の翻案といった二次的著作物の作成行為それ自体については、JASRACが権利を管理していないことになる。

18—これに対して、27条の権利は「翻案権」と総称されることもあるが、厳密にいうとそれは妥当でないことについて、上野達弘「著作権（2）27条・28条」法学教室336号144頁（2008年）127頁以下参照。

19—従来の裁判例においては、二次的著作物の利用が問題となっているケースでありながら、28条に言及されず、27条の権利のみが問題とされているものが少なからずみられる。たとえば、東京高判平14・9・6判時1794号3頁（記念樹事件：控訴審）は、「編曲権」についてのみ侵害を認定したにすぎないが、その損害額として、「録音、映画録音、ビデオグラム録音及び出版に係る相当対価額」や「放送及び放送用録音に係る相当対価額」について認定しており、これは「編曲」という単発的行為による損害額としては問題があろう（上野・前掲注18、128頁参照）。

(11) 二次的著作物利用権

　著作権法 28 条は、二次的著作物利用権を規定している。たとえば、ある小説をもとにして映画が作成された場合、この映画を上映する行為や、DVD として複製する行為について、小説家は 28 条を介して有する上映権や複製権を有している。このように、著作者は、自己の著作物をもとに作成された二次的著作物の利用について著作権を有するのである。

　また、「二次的著作物に対するこの法律による保護は、その原著作物の著作者の権利に影響を及ぼさない」と規定されている（著作権法 11 条）。したがって、二次的著作物が作成されて、その著作権が発生したとしても、原著作物に対する権利は何の影響も受けない。その結果、二次的著作物の利用については、二次的著作物の著作者が有する著作権と、原著作物の著作者が有する 28 条の権利とが併存することになるのである。

　たとえば、作曲者 A が作曲したピアノ曲 a を編曲者 B がオーケストラ版に編曲したという場合、二次的著作物（オーケストラ版）b の著作権と、その原著作物（ピアノ曲）a の 28 条の権利とは併存する。したがって、第三者が二次的著作物 b を利用するためには、編曲者 B のみならず、原著作物 a の作曲者 A（28 条の権利者）からも許諾を得る必要があるのである。同様に、編曲者 B が自ら当該二次的著作物 b を利用する場合であっても、作曲者 A から許諾を得る必要がある[20]。たしかに、B は当該二次的著作物 b の著作者であるから、これについて著作権を有するのであるが、著作権というのは「権利」であるとはいってもあくまで禁止権にすぎないため、自らがその著作物を利用する権限を保障されるものではないからである。また、作曲者 A は当該二次的著作物 b の利用について 28 条の権利を有しているが、これも禁止権にすぎないため、原作者 A が当該二次的著作物 b を利用するためには、当該二次的著作物 b について著作権を有する編曲者 B から許諾を得る必要があることはいうまでもない。

　以上のように権利が併存しているため、結局のところ、当該二次的著作物の利用について権利を有している者すべてが合意しなければ、当該二次的著作物を利用できないことになるのである。そのため、当事者の人間関係が悪化したために、せっかく作成された二次的著作物の利用が事実上できなくなり、いわば封印作品

---

[20] もっとも、B が A から許諾を得て編曲を行ったという場合は、当該編曲物の利用についても一定の範囲で許諾が与えられているものと解釈できる場合が少なくなかろう。

となってしまうことがある。

　いわゆる「キャンディ・キャンディ」もそのひとつといえよう。この作品をめぐる事件では、原作となる言語の著作物をもとに漫画が作成されたあと、その漫画に登場する主人公のイラストのみが利用されたという場合に、原作者の28条の権利が及ぶのかということが問題となった。判決は、イラスト部分を利用する行為にも原作者の28条の権利が及ぶことを認めた—21。もっとも、そもそも著作権というものは著作者が自ら創作した創作的表現にだけ認められるものだと考えるならば、イラストに原作原稿の創作的表現があらわれていないような場合にまで、原作者の28条の権利を及ぼすことは妥当ではないとも考えられる—22。

3　著作権の制限

　著作権には2種類の制限が加えられている。第一に「内容的」な制限である（著作権制限規定）。すなわち、一定の利用行為については著作権が及ばないものとされているのである。第二に「時間的」な制限である（保護期間）。すなわち、一定の期間の経過によって著作権は消滅するものとされているのである。

　このことは次のように正当化できる。

　人が何かを創作するに当たって、はたして完全な独創というものがあり得るだろうか。いや、そうではないだろう。人は、人類が長い歴史の間に築いてきた文化の集大成という礎があってこそ、今日の創作活動を可能にしているものと考えられる。このように、人の創作というものが、歴史を経て人類によって築かれてきた文化の積み重ねの上に成り立っているにすぎないとするならば、その者に完全・永久の独占権を与えることは妥当でなかろう（著作権の社会性）。にもかかわらず、もし特定の者に強力な独占権を与えてしまえば、その後に創作を行おうとする者あるいは著作物を利用する者の行為自由を著しく阻害し、結果として文化の発展は沈滞してしまうことにもなりかねない。

　そのようにみると、著作権の制限というものは、創作行為というものに内在する理由と、独占の弊害を回避するためという外在的な理由によって基礎づけるこ

21—最判平13・10・25判時1767号115頁（キャンディ・キャンディ事件）参照。
22—実際のところ、学説上はこの判決に対する批判も強い（田村善之『著作権法概説（第2版）』〔有斐閣、2001年〕115頁、中山信弘『著作権法』〔有斐閣、2007年〕133頁以下等参照）。詳しくは、上野・前掲注18、131頁以下参照。

とができるものと考えられる。これによって、権利者と利用者の適切なバランスを築くことが、まさに著作権法の究極の目的といってよかろう（著作権法1条参照）。

(1) 権利制限規定

著作権制限規定は、著作権法30条以下に列挙されている多数の規定を意味する。この規定のどれかに該当すれば、権利侵害が否定される。すなわち、権利侵害の主張に対する抗弁となるのである。

なお、わが国著作権法の権利制限規定は、そうした個別規定が限定列挙されているにすぎない。つまり、アメリカ著作権法107条におけるフェアユース規定[23]のような、一般条項は設けられていないのである。しかも従来の議論において、権利制限規定は著作者保護を第一義とする著作権法の大原則に対する例外であるとして、これを厳格に解釈する見解が有力であった[24]。そのため、限定列挙された制限規定に該当しない限り、形式的には著作権侵害になってしまい、場合によっては不都合な結果を生じさせているのではないかといった観点から、わが国著作権法にも権利制限の一般条項を設けることを検討すべきだという議論が盛んになっている[25]。このことは、2008年、知的財産戦略本部に設置され

---

[23] アメリカ著作権法107条「第106条および第106A条の規定にかかわらず、批評、解説、ニュース報道、教授（教室における使用のために複数のコピーを作成する行為を含む）、研究または調査等を目的とする著作権のある著作物のフェアユース（コピーまたはレコードへの複製その他第106条に定める手段による使用を含む）は、著作権の侵害とならない。著作物の使用がフェアユースとなるか否かを判断する場合に考慮すべき要素は、以下のものを含む。
　(1) 使用の目的および性質（使用が商業性を有するかまたは非営利的教育目的かを含む）。
　(2) 著作権のある著作物の性質。
　(3) 著作権のある著作物全体との関連における使用された部分の量および実質性。
　(4) 著作権のある著作物の潜在的市場または価値に対する使用の影響。
　上記のすべての要素を考慮してフェアユースが認定された場合、著作物が未発行であるという事実自体は、かかる認定を妨げない。」

[24] たとえば、斉藤博『概説著作権法（第3版）』（一粒社、1994年）13頁以下は、「法が公正な利用に留意するよう求めるとしても、これはあくまでも権利の保護を第一義としつつも、例外的に、一定の限られた場合に権利を制限しようとするわけである。……したがって、30条をはじめとする権利を制限する諸規定を解釈・適用するに際しても、これらが『例外的に』定められていることをつねに考えなければならない。すなわち、これら制限規定の解釈・適用は努めて厳格になされなければならない」とする。

たデジタル・ネット時代における知財制度専門調査会において検討された末、報告書『デジタル・ネット時代における知財制度の在り方について』（平成20年11月27日）—26 において、「個別の限定列挙方式による権利制限規定に加え、権利者の利益を不当に害しないと認められる一定の範囲内で、公正な利用を包括的に許容し得る権利制限の一般規定（日本版フェアユース規定）を導入することが適当である」とまとめられた。そして、2009年春より、文化審議会著作権分科会法制問題小委員会で具体的な検討が行われているところである。

以下では、現行著作権法における個別的権利制限規定の具体的な内容について、主なものに限って概観していきたい。

（a）　私的複製

著作物は、「個人的に又は家庭内その他これに準ずる限られた範囲内において使用すること（以下「私的使用」という。）を目的とするときは、次に掲げる場合を除き、その使用する者が複製することができる」と規定されている（著作権法30条1項）。たとえば、レンタルショップから借りてきたCDを自宅でMDやパソコンにコピーしたり、テレビ番組を自宅で録画したりすることは、それが私的使用目的である限り、複製権の侵害とはならないのである。

ここでは「私的」とは何かが問題となる。つまり、「個人的に又は家庭内その他これに準ずる限られた範囲内において使用すること」がいかなる意味をもつかである。「家庭内」ということであるから、少なくとも兄弟姉妹と一緒に自宅で歌うために楽譜を複製するというのは許される。また、「これに準ずる」とは「家庭内」に「準ずる」範囲ということになるため、たとえば親友との間で使用する目的であれば許されるということになろう。これに対して、会社等の団体で使用する場合は私的複製に該当しないとされる—27。また、たとえば、100人のメンバーを擁する合唱団で、その団が使用するために楽譜を100部コピーするというのも認められないだろう。

また、最近ではコピープロテクトをかけることにより、技術的に著作物のコピ

25—上野達弘「著作権法における権利制限規定の再検討——日本版フェア・ユースの可能性」コピライト560号（2007年）2頁、「シンポジウム『権利制限』」著作権研究35号（2008年）1頁以下等参照。

26—http://www.kantei.go.jp/jp/singi/titeki2/houkoku/081127digital.pdf

27—加戸・前掲226頁、東京地判昭52・7・22無体裁集9巻2号534頁（舞台装置設計図事件）参照。

ーを防止または抑止しているケースもみられる。こうしたコピープロテクトを悪意で解除して行う複製は、たとえ私的使用目的であっても複製権侵害となると規定されている（同法30条1項2号）−28。

いずれにしても、私的複製が許される場合は、翻訳、編曲、変形、または翻案して利用することも許される（同法43条1項1号）。たとえば、他人の楽曲を編曲しつつ楽譜を書くことは、それが私的使用目的である限り、複製権侵害にも編曲権侵害にもならない。

なお、著作権法30条は、原則として私的複製を自由としているが、デジタル録音・録画については、MDや音楽用CD-Rなど、政令（著作権法施行令1条参照）で定める機器・機材を用いてこれを行う場合、相当な額の補償金を著作権者に支払わなければならないものと規定されている（著作権法30条2項）。実際には、対象となる特定機器または記録媒体の購入者がその購入時に補償金を一括払いする方法（同法104条の4）によって補償金が徴収されている。

こうした私的録音録画補償金制度は、複製行為それ自体の自由を害さずに、デジタルコピーというものが権利者に与える経済的影響に対応しようとするものと理解できる。しかし、政令によって個別指定される機器・媒体が限定されており、現状ではハードディスクのような汎用品やiPodのようなハードディスク内蔵型録音機器は対象になっていないこと、他人の著作物等を録音・録画しない購入者もいる（補償金返還制度はあるが現実的でない）こと、徴収額の2割を共通目的事業に支出していることは目的税的であることなど、さまざまな点が指摘されているのもたしかである。そこで、制度の見直しも含めて、著作権分科会私的録音録画小委員会等で議論が続けられてきたが、いまだに抜本的な解決をみていないというのが現状である−29。

(b) 図書館複製

また、図書館における複製も一定の範囲で許される。著作権法31条によれば、「図書、記録その他の資料を公衆の利用に供することを目的とする図書館その他の施設で政令で定めるもの（……図書館等……）においては、次に掲げる場合に

28—また、こうした技術的保護手段の回避専用機器等を譲渡等する行為について、著作権法に刑事罰が定められている（著作権法120条の2）。
29—さしあたり文化審議会著作権分科会『文化審議会著作権分科会報告書』（平成21年1月）（http://www.bunka.go.jp/chosakuken/singikai/pdf/shingi_hokokusho_2101.pdf）129頁以下参照。

は、その営利を目的としない事業として、図書館等の図書、記録その他の資料……を用いて著作物を複製することができる」と規定されている。

　具体的には、たとえば、「図書館等の利用者の求めに応じ、その調査研究の用に供するために、公表された著作物の一部分（発行後相当期間を経過した定期刊行物に掲載された個個の著作物にあつては、その全部）の複製物を一人につき一部提供する場合」と規定されている（同法31条1号）。ここで「一部分」とは、著作物全体の半分以下をいうと解されている‒30。たとえば、ある小説の数頁だけを複製することは許されるが、全体の半分以上を複製することはできない。ただ、ある法律雑誌に掲載された論文について、その半分以下しかコピーできないというのも不便である。そこで、定期刊行物に掲載された個別の著作物については、その全部を複製することができるとされている（同号括弧書き）。ただし、発売間もない雑誌については許されず、「発行後相当期間を経過した」ことが必要である。ここにいう「相当期間」については、少なくとも雑誌等の定期刊行物が発売されてから次の号が発売されるまでの間と解されている‒31。

　もっとも、絵画、楽譜、写真といった言語以外の著作物に関しては、そもそも「一部分」の複写は意味をなさない場合があり、また同一性保持権の問題もあるという理由で、そうした著作物にはそもそもこの規定は適用されないというのが起草者の説明である‒32。これに従うならば、図書館においては、楽譜の複製が基本的に許されないことになろう‒33。

（c）引用

　著作権法32条1項によれば、「公表された著作物は、引用して利用することができる。この場合において、その引用は、公正な慣行に合致するものであり、かつ、報道、批評、研究その他の引用の目的上正当な範囲内で行なわれるものでなければならない」と規定されている。たとえば、他人の小説や音楽の一部を採録したうえで、これについて批評することは、他人の著作物の無断利用であっても、

30――加戸・前掲239頁参照。
31――加戸・前掲239頁以下参照。
32――加戸・前掲239頁参照。
33――こうした点も、限定列挙された個別規定のみを有するわが国著作権法の権利制限規定の厳格解釈に関する課題のひとつである（著作権法31条に関する問題について詳しくは、上野・前掲注25、8頁以下参照）。図書館の利用者が私的使用目的で図書館資料を複製する行為が、著作権法30条1項にいう私的複製に該当する余地はないのかといった点を含めて、今後検討の余地のある論点といえよう。

著作権侵害にならないことになる。

　この規定によって引用が許されるためには、ふたつの要件を満たさなければならないというのが従来の裁判例である。すなわち、①明瞭区別性（引用側と被引用側が明瞭に区別されていること）、②主従関係（引用側が主、被引用側が従の関係にあること）である−34。これに従うならば、明瞭区別性のないパロディ作品は本条に該当しないことになるし、また、質・量の観点からみて、被引用側の著作物が大きな地位を占める場合は許されないことになる。もっとも、最近では、この二要件説と現行法32条1項の文言との乖離等を理由に、これを見直し、同項の文言（公正な慣行・正当な範囲）に立ち返った解釈論を提唱する見解もある−35。

　このように引用が認められる場合であっても、原則として出所を明示する義務がある点には注意を要する（同法48条1項1・3号）。

(d)　**教科書掲載**

　公表された著作物は、学校教育の目的上必要と認められる限度において、教科用図書に掲載することができる（同法33条1項）。たとえば、国語の教科書に、小説や童話といった文芸作品を掲載することが認められることになる。

　もっとも、その場合は、その旨を著作者に通知するとともに、文化庁長官が毎年定める額の補償金を著作権者に支払わなければならないとされている（同条2項）。

(e)　**教育機関複製等**

　著作権法35条は、「学校その他の教育機関……において教育を担任する者及び授業を受ける者は、その授業の過程における使用に供することを目的とする場合には、必要と認められる限度において、公表された著作物を複製することができる」と規定している。たとえば、教員がその授業の過程において、新聞記事のコピーを配付して全員で議論したり、あるいは英語の小説を複製して皆で翻訳したりするといった行為は、この規定によって許されることになる。

　もっとも、「当該著作物の種類及び用途並びにその複製の部数及び態様に照らし著作権者の利益を不当に害することとなる場合は、この限りでない」と規定されているため（同項但書き）、たとえば、市販されている算数のドリルを小学校で

34—これは、最判昭55・3・28民集34巻3号244頁（パロディ＝モンタージュ事件）に由来する。

35—上野達弘「引用をめぐる要件論の再構成」『著作権法と民法の現代的課題――半田正夫先生古稀記念』（法学書院、2003年）307頁等参照。

クラス全員にコピーして配付するような行為はこの規定の適用を受けない。

(f) 非営利演奏等

公衆に対して演奏する場合であっても、常に演奏権侵害となるわけではない。著作権法38条1項によれば、「営利を目的とせず、かつ、聴衆又は観衆から料金……を受けない場合には、公に上演し、演奏し、上映し、又は口述することができる」と規定されている。たとえば、学祭における非営利無料のコンサートで他人の音楽著作物を演奏することは、演奏権の侵害にならない。

ここで非営利とは、直接または間接に営利性があってはならないものと解されている-36。したがって、たとえ入場料は徴収していなくても、企業が主催する冠コンサートのように宣伝・広告などの間接的な営利性がある場合、本条は適用されない。

また、無料というのは、料金を受けないことをいう。たとえば、学生オーケストラのコンサートではあるが、チケット代として500円徴収する場合は本条の適用を受けない。もっとも、ここで「料金」とは、あくまで「著作物の提供又は提示につき受ける対価」とされている（同法38条1項括弧書き）。そのため、たとえば、子供会主催の演奏会で茶菓子代金を徴収しても、これは演奏に対する対価ではないため、本条の適用を受けるとされる-37。他方、コンサートを開催するために要する諸経費（たとえば、会場費やアルバイト代）のために金銭を徴収することは、それがたとえ実費の範囲内であっても「料金」に当たるというのが起草者の立場である-38。

また、アマチュアバンドが路上ライブを行うと、通行人が寄付またはお礼のつもりで金銭を置いていくことがある。そうすると、こうした演奏が非営利かつ無料といえるかどうかも問題になるところであるが、以上のような観点から個別具体的に判断していくことになろう。

もっとも、以上の2要件を満たす場合であっても、実演家等にギャラが払われている場合、本条の適用は認められない。たとえば、学祭での無料コンサートではあっても、歌手にギャラが払われている場合は演奏権の対象となる。もっとも、

36—加戸・前掲272頁、前掲注13、大阪高判平20・9・17（デサフィナード事件）参照。
37—加戸・前掲273頁参照。
38—加戸・前掲272頁以下参照。もっとも、こうした金銭は演奏それ自体とは直接の関係を有しないという考えもあり得るため、これが常に「著作物の提供又は提示につき受ける対価」に当たるかどうかは検討の余地がなくもないだろう。

ここで「報酬」とは「当該上演、演奏、上映又は口述について」とされていることから、実演家等に支払われた金銭が、あくまで交通費や弁当代にとどまる場合は問題ないといわれている—39。

また、同じ著作権法38条では、公の伝達権も制限されている（同法38条3項）。すなわち、非営利かつ無料の場合、または、「通常の家庭用受信装置」を用いる場合、公衆送信される著作物を公に伝達することが許される。たとえば、飲食店にスクリーンとプロジェクターを設置して、テレビ放送中の映画を客に見せる行為は、それが「通常の家庭用受信装置」を用いているのであれば、たとえ営利目的があっても、また、たとえ有料であったとしても、著作権の侵害とはならない。最近は、スポーツバーなどに大型のスクリーンが設置されているような例を見かける一方で、家庭内にもホームシアターと称する大型のスクリーンが普及しているところである。したがって、どのようなものが「通常の家庭用受信装置」といえるかという点は問題として残ることになろう。

（g）　時事の事件の報道のための利用

著作権法41条によれば、「写真、映画、放送その他の方法によつて時事の事件を報道する場合には、当該事件を構成し、又は当該事件の過程において見られ、若しくは聞かれる著作物は、報道の目的上正当な範囲内において、複製し、及び当該事件の報道に伴つて利用することができる」と規定されている。たとえば、美術館から絵画が盗難されたという事件をテレビで報道する際に、当該絵画（「当該事件を構成」する著作物）を放送したり、新聞に写真を掲載したりすることができるほか、盗難にあった美術館内を撮影する際に、盗難された絵画以外の著作物（「当該事件の過程において見られ……る著作物」）を放送することも、本条の規定により許されることになる。また、甲子園球場で高校野球の開会式が開かれたということをテレビで報道する際に、入場行進曲（「当該事件の過程において……聞かれる著作物」）をあわせて放送することも本条の適用を受ける。

（h）　目的外使用

以上のような権利制限は、あくまで一定の目的に限って自由に利用することを認めたものにすぎない。そのため、こうした制限規定により作成された複製物が、事後的に、当初の目的以外の目的で頒布等された場合、その時点で複製等を行ったものとみなして、あらためて著作権を及ぼすことになっている（同法49条）。

39—加戸・前掲273頁参照。

これを目的外使用という。

たとえば、かつて私的使用の目的で CD の音楽を複製した MD がいまや不要になったからといって、希望者を募ってこれを譲渡した場合、これは公衆に対する頒布に当たり、たとえそれが無償であるとしても、目的外使用として複製権侵害になるのである。

(i) 著作者人格権との関係

以上のような権利制限規定は、あくまで著作権の制限規定である。著作権と著作者人格権とを明確に区別する二元論の考え方からすれば、こうした制限規定が著作権のみならず著作者人格権にも影響することはない。そこで、著作権法 50 条は、著作権制限規定が「著作者人格権に影響を及ぼすものと解釈してはならない」と規定している。

たとえば、著作権の制限規定には、一定の場合に翻案等が許されるという規定があるが（同法 43 条等）、だからといって著作者人格権としての同一性保持権の侵害まで常に否定されるわけではない。そのような翻案等に伴う改変が同一性保持権の侵害に当たるか否かは、別個独立に判断されることになるのである。

(2) 保護期間

著作権は、一定の存続期間を経過すると消滅する。これを著作権の存続期間（著作物の保護期間）という―40。この点で、永久絶対の権利である所有権と対照的である。

(a) 死亡時起算主義

著作権の存続期間は著作物の創作の時に始まるが（著作権法 51 条 1 項）、問題となるのはその終期である。わが国では、原則として死亡時起算主義により、著作者の死後 50 年の経過をもって著作権が消滅するとされている（同条 2 項）。

もっとも、厳密にいうと、計算の便宜のために、著作者が死亡した日から起算するのではなく、死亡した日の翌年の正月 0 時から起算して（同法 57 条）、その時からちょうど 50 年が経過したときに（すなわち 49 年後の年の 12 月 31 日 24 時ちょうど）に消滅することになる（これを「暦年主義」という）。したがって、同じ 1

40―なお、著作権法上、「保護期間」という文言は「著作物」など権利の客体について用いられ、「存続期間」という文言は「著作権」など権利それ自体について用いられている。これに従うと、「著作権の保護期間」というのは正確な表現とはいい難い。

年のうちでは著作者がいつ死亡しようと、終期は変わらない。

なお、共同著作物の場合は、複数の共同著作者のうち最終に死亡した著作者の死後50年となる（同法51条2項）。たとえば、2人で作曲した楽曲であれば、たとえそのうちの1人が早く死亡したとしても、もう1人が死亡してから50年後まで、当該著作物に対する著作権は存続する。もっとも、たとえば、ある歌曲について、Aが作詞を、Bが作曲を担当したという場合、これは結合著作物であって共同著作物ではないため、歌詞と楽曲は別個の著作物として保護期間も個別に算定される。

(b) 公表時起算主義

以上のような保護期間の原則的算定法に対して、以下の3つの場合には死亡時起算主義ではなく、公表時起算主義をとっている（同法52〜54条）。

すなわち、①無名・変名の著作物、②団体名義の著作物、③映画の著作物である。このうち①および②の保護期間は原則として公表後50年とされ、③の保護期間は公表後70年とされる。

映画の著作物の保護期間は、平成15年改正（平成15年法律第85号）によって公表後50年から公表後70年に延長されたものである（平成16年1月1日施行）。もっとも、経過措置として、「法律の施行の際に改正前の著作権法による著作権が存する映画の著作物について適用」と定められたことから（著作権法改正〔平成15年6月18日法律第85号〕附則2条）、ちょうど2003年（平成15年）12月31日の終了をもって存続期間が満了するはずであった1953年公開の映画（例：「ローマの休日」、「シェーン」）にも改正法が適用され、保護期間が延長されるかどうかが問題となった。この点について、判例は、「昭和28年に団体の著作名義をもって公表された独創性を有する映画の著作物は、本件改正による保護期間の延長措置の対象となるものではなく、その著作権は平成15年12月31日の終了をもって存続期間が満了し消滅したというべきである」と判示したのである−41。

なお、旧著作権法は、独創性のある映画の著作物について死亡時起算主義を採用し、その保護期間は著作者の死後38年となっていた。そして、旧法下に公表された著作物で、旧法による保護期間の方が長い場合は、現行法においても旧法の保護期間を適用することになっている（現行著作権法附則7条）。そのため、公表後50年を経過した映画の著作物であっても、その著作者の死後38年が経過し

41——最判平19・12・18民集61巻9号3460頁（シェーン事件）参照。

ていないものについて、まだ保護期間内にあるとされた裁判例がある[42]。

(c) 戦時加算

著作権の存続期間は以上のようにして決まる。ところが、第二次世界大戦の戦時期間中、連合国および連合国民が有していた著作権については、一定期間を原則的保護期間に加算することになっている。これが戦時加算である。

戦時加算は、サンフランシスコ平和条約（昭和27年条約5号）15条c項を受けて、連合国及び連合国民の著作権の特例に関する法律（昭和27年法律第302号）によって定められている。同法によれば、昭和16年12月7日に連合国および連合国民が有していた著作権については、日本の参戦日（昭和16年12月8日）から、「平和条約が効力を生ずる日の前日までの期間」を加算することになっている（同法4条1項）。これが最長期間である。たとえば、英米仏などの8カ国については3794日を加算することになる。3794日というのは、10年4カ月と21日（または22日）に当たる。その結果、この期間を加算した著作物の保護期間は、5月21日24時か5月22日24時に満了することになる。

このように、連合国および連合国民が戦時期間中に著作権を有していた著作物は、その保護期間の算定が非常に複雑なものとなっている。

4　著作者人格権[43]

著作者は自ら創作したものに対して思い入れやこだわりを抱く。著作者人格権は、著作物に対する著作者のそうした人格的利益を保護する権利として規定されている。その意味で、著作者人格権は、著作者の財産的利益を保護する著作権とひとまず区別される（二元論）。そのため、著作者人格権の侵害に当たるかどうかは、著作権侵害とは別個独立に判断される。たとえ著作権侵害には当たらなくても、あるいは著作者が著作権をすべて他人に譲渡してしまっていても、著作者は依然として著作者人格権を主張することができるのである。

このように、著作者人格権は著作者の人格的利益を保護する人格権である。したがって、著作者人格権は著作者の一身に専属し、譲渡することができないもの

---

[42] 知財高判平20・2・28判時2021号96頁（チャップリン事件）、知財高判平20・7・30（黒澤明事件）参照。

[43] 上野達弘「著作者人格権」法学教室344号（2009年）151頁、島並良・上野達弘・横山久芳『著作権法入門』（有斐閣、2009年）も参照。

と規定されている（著作権法59条）—44。そのため、JASRACも著作者人格権は管理していない。JASRACが管理する音楽著作物を利用しようとする者は、たとえJASRACから利用許諾を受けたとしても、著作者の著作者人格権を侵害しないようにしなければならないのである。

以下では、著作者人格権に含まれる3つの権利（公表権・氏名表示権・同一性保持権）について述べたうえで、著作者人格権侵害とみなされる行為（同法113条6項）および著作者が存しなくなった後における人格的利益の保護（同法60条）についても概観しておく。

(1) 公表権

著作者は、その著作物でまだ公表されていないものを公衆に提供し、または提示する権利を有する（著作権法18条1項）。このように、公表権は、未公表の著作物につき、いつ公表するかを決定することのできる権利である。

たとえば、未完成であるため公表するつもりのない歌が、何者かによって駅前広場で歌われてしまうと、知られたくないものが世の中に知られてしまい、この作曲家がその歌に有している個人的なこだわりが損なわれ、さらには作曲家の社会的評価が低下するなど、著作者の人格的利益が害されることがあり得よう。したがって、このような場合は公表権の侵害となる。もちろん、この例のような場合は公表権の侵害になると同時に、演奏権という著作権の問題にもなる。しかし、演奏権はあくまで財産的利益を保護するものであるから、著作権侵害とは独立して公表権という著作者人格権の侵害が判断されることになるのである—45。

公表権の対象になるのは、あくまで「まだ公表されていない」著作物のみである。したがって、市販されている書籍のように、すでに公表されてしまっている著作物については公表権がはたらかない。裁判例においては、ある詩が中学校の文集に掲載されて300部以上作成・配付されたという事案で、すでに公表された

44—そのため、著作者人格権に関する契約（とりわけ著作者人格権の不行使特約）が実務上重要になるが、その有効性については議論がある（上野達弘「著作者人格権に関する法律行為」著作権研究33号〔2006年〕43頁参照）。その他、著作者人格権に関する立法的課題について、上野達弘「著作者人格権をめぐる立法的課題」『知的財産法の理論と現代的課題――中山信弘先生還暦記念』（弘文堂、2005年）349頁参照。

45—また、たとえば、誰にも見せていない個人的な日記が無断で街角に掲示された場合のように、そもそも著作権の対象にならない行為であっても（展示権の対象は美術の著作物または写真の著作物に限られる）、公表権侵害になり得るわけである。

ものと認めたものがある―46。

(2) 氏名表示権

氏名表示権は、著作物に著作者名を表示するか、それともしないか、表示するとすればどのようなものを表示するかについて決定することができる権利である（著作権法19条1項）。

たとえば、作曲家が出版社から楽譜を出版しようとしたところ、出版社がこの作曲家の名前ではいまひとつ売れないからという理由で別の人物の著作名義を表示して出版した場合、世間はその曲をその作曲家とは別の人物がつくったものと認識することになり、この作曲家がその曲に有している個人的なこだわりが損なわれ、さらにはこの作曲家に与えられるべき社会的評価が損なわれるなど、著作者の人格的利益が害されることがあり得よう。したがって、このような場合は氏名表示権の侵害となるのである。このように、氏名表示権は、著作者名の表示に関する著作者の人格的利益を保護するための権利だといえよう。

著作権法19条1項によると、「著作者は……その実名若しくは変名を著作者名として表示し、又は著作者名を表示しないこととする権利を有する」と規定されている。したがって、著作者名を表示する場合は実名か変名を選択できることになる。ここで「変名」とは、著作者の雅号、筆名、略称その他実名に代えて用いられるものを意味する（同法14条）。たとえば、松任谷由実氏は実名（松任谷由実）以外に「荒井由実」という旧姓や「呉田軽穂」というペンネームを使い分けていることで知られているが、これもその実名以外は変名である。このように、実名で公表するか、それとも変名で公表するか、という点も、著作者が決定できるのであり、第三者がこれと異なる著作名義で著作物を公衆に提供または提示すると氏名表示権の侵害となる。

もっとも、氏名表示権には一定の制限が課されている（同法19条2～4項）。とりわけ、著作権法19条3項は、「著作物の利用の目的及び態様に照らし著作者が創作者であることを主張する利益を害するおそれがないと認められるときは、公正な慣行に反しない限り、省略することができる」と規定されている。たとえば、テレビ番組では多数の音楽著作物がBGMや効果音として用いられているが、作

46―東京地判平12・2・29判時1715号76頁（「中田英寿　日本をフランスに導いた男」事件：第一審）参照。

曲者や作詞者の氏名がすべて表示されることはないであろう。あるいは、ホテルのバーにおいて多数の音楽著作物がBGMとして演奏されている場合も同様である。このような場合において氏名表示が省略されても、公正な慣行に反しない限り氏名表示権の侵害にはならないのである。

(3) 同一性保持権

著作者は、その著作物およびその題号の同一性を保持する権利を有し、その意に反してこれらの変更、切除その他の改変を受けないものとされる（著作権法20条1項）。このように、同一性保持権は、著作物の改変に反対できる権利である。

たとえば、作曲家が出版社と出版契約を締結したとしても、出版社がその楽譜に無断で修正を加えて出版すると、作曲家がその曲に有している個人的なこだわりが損なわれ、さらには作曲家の社会的評価が低下するなど、著作者の人格的利益が害されることがあり得よう。したがって、このような著作物の改変は同一性保持権の侵害となるのである。このように、同一性保持権は、著作物の完全性に関する著作者の人格的利益を保護するための権利だといえよう。

もちろん、出版社が作曲家（またはJASRAC等の管理団体）から複製について許諾を得ている場合、著作権としての複製権の侵害にはならない。しかし、同一性保持権という著作者人格権の侵害に当たるかどうかは、著作権侵害とは別に独立して判断されることになるのである。

著作権法20条1項においては「その意に反して」と規定されているため、著作者の意思が尊重されることになる。したがって、客観的にみれば、改変によって著作物の価値が明らかに高まった場合であっても、その改変が著作者の意に反する限り、同一性保持権の侵害となることに変わりはない。従来の裁判例においても、大学生が執筆した論文について、大学側が、送りがなの変更、読点の切除、中黒の読点への変更、改行の省略といった表記の変更を行ったという事案で、同一性保持権の侵害が肯定されている[47]。

もっとも、同一性保持権には一定の制限が課されている（同法20条2項）。とりわけ、著作権法20条2項4号は、「著作物の性質並びにその利用の目的及び態様に照らしやむを得ないと認められる改変」は同一性保持権の侵害とならないと規定している。たとえば、絵画をカラー出版する際に色彩がどうしても完全には

---

[47]―東京高判平3・12・19判時1422号123頁（法政大学懸賞論文事件）参照。

表現できない場合、あるいは演奏技術が未熟なために演奏が不完全になった場合などが、その例として挙げられている。

この「やむを得ない」という文言をどのように解釈するかはひとつの論点である。従来の通説・判例は、この著作権法20条2項4号をきわめて厳格に解釈運用すべきものとしてきた。これに対して、最近では同号の厳格解釈の見直しも主張されており−48、実際にも同号を適用する裁判例は増えつつある−49。

(4) みなし著作者人格権侵害

著作者人格権の侵害に至らないような行為であっても、著作者の名誉または声望を害する方法によりその著作物を利用する行為は、その著作者人格権を侵害する行為とみなされる（著作権法113条6項）。

つまり、絵そのものに改変を加えれば同一性保持権の侵害になるが、改変を加えていない場合であっても、たとえば、純粋美術として描かれた裸体画をポルノショップの看板に利用して著作者の名誉を害するような行為は、著作者人格権の侵害とみなされるのである。他にも、荘厳な宗教曲をストリップのBGMに利用するといった例が挙げられている。

もっとも、本項にいう「名誉又は声望」は社会的名誉と解されており、本項に当たるためには、社会的にみて、著作者の名誉または声望を害するおそれがあると認められるような行為であることが必要となる−50。したがって、著作者の主観的な名誉感情を害するにすぎない場合はこれに当たらない。

(5) 著作者が存しなくなった後における人格的利益保護

著作権は、著作者の死後であっても存続期間の満了まで存続する。しかし、著作者人格権については存続期間の定めがみられない。ただ、著作者人格権は人格

48—上野達弘「著作物の改変と著作者人格権をめぐる一考察——ドイツ著作権法における『利益衡量』からの示唆（一）（二・完）」民商法雑誌120巻4・5号748頁、6号925頁（1999年）参照。

49—東京高判平10・7・13知的裁集30巻3号427頁（スウィートホーム事件）、東京地判平10・10・30判時1674号132頁（「血液型と性格」事件）、東京高判平12・4・25判時1724号124頁（脱ゴーマニズム宣言事件）、東京地判平16・11・12（平16（ワ））12686）（「知的財産権入門」事件）等参照。

50—加戸・前掲666頁、東京高判平14・11・27判時1814号140頁（「運鈍根の男」事件：控訴審）参照。

権として「著作者の一身に専属」すると規定されているのであるから（著作権法59条）、著作者の死亡とともに消滅すると考えるのが自然であろう。

とはいえ、著作者が存しなくなったら、あとはどのように著作物を改変しても、あるいはどのような氏名を表示しても自由だ、というのも問題である。たとえ著作者が存しなくなったとしても、その名誉声望を害するような利用が横行することは妥当でなかろう。

そこで、著作者が存しなくなった後（自然人の死後および法人の解散後を含む）においても、著作物を公衆に提供または提示する者は、著作者が存しているとしたならばその著作者人格権の侵害となるべき行為をしてはならないものと規定されているのである（同法60条）。

この場合、死亡した著作者の遺族のうち一定の者（配偶者、子、父母、孫、祖父母または兄弟姉妹）が、そうした行為をする者またはするおそれのある者に対して差止めおよび（故意または過失がある場合は）名誉回復等の措置を請求できることになっている（同法116条1項）。

従来の裁判例においても、ある作家が書いた手紙を受領した者が、当該作家の死後、書籍に掲載したことが、著作者が存しているとしたならば公表権侵害となるべき行為に当たるとして、遺族による差止請求等を認めたものがある-51。

なお、著作者は遺言により、遺族に代えて当該請求をすることができる者（例：友人、団体、財団法人）を指定することができる（同法116条3項前段）-52。ただし、遺族が当該請求をする場合はせいぜい孫が生存する限りにおいてしか請求できないこととの関係上、たとえば、遺言により何らかの財団法人を指定したという場合も、その指定を受けた者は、当該著作者の死亡の翌年から50年後（その時に遺族が存する場合はその存しなくなった後）においては、その請求をすることができないと規定されている（同項後段）。

5 おわりに

本章では、JASRACによって管理されている著作権を中心に、著作者の権利

51—東京高判平12・5・23判時1725号165頁（三島由紀夫書簡事件）参照。
52—東京地決平15・6・11判時1840号106頁（ノグチ・ルーム事件）は、債権者（イサム・ノグチ財団）が著作者（イサム・ノグチ）から同項にいう「指定」を受けていたことについて疎明されているといえないとして、請求を却下した。

について概観した。JASRAC は音楽著作物に関する著作権を広範に管理しているが、管理委託の除外等によって、実際には著作権の一部が管理されていない場合もある。また、著作者人格権は著作者に一身専属するため、そもそも管理の対象になっていない。したがって、JASRAC が管理する音楽著作物を利用しようとする者は、JASRAC が管理する著作権以外にも、関連する権利に配慮する必要があるということになろう。

第 3 章

JASRACへの音楽著作権の信託

鈴木道夫

　JASRACは、作詞者、作曲者、音楽出版者等の著作権者から、著作権信託契約に基づいて著作権の信託を受けて、著作権等管理事業法による規制の下で、原則として「一任型」の管理を行っている。本章では、著作権等管理事業法の規制を概観した後、信託契約締結に至る具体的手続き、JASRACが採用している管理委託範囲の選択制の内容、著作権信託契約約款で許容している例外的な管理形態等、JASRACの管理業務の中心となる管理委託契約約款の内容を中心として、JASRACに音楽著作権を信託することの意味を実務全般にも言及しながら解説する。

1 著作権等管理事業法の制定

　平成13年10月1日、著作権等管理事業法（以下「管理事業法」という）が施行され、「著作権ニ関スル仲介業務ニ関スル法律」（以下「仲介業務法」という）は廃止された。これにより、JASRACが事実上唯一の音楽著作権管理団体として存在してきた時代は終わり、音楽著作権管理業務の分野において、複数の著作権管理事業者が併存することとなった。

　上記の法改正は、平成6年8月、著作権審議会に設置された「権利の集中管理小委員会」での議論に端を発する（著作権集中管理制度については、著作権審議会が、仲介業務法の見直しについて検討を行い、昭和43年に改善に関する答申を出したことがあったが、この答申に基づく法改正は実現しなかった）。その後、平成11年7月、同委員会の専門部会が「著作権審議会権利の集中管理小委員会専門部会中間まとめ」（以下「中間まとめ」という）を公表し、そこでは、集中管理に対する規制の方法や範囲などの問題について政府全体の規制緩和政策の方針を踏まえる必要があること、競争原理の導入が必要であり集中管理団体の新規参入の機会を認めるのが適当であること等が「法的基盤整備に関する基本方針」として掲げられ、営利、非営利を問わず一定の要件を充たす団体であれば、自由な参入を認めるべきであるという方向性が示された。

　JASRACは、中間まとめに対し、平成11年9月に、意見書を提出して、①中間まとめが文化的所産の保護を図る姿勢に欠けていること（集中管理制度の見直しは、経済性や効率性を追求する以前にまず文化的所産の保護の観点に立ってなされるべきであること）、②音楽著作権の集中管理は単一の団体によって行われることが合理的で世界的な傾向でもあり、権利者、利用者双方にとって有益であること、③CISAC憲章においては「管理団体は商業上又は利潤の獲得を目的とする組織ではない」と規定されており、採算性を優先した管理では公平性が損なわれる可能性が高く、本来規制緩和や競争原理になじむ分野ではないこと、④営利目的の集中管理は認めるべきではないこと等、中間まとめが内包するさまざまな問題点を指摘した。こうした指摘は、音楽著作権管理の特殊性、利用促進と権利者保護の実現、世界的な管理業務の趨勢等を考慮したきわめて合理的なものとみることができ、管理事業法が制定された現時点においてもきわめて示唆に富む内容となっている。

平成12年1月には、「著作権審議会権利の集中管理小委員会報告書」が公表された。この最終報告書では、規制緩和の促進、競争原理の導入を著作権の集中管理の分野において強調するという中間まとめの誤りは訂正されたものの、著作者の意思を尊重して、著作権管理の方法や著作権管理団体を著作者が自らの意思に基づいて選択できる必要があるとの観点から、新規参入を認めることが適当であるという結論は維持された。この最終報告書を受け、前記のとおり管理事業法が制定されるに至った。

2 著作権等管理事業法による規制

(1) 管理委託契約

管理事業法は、「管理委託契約」について、①委託者が受託者に著作権又は著作隣接権を移転し、受託者による著作物、実演、レコード、放送又は有線放送（以下「著作物等」という。）の利用の許諾その他の当該著作権等の管理を行わせることを目的とする信託契約、または、②委託者が受託者に著作物等の利用の許諾の取次ぎ又は代理をさせ、併せて当該取次ぎ又は代理に伴う著作権等の管理を行わせることを目的とする委任契約であって、著作物等の利用の許諾に際して委託者が使用料の額を決定することとされているもの以外のものをいう、と定義している（管理事業法2条1項）。そして、「著作権等管理事業」を管理委託契約に基づき著作物等の利用の許諾その他の著作権等の管理を行う行為であって、業として行うものをいうと定義する（同法2条2項）。

ここでのポイントは次の2点である。

第一に、「委託者が使用料の額を決定する場合」を管理事業法の対象となる管理委託契約から除いている点である。すなわち、管理事業法は、著作者自身による著作権の自己管理が規制の対象外であることを前提として、使用料の額の決定が委託者に留保されているいわゆる「非一任型」の管理については、受託者の裁量によって委託者の利益が害されるおそれはなく、自己管理と同視できることから、規制の対象を、それ以外の「一任型」の管理に限定している。

第二に、規制する委託の方法として、信託（信託法2条参照）、取次（商法551条・558条・559条参照）、代理（民法99条参照）を対象とし、仲介業務法で規制対象としていた媒介については、著作権者と利用者の間に立って契約の成立に尽力するもので、最終的に媒介する者の裁量によって契約を成立させるものではない

ことから、非一任型の管理として規制の範囲外としている。

(2) 一任型の管理

　JASRACが行う著作権管理事業の具体的な業務の方法は、国内の著作物については、作詞者、作曲者、音楽出版者等の著作権者から、「著作権信託契約約款」（以下「信託契約約款」という）に基づいて著作権の信託を受けて、後述する一部の例外を除き、「一任型」の管理を行っている（上記の「音楽出版者」は一般には「音楽出版社」と表記する例が多いが、JASRACの定款や約款では、会社だけでなく、財団法人等が音楽出版業務を行う場合があることから、「音楽出版者」と表記している。以下では文脈に応じて表記を使い分けている）。

　外国の著作物についても、諸外国の著作権管理団体との間で相互管理契約を締結することによって相互に著作権を管理するほか（音楽著作権の分野では、条約による著作権保護を実効化する趣旨で、管理分野を演奏権と録音権に大別したうえで、演奏権についてはCISACの標準管理契約書、録音権についてはBIEMの標準管理契約書をベースに、相互管理契約を締結して相互に著作権を管理する）、外国の原出版者（著作者との間で音楽著作物の管理に関する契約を締結した音楽出版者であり、オリジナル・パブリッシャーまたはこの略称としてOPと呼ばれる）から、日本国内での管理を委託された下請出版者（サブ・パブリッシャーまたこの略称としてSPと呼ばれる）等の著作権者から、国内著作物の場合と同様に、信託契約に基づき信託を受けて原則として一任型の管理を行っている。

(3) 規制の内容

　したがって、JASRACが行う音楽著作権管理は、管理事業法にいう「著作権等管理事業」に該当し、次に述べるような同法の規制を受ける。

　①著作権等管理事業を行おうとする者は、文化庁長官の登録を受けなければならない（管理事業法3条）。JASRACは、仲介業務法により音楽著作権の仲介業務の許可を受けていたことから、管理事業法の経過措置により、同法施行日である平成13年10月1日に登録を受けたものとみなされ（管理事業法附則3条）、文化庁長官により登録された。JASRACは、著作権等管理事業者登録簿において、取り扱う著作物等の種類を「音楽の著作物」、その利用方法を「複製、上演、演奏、上映、公衆送信、伝達、口述、頒布、譲渡、貸与」、公示方法を「インターネットによる公開」と登録している。

②著作権等管理事業者は、管理委託契約の種別、契約期間、収受した著作物等の使用料の分配方法、著作権等管理事業者の報酬等を記載した「管理委託契約約款」を定めて、あらかじめ、文化庁長官に届け出なければならない（管理事業法11条1項）。この管理委託契約約款に該当する各種規程（信託契約約款、著作物使用料分配規定、管理手数料規定等）は、これまで仲介業務法における「業務執行の方法」として、それぞれ独立して制定して許可を受けてきた。そこで、JASRACでは、これらの個別の規程は維持しながら（個別の規定をまとめてひとつの管理委託契約約款を作成することはせずに）、これらの各規程が管理事業法にいう管理委託契約約款を構成することだけを明確にする趣旨で、2条からなる「管理委託契約約款」を別途制定して、その中で管理委託契約約款を構成する個別の諸規程を明示するかたちをとっている。

③著作権等管理事業者は、利用区分（著作物等の種類および利用方法の別による区分）ごとの著作物等の使用料の額等を記載した「使用料規程」を定めて、あらかじめ、文化庁長官に届け出なければならない（同法13条第1項）。

使用料規程の実施までのプロセスは、JASRACが使用料規程を作成したうえで、利用者または利用者団体から、あらかじめ意見聴取を行う。届出に係る使用料規程は、その概要を公表し、著作権等管理事業者は、使用料規程に定める額を超える額を著作物等の使用料として請求してはならないことが義務づけられる（同法13条2項ないし同条4項）。なお、届出が受理された日から起算して30日間は使用料規程の実施禁止期間とされている（同法14条1項）。管理事業法は、使用料規程におけるひとつの利用区分において、使用料水準に対する影響力が大きい管理事業者を「指定著作権等管理事業者」（指定管理事業者）として、文化庁長官が指定することとしている。指定管理事業者は、利用者代表から、届け出た使用料規程に関する協議を求められたときには、原則として協議に応じる義務が課されており、協議が成立しないときには、いずれかの当事者の申請により文化庁長官が裁定を行う制度が設けられている（同法23条・24条）。JASRACは、使用料規程の「第3節　映画」の「1　録音」を除き、すべての利用区分について、指定管理事業者に指定されている。

3　管理委託契約約款を構成する 10 の諸規程の概要

(1)　信託契約約款

　信託契約約款は、音楽の著作物（楽曲を伴う歌詞を含む）の著作権の擁護と利用の円滑を図るため、JASRAC（受託者）が、著作物の著作権の管理を委託する作詞者、作曲者、音楽出版者その他の著作権を有する者（委託者）との間に締結する管理事業法 2 条 1 項 1 号の著作権信託契約の内容を定めることを目的としている。すなわち、JASRAC が著作権者から音楽著作権の信託を受ける際の基本的な契約内容を定め、JASRAC が行う著作権管理業務の根本を規律するものが、信託契約約款である。

(2)　著作物使用料分配規程

　著作物使用料分配規程は、JASRAC が著作権を管理する著作物の使用に伴う対価として徴収した著作物使用料等に関して、管理事業法 11 条 1 項 3 号の分配方法を定めることを目的としている。すなわち、JASRAC が、徴収した使用料等を、どのような基準で、どのような方法によって公平かつ公正に分配するかを定めた規程であり、第 1 章「総則」、第 2 章「演奏使用料、放送使用料」、第 3 章「録音使用料、出版使用料」、第 4 章「貸与使用料」、第 5 章「業務用通信カラオケ使用料、インタラクティブ配信使用料」、第 6 章「その他の使用料」、第 7 章「外国団体から収納した使用料」、第 8 章「実施細則」で構成されている。

(3)　収支差額金分配規程

　収支差額金分配規程は、信託契約約款 17 条 4 項が「受託者が一事業年度に取得した管理手数料等収入の総額が当該事業年度の業務遂行に要した支出の額を超過したときは、当該超過額に相当する金額（収支差額金）を信託財産に返還しなければならない」と定め、同条 5 項が「信託財産に返還された収支差額金は、別に定める収支差額金分配規程に基づき、受益者に分配する」と規定していることを受けて、収支差額金に関して、管理事業法 11 条 1 項 3 号の分配方法を定めることを目的としている。このように、JASRAC は、一事業年度の管理手数料等収入の総額が年間運営経費を上回った場合に、その差額を利益として留保せず、その超過額に相当する金額を収支差額金として信託財産に返還したうえで、翌年

度に権利者に再分配している。

(4) 私的録音補償金分配規程

私的録音補償金については、著作権法 104 条の 2 第 1 項の私的録音に係る指定管理団体である社団法人私的録音補償金管理協会（SARAH）が権利を行使している。JASRAC は、SARAH の構成員として著作権者の取り分の補償金を受領している。この分配方法を、「私的録音補償金分配規程」に定めている。

(5) 私的録画補償金分配規程

私的録画補償金については、著作権法 104 条の 2 第 1 項の私的録画に係る指定管理団体である社団法人私的録画補償金管理協会（SARVH）が権利を行使している。JASRAC は SARVH の構成団体である「私的録画著作権者協議会」を通じて補償金を受領している。この分配方法を、「私的録画補償金分配規程」に定めている。

(6) 管理手数料規程

管理手数料規程は、JASRAC が著作権を管理する著作物の使用に伴う対価として徴収した著作物使用料等を分配する際に控除する管理事業法 11 条 1 項 4 号の管理手数料の算出方法を定めることを目的としている。管理手数料実施料率は、この管理手数料規程において、著作物の利用方法ごとに定められている。この管理手数料は、管理事業法施行後の平成 14 年 4 月の改正信託契約約款の施行に伴い、従来の委託者からすべての著作権の管理の委託を引き受けることを前提とした料率から、利用方法ごとに実際にかかっている管理費用を可能な限り反映した料率に見直しを行っている。実施する料率は規程に定められた料率の範囲内で、理事会の承認を得て、理事長が具体的に定めることとしている。

(7) 信託契約申込金規程

信託契約申込金規程は、信託契約約款 2 条 2 項が「受託者は、別に定める信託契約申込金規程に規定する信託契約申込金の納付を条件として、これを承諾するものとする」と定めていることを受けて規定しているものである。JASRAC は、関係書類の交付やデータベースへの登録費用等の実費を受益者間で公平に分担するため、著作権信託契約を締結する際に、委託者からこの規程に定める信託契約

申込金の支払いを受けている。

(8) 私的録音補償金管理手数料規程
　私的録音補償金を分配する際に控除する管理手数料については、「私的録音補償金管理手数料規程」に定めている。

(9) 私的録画補償金管理手数料規程
　私的録画補償金を分配する際に控除する管理手数料については、「私的録画補償金管理手数料規程」に定めている。

(10) 信託契約の期間に関する取扱基準
　信託契約期間は、原則として3年としているが、信託契約約款9条1項により、一定の基準を満たしているときには、同一の条件で自動更新される。「信託契約の期間に関する取扱基準」は、自動更新を認める際の基準のひとつである契約期間中の分配実績に関して定めている。

4　信託契約締結の手続き

(1) 委託者となることができる者
　信託契約約款1条が定めるとおり、JASRACに音楽著作物の著作権の管理を委託する「委託者」は、「作詞者、作曲者、音楽出版者その他著作権を有する者」であり、著作権信託契約の締結手続きおよび承継の届出手続きに関する規程（著作権信託契約約款実施細則1号）2条は、著作権信託契約の申込みは、次の区分により行うものとするとして、①作詞者又は作曲者、②音楽出版者、③前2号に掲げるもの以外の著作権者、の3区分を明示している。

　JASRACは、著作権の管理を委託しようとする者の申込みに対して、「著作権の信託を引き受けることが適当と認めるとき」に、これを承諾するとしており（信託契約約款2条2項）、上記著作権信託契約約款実施細則1号5条は、著作権信託契約締結の基準として、「著作権信託契約の申込みがあった場合において、その申込者が著作権を有するいずれかの音楽の著作物につき、原則として申込みの日の1年前から申込みの日までの間に、日本国内において別表に掲げるいずれかの利用方法で利用（当該申込者による利用を除く）がされた実績があるときは、

当該申込みに係る著作権信託契約の締結を適当と認めることにする」と定め、さらに、「前項の実績がないときでも、前項の利用がされることが確定しているときは、当該申込みに係る著作権信託契約の締結を適当と認めるものとする」としている。このように、JASRACと信託契約を締結にするには、「公表実績」のある音楽作品の著作権を有していることが必要である。

「公表実績」とは、上記のとおり、原則として、創作された作品が過去1年以内に第三者によって日本国内で公表されたか、公表されることが確定していることをいい、音楽出版者の場合も、著作者と著作権契約を締結している作品が、原則として、過去1年以内に公表されたか、公表されることが確定していることが必要となる。

現在の公表実績に関する基本的な基準は、次のとおりである。

①録音実績

市販することを目的として1000枚以上製造された録音物または録画物(申込者が製作費用の全部または一部を負担するものを除く)において利用されていること。ただし、JASRACと録音利用許諾契約またはビデオグラム録音利用許諾契約を締結している利用者が製造している場合には、製造数を問わない。

②出版実績

楽譜、雑誌等の形式を問わず、市販することを目的として出版された出版物(申込者が出版費用の全部または一部を負担するものを除く)において利用されていること。

③演奏実績

入場料のある催し物(飲食店を会場とするものを除く)において利用(定員が500名以下の会場で利用されたときは3回以上)されていること。

④放送実績

日本放送協会、一般放送事業者または放送大学学園による放送(有線放送、イベント用放送、ミニFM、コミュニティ放送を除く)において利用されていること。

⑤業務用通信カラオケ実績

業務用通信カラオケにおいて利用されていること。

⑥インタラクティブ配信

商用配信サイト(投稿型サービスを除く)において利用されていること。

(2) 訳詞・編曲の取扱い

　訳詞や編曲の場合には、上記の公表実績に加えて、原作品の著作者が訳詞、編曲について承認し、当該訳詞者や編曲者に著作物使用料が分配されることを了承していること等が別途必要となる。

　編曲著作物の届出については、以下の①〜③の文書を添付して、所定の「編曲届」を提出する。①当該編曲の譜面（編曲の譜面のないものは録音物）および原曲の譜面、②原著作権がある作品については、原権利者の承認を証明する文書（この文書は、編曲行為に対する著作権法27条に関する許諾の意味だけではなく、編曲者が関係権利者に加わることによって、自己の使用料取り分が減少することに対する他の関係権利者の承認の意味も含む。そのため、原権利者の承認には、楽曲の作曲者だけでなく、作詞者などの関係権利者も含まれる）、③著作権者不明の作品で著作権法67条の裁定を受けて利用する場合には裁定を受けたことを証明する文書。

　そして、これに加え、編曲の場合、さらにJASRACの「編曲審査委員会」および理事会に諮って、当該編曲著作物が、管理する二次的著作物として妥当なものであるかどうかを決定する。編曲審査委員会の審査基準は、著作権法上の二次的著作物としての独創性を有するものを編曲著作物として取り扱うことを原則とし、以下の①〜⑥に該当するもの、その他これに準ずるものは、編曲著作物として取り扱わないこととしている。①音符を数字や符号等に書き替えたもの、②原曲の調を別の調に移調したもの、③原曲の声部を異なる楽器に書き分けたもの（声楽のためのものの場合もこれに準ずる）、④単楽器用の楽譜を他の単楽器用の楽譜に書き替えたもの、⑤合奏、合唱用の曲をそのまま単楽器用の楽譜に書き替えたもの、⑥全曲または曲の大部分を単にユニゾンで楽器または声楽用の楽譜に書き替えたもの（民謡の採譜における場合も含む）。

　公表時編曲（著作物が初めてレコードとして発行されるときに付された編曲）については、以上とは取扱いを異にする。公表時編曲については、平成10年4月1日施行の著作物使用料分配規程から、公表時編曲者を当該著作物の関係権利者として認め、公表時編曲者に対する分配率を12分の1とすることができる旨あらためられた。すなわち、音楽出版者または公表時編曲者から公表時編曲としての作品届が提出されれば、編曲審査委員会の審査を受ける必要がなく、編曲として認められる。ただし、編曲審査委員会の審査で認められた編曲作品とは異なり、当面の間、カラオケ演奏と業務用通信カラオケの送信部分だけが使用料分配の対象となり、また、この制度が実施された後に公表された内国作品だけを分配の対

象とするものである。以上の公表時編曲に関する措置は、特にカラオケについて公表時編曲が原曲と一体となって使用され、その利用には公表時編曲が必要不可欠になっている現状を重視して、権利者の要望に応じて認められたものである。

(3) 音楽出版者について

(a) 音楽出版者について、JASRACの定款7条では、「著作権者として、出版、レコード原盤への録音その他の方法により音楽の著作物を利用し、かつ、その著作物の利用の開発を図ることを業とする者」としている。

このように、音楽出版者とは、①音楽著作権を管理し、②その利用開発(プロモート活動)を行い、③CD(コンパクト・ディスク)等の原盤制作等を行っている事業者であって、音楽出版者の業務はこれら3本の柱からなるといわれている。

(b) 楽譜の出版は、グーテンベルグによって活版印刷術が発明された1445年頃から約半世紀が経過した15世紀の終わり頃から行われたともいわれ、また、一説では、音楽出版者は、1481年にベネチアのオクタビアヌス・スコトゥスによって創始されたともいわれる。

音楽作品が作家によって創作されて、それが広く世の中で利用されていくという過程において、作家が自ら利用開発を行うことにもともと限界がある以上、作家が創作活動を、音楽出版者が創作作品の利用開発活動を行って、それぞれが異なる機能を分離して担当するという発想が出てくるのは必然的な結果ともいえる。歴史的過程において、音楽著作物の利用開発は、生演奏での使用が主流の時代は、その演奏での使用を促進させるための楽譜の出版から始められる。音楽出版者(ミュージック・パブリッシャー)という呼称はこの歴史の名残である。その後、音楽作品の利用形態が生演奏だけでなく、蓄音機の発明等によって機械的利用という形態が発展していくと、音楽出版者は、楽譜の出版だけでなく、レコード、映画、放送などの利用態様に対応するため、作家から著作権の譲渡を受けて使用者の利用を促し、その利用態様に応じて利用許諾契約を締結したり、自ら原盤製作を行うなどの機能を担うことになる。音楽出版者の業務の柱が、音楽著作物の利用開発、音楽著作権の管理、原盤製作であるというのは、このような歴史的過程をみても首肯されるところである。

日本に音楽出版者が誕生したのは、昭和35年頃といわれ、外国の音楽出版者の下請出版社として外国曲の権利を取得することから始まったといわれている(橋本雅幸「音楽出版社の誕生とその過程(日本編)」〔社団法人音楽出版社協会『音楽

著作権管理者養成講座テキストⅠ』）には、「シャンソンやカンツォーネ等の楽曲を中心に楽譜の出版をしていた水星社が、フランス等の外国の音楽出版社と譲渡契約をして、JASRACと昭和34年7月1日付けで信託契約を締結した。『枯葉』等のシャンソンの楽曲の権利を取得し、外国曲の下請出版社として日本での音楽出版社第一号となった」と記載されている）。

　（c）　音楽出版者が行う「利用開発」業務とは、楽曲が多く利用されて世間で普及していくために必要なプロモート活動全般をいい、CD等を制作して販売する、インターネットで配信する、放送・有線放送に楽曲を提供する、CMやテレビ番組とタイアップしてその中に取り込んで普及させるなどの行為をその典型とする。

　プロモート活動の流れの中で音楽出版者がレコード原盤を制作する場合もあり、上記のとおり、この業務も音楽出版者の主要3業務のひとつを構成している。原盤制作業務は、音楽出版者が単独で行う場合のほか、プロダクションやレコード会社と共同で制作する場合があり（いわゆる共同原盤）、多くの場合、最終的にはその原盤権をレコード会社に譲渡するなどして、いわゆる原盤印税を受領する場合が多い。

　（d）　上記の「利用開発」とともに音楽出版者の重要な業務が「音楽著作権の管理」である。音楽出版者は、作詞家・作曲家との間で作品ごとに「著作権契約書」を締結して著作権の譲渡を受け、そのうちの大部分をJASRAC等の著作権等管理事業者に管理を委託し、そこから使用料の分配を受ける。著作権等管理事業者から分配を受けた使用料は、上記の「著作権契約書」の約定に従い、作詞家・作曲家に一定率を乗じた額を再分配をする。以上が音楽出版者が行う著作権管理の原則的形態であるが、中には、作詞家・作曲家から譲渡を受けた著作権の一部（たとえば「映画への録音」「ビデオグラム等への録音」「コマーシャル送信用録音」「ゲームソフトへの録音」などの利用形態）について著作権等管理事業者に管理を委託せずに自己管理する場合もある。

　（e）　音楽出版者が作詞家・作曲家から音楽著作権の譲渡を受ける契約については、社団法人音楽出版社協会（略称MPA）が「著作権契約書」というタイトルでひな型をつくって公表しており、多くの契約がこのひな型によっている。

　「著作権契約書」の書式には、AタイプとBタイプがあり、さらに各タイプが1から4に分かれ、合計で8種類ある。著作者1名を対象とした契約である場合がAタイプ、全著作者を対象とした契約である場合がBタイプである。また、

各タイプの中の1から4の分類は、作品の管理方法の相違によるものであり、音楽出版者がすべてをひとつの管理事業者に管理委託する場合が1、複数の管理事業者に管理委託する場合が2、一部を音楽出版者が自己管理し、残りをひとつの管理事業者に管理委託する場合が3、一部を音楽出版者が自己管理し、残りを複数の管理事業者に管理委託する場合が4ということになっている。

著作権契約書の第1条では、契約の目的として、「本件作品の利用開発を図るために著作権管理を行うことを目的として、甲（著作権者）は、本件著作権を乙（音楽出版者）に独占的に譲渡する」旨記載されている。第2条は、保証義務に関する表明保証条項で、本契約の前提として、甲が乙に対して、①本件著作物が著作者の創作によるものであること、②甲は著作権者であり、契約を締結する要件を充たしていること、③本件著作権に関して第三者より不利な要求がなされないこと、④万一不利な要求があった場合は甲の責任で対処し、乙に支障・損害を与えないことを保証する内容となっている。第3条は、地域と期間に関する条項で、地域については「日本を含む全世界」と定め、期間については、始期と終期の欄に書き込む形式が採られている。契約の始期は、一般には、レコード発売によって公表される作品である場合には、発売日の1カ月前の日付けを設定する場合が多いといわれており、また、契約の終期については、日付けを特定する場合、期間を明示する場合、「本件著作物の著作権存続期間中」と明記する場合などがある。第4条は、譲渡の範囲であり、譲渡の範囲を支分権を明示して明らかにし、現在著作権法で認められている支分権のすべてを網羅している。特に、著作権法27条（二次的著作物を創作する権利）および28条（二次的著作物の利用に関する原著作者の権利）についても、譲渡の目的として「特掲」している（著作権法61条2項参照）。第6条は、著作権管理の方法に関する規定であり、管理方法の相違による4つのパターンごとに、それぞれ契約書の書式が独立して設けられていることは前記のとおりである。第10条は、甲が乙に支払う著作権使用料を定めている。第21条では、契約期間の満了または契約の解除によりこの契約が終了した場合に、著作権が甲に戻ることが明記されている。

以上のような著作者と音楽出版者間の著作権の譲渡に関する契約については、「いわゆる買取契約のような単純な著作権譲渡と同視すべきではない。音楽出版者が著作権者になるとしても、両者間の著作権譲渡は音楽出版者による著作権管理を目的としたものであり、その目的に沿って著作者は使用料分配請求権や第三者への著作権譲渡に対する同意権等の各種の権利を保有しており、言うなれば潜

在的権利者ということもできる」(著作権審議会権利の集中管理小委員会報告書14頁)との指摘もあるように、一般的な著作権譲渡が、譲渡人に属していた権利が終局的に譲受人に移転して、その結果、譲渡人とその権利を結ぶ紐帯が完全に切断されて、爾後、譲渡人のその権利に対する容喙が一切許されなくなるのに対し(半田正夫『著作権法概説(第10版)』〔一粒社、2001年〕216頁)、①譲渡対価が一括払いではなく、著作権使用料というかたちで著作者に継続的に支払われること、②音楽出版者が契約条項に違反して著作者から苦情があった後で一定期間内に是正されなかった場合には契約を解除して譲渡した権利を取り戻すことができること、③音楽出版者が著作権を第三者に譲渡する場合には著作者の承諾が必要であること等の点で、一般的な「譲渡」と異なる性質を有している。この点を捉えて音楽著作権の音楽出版者への譲渡の法的性質を「信託的譲渡」とする見解もあるが、法的性質を一義的に決めることにさほど実益があるとは思われない。当事者間では著作権移転に関する法律上の効果意思があることを前提としたうえで、他方で、その移転は、著作権の管理とその利用開発を目的とすることから一般的な譲渡とは異なる制限に服することを押さえたうえで、個々の論点に即して妥当な解決を探求することが肝要である。

(f) この点で参考になるのが次の裁判例である。イギリスの音楽出版者であるブージー・アンド・ホークス・ミュージック・パブリシャーズ・リミテッド(以下「ブージー社」という)が日本でリヒャルト・シュトラウスのオペラ「ナクソス島のアリアドネ」を上演した日独楽友協会に上演権侵害に基づく損害賠償を求めた訴訟(東京地判平15・2・28)において、同楽曲の上演権を含む著作権の存続期間が争点とされ、ブージー社は、昭和16年12月7日の時点で、イギリス法人の音楽出版者であるフュルストナー・リミテッドが同著作権を有していたから、連合国及び連合王国の著作権の特例に関する法律(以下「戦時加算特例法」という)4条1項の適用によって存続期間は3794日加算され、存続期間は未だ満了していないと主張した。しかし、裁判所は、上演権や上演権を管理する権限がリヒャルト・シュトラウスおよびその相続人に一定範囲で留保されていたと認定して、同著作権は、リヒャルト・シュトラウスの死後50年の経過により、平成11年(1999年)12月31日をもって存続期間が満了して消滅したと判断している。

また、この訴訟に関連して、JASRACがブージー社の下請出版社を被告として訴えた不当利得返還請求訴訟(東京地判平18・3・22判時1935号135頁。JASRACが被告との著作権信託契約に基づいてリヒャルト・シュトラウスを著作者とする

音楽著作物に関して徴収し、被告に分配した著作物使用料のうち、著作権が消滅した平成12年1月1日以降の分について不当利得として返還を求めた訴訟）において、被告は、上記別訴で著作権の消滅が確定した「ナクソス島のアリアドネ」の上演権を除く著作権について、戦時加算特例法4条1項の適用により、著作権が消滅していないとして争ったが、裁判所は、戦時加算法の適用の可否について、「戦時中、当該著作権の行使が日本において完全に否定されていたか否かという観点から、戦時加算特例法の適用の前提となる連合国及び連合国民が有していた著作権と評価できるか否か判断するべきである」との規範を定立して、リヒャルト・シュトラウスおよびその相続人に一定の範囲で権限が留保されていた以上、戦時加算特例法を適用することはできないとした。この判断は、音楽出版者の著作権契約や著作権管理の性質を考慮しながら、戦時加算特例法の解釈という個別の論点に即して妥当な解決を模索した好例といえる。

　（g）　以上のような音楽出版者の著作権管理と著作権等管理事業との関係について整理する。この点について、昭和36年10月、著作権制度調査会委員（国塩耕一郎）が、音楽出版者が譲渡を受けた著作権をJASRACに委託し管理を行わせる場合には、仲介業務法に抵触しないかどうかについて文部省（当時）に照会した。文部省は、昭和36年12月、「音楽出版者の行う行為が、条件付きで譲渡を受けた音楽著作物の著作権により自ら出版し、自ら写調物を発行する等当該出版社が直接その著作権を使用する行為にとどまり、他の使用者による使用についての契約等はいっさい社団法人日本音楽著作権協会が行うものであるならば」、音楽出版者の行為は、仲介業務法上、仲介業務とはみなさない旨回答した。いいかえれば、仲介業務法上、音楽出版者が管理目的で著作権を譲り受けたうえで他人に許諾を与える業務を行う場合には、仲介業務法1条2項にいう「著作権の移転を受け他人の為に一定の目的に従い著作物を管理する行為」に該当して規制の対象になると解釈されていた。

　これに対し、「著作権審議会　権利の集中管理小委員会報告書」は、音楽出版者の取扱いについて、「一般に著作者と音楽出版者との間では、著作者への支払・分配、第三者への著作権譲渡の条件としての著作者の同意、契約違反の際の契約解除（権利の返還）等を定めつつ、著作者は、音楽出版者にすべての著作権を譲渡するという内容の契約が結ばれている。これを前提にすれば、著作権譲渡を受けた音楽出版者が著作権管理を行うことは、著作権者の自己管理として捉えられることから規制の対象外と考えるのが適当である」とし、管理事業法下において

は、上記の整理によって、音楽出版者が行う管理は基本的に規制の対象外とされている。

(4) 信託契約の手続き

信託契約約款2条1項は、「著作権の管理を委託しようとする者は、著作権信託契約申込書に必要な資料を添えて、受託者に提出しなければならない」とし、同条2項は、「受託者は、前項の申込に対し、著作権の信託を引き受けることが適当と認めたときは、別に定める信託契約申込金規程に規定する信託契約申込金の納付を条件として、これを承諾するものとする」と定める。

このように、信託契約の締結に際しては、信託契約申込金（著作者の場合が2万5000円、音楽出版者の場合が7万5000円、それ以外の著作権者が2万5000円で、それに消費税相当額を加算した金額）が必要となるほか、「著作権信託契約申込書」、「作品公表申告書（証明資料添付）」ならびに以下に掲げる必要書類等を提出し、理事会による審査を受けることが必要である。理事会は、所定の要件を満たしていると認めた場合、JASRACが指定した日までに信託契約申込金を納付することを条件として信託契約の申込みを承諾する。

(a) 著作者の場合

個人の場合には、①戸籍謄本（外国人の場合は外国人登録証明書）、②印鑑証明書、③本人写真を提出する。法人の場合には、①法人登記簿謄本、②定款または寄附行為、③法人実印の印鑑証明書を提出する。法人でない社団または財団の場合には、①定款または寄附行為、②代表者の資格を証する書面、③代表者個人の印鑑証明書を提出する。

(b) 音楽出版者の場合

①法人登記簿謄本、②定款または寄附行為、③法人実印の印鑑証明書、④業務内容説明書、④著作権者との音楽著作権譲渡に関する契約書の写し。

音楽出版者は法人であることを基本としている。いわゆる権利能力なき社団、組合などの組織形態をとる場合には、原則として、音楽出版者として信託契約を申し込むことはできない。なお、音楽出版者が提出する法人登記簿には、①音楽著作権の管理、②音楽著作物の利用の開発が法人の目的として記載されていることが必要であり、また、③CD・ビデオ等の原盤の企画・制作、④楽譜の出版のうちいずれが記載されていることが要請される。

(5) 著作権信託契約の承継の届出

信託契約約款25条1項前段は、「委託者が死亡したときの相続人、委託者である法人の合併若しくは会社分割により当該法人から信託契約を承継する法人は、本契約に基づく委託者の権利義務を承継するものとする」と定める。

受益者変更権（信託契約約款3条3項）についても、原則として相続等によって承継される。信託法上、受益者変更権は、相続によって承継されないことが原則である（信託法89条5項）。そこで、信託契約25条1項後段では、「この場合においては、委託者が別段の意思を表示していたときを除き、第3条第3項の権利も承継される」と定めて、信託法89条5項但書きの「別段の定め」を明記している。

相続人または包括承継者たる法人は、所定の著作権信託契約承継届のほか、以下に掲げる必要書類を提出する。なお、相続人が複数である場合、委託者の権利を代表して行使する者を1名選任して届けることが必要である（信託契約約款25条3項）。

(a) 相続の場合
①著作権信託契約を相続したことを証する書面
②相続人（相続人が複数であるときはその代表者）の戸籍謄本
③相続人（相続人が複数であるときはその代表者）の印鑑証明書
④委託者の死亡に伴う相続人が複数であるときの代表者の届出（他の相続人全員の同意書および印鑑証明書を添付する）

(b) 合併または会社分割の場合
①合併契約書または分割契約書の写し
②株主総会議事録、社員総会議事録または総社員の同意書
③信託契約を承継する法人の法人登記簿謄本
④信託契約を承継する法人の印鑑証明書

(6) 信託契約の締結と JASRAC の会員との関係

JASRAC は、平成10年の定款改正までは、信託契約を締結した委託者が当然に JASRAC の会員になるという制度を採用していた。平成10年の定款改正において、事業目的に公益的事業を追加することをひとつの契機として、任意的入退会制度を採用して、JASRAC に管理を委託した者が、JASRAC という社団法人の会員になってその事業運営に自らの意思を反映していくかどうかを任意に選択

できる制度にあらためた。会員の種別は正会員と準会員の2種とし、JASRACと信託契約を締結した者が定款で定める JASRAC の事業目的に賛同して、会員となることを希望した場合には、まず準会員になり、その後、正会員資格を取得する要件を充足し、正会員ととなることを希望した者は、所定の手続きを経て「正会員」となる（定款細則第1号「会員資格に関する規程」が定款の規定を受けて具体的な内容および手続きを定めている）。なお、JASRACにおいては、正会員をもって、一般社団法人及び一般財団法人に関する法律にいう「社員」としている。

5　管理委託範囲の選択

(1)　管理委託範囲に関する原則

信託契約約款3条1項は、「委託者は、その有するすべての著作権および将来取得するすべての著作権を、本契約の期間中、信託財産として受託者に移転し、受託者は、委託者のためにその著作権を管理し、その管理によって得た著作物使用料等を受益者に分配する」と規定する。

JASRAC は、設立以来、委託者が有するすべての著作権を信託することを著作権管理方法の原則的形態としてきた。管理委託範囲の選択制を導入した現在においても、上記のとおり、この原則を表明している。これは後述するとおり、JASRAC が行う管理に隙間が生じないようにすることで著作権者の権利を十全に保護するとともに、管理の効率化を図り、円滑な利用を促進しようという趣旨である。このように、JASRAC の業務のあり方を考察する場合、「管理の効率化」という言葉が使用されることが多い。管理の効率化という場合、それは JASRAC の利便性だけを意味しているわけではない。効率的な管理を実施することは、JASRAC の管理手数料の軽減につながり、その結果、著作物使用料等の分配を多くすることで著作権者の権利を保護することになる。また、効率的管理は、当然ながら音楽著作物の円滑な利用にも資することになる。このように管理の効率化という目的は、管理事業者、著作権者、著作物利用者の利益に共通するきわめて重要な要素であることを念頭に置く必要がある。

以上の管理委託範囲の原則に関して注意すべき点として次の3点がある。

（a）　第一は、著作権法61条2項との関係である。著作権法61条2項は、「著作権を譲渡する契約において、第27条又は第28条に規定する権利が譲渡の目的として特掲されていないときは、これらの権利は、譲渡した者に留保された

ものと推定する」と規定する。この規定との関係で、第 28 条の権利を含めて JASRAC に譲渡しようとする場合には、信託契約約款 3 条に、「すべての著作権を移転する」と記載するだけでは必ずしも充分ではなく、当該権利がその対象に含まれていることを明記しておくことが必要であるとする見解もある（東京地判平 15・12・19 判時 1847 号 70 頁。なお、著作権法 61 条 2 項が問題となった裁判例としては、このほかに知財高判平 18・8・31 判時 2022 号 144 頁、東京地判平 18・12・27 判時 2034 号 101 頁、東京地判平 17・3・23 判時 1894 号 134 頁がある）。しかしながら、著作権法 61 条 2 項の推定規定は、著作物の二次的な形態による利用については譲渡契約当時に将来の付加価値を予想することが困難であることから、著作物の二次的な形態による利用に関する権利については、譲渡の目的として特掲されていない限りは譲渡人に留保されたものと推定して、経済的弱者の立場にある著作者を保護しようとする趣旨に基づく規定である（加戸守之『著作権法逐条講義（五訂新版）』〔著作権情報センター、2006 年〕373 頁参照）。これに対し、信託契約約款で想定しているのは、委託者から譲渡を受けた著作権を受託者である JASRAC が当該委託者のために管理する「自益信託」であって、譲渡人と譲受人との間に著作権法 61 条 2 項が想定する利害の対立は存在せず、この規定の推定をはたらかせる前提を欠いている。したがって、著作権法 28 条の権利を仮に信託契約約款 3 条に明記していなくても、当然に、この権利は、同約款に基づいて JASRAC に移転していると考えるべきである。なお、現行の信託契約約款 3 条 1 項は、前記の引用に続いて、「この場合において、委託者が受託者に移転する著作権には、著作権法第 28 条に規定する権利を含むものする」と記載して、上記の点に関する疑義を解消しているが、上記のとおりこの記載がなくても 28 条の権利は当然に JASRAC に移転しているものであるから、この部分の規定は注意規定である。

　（b）　第二は、信託契約約款 3 条に基づいて JASRAC に移転する外国曲に関する演奏権は、いわゆる「小権利（small rights）」と呼ばれる、非演劇的音楽著作物に関する演奏権であって、「大権利（grand rights）」と呼ばれる、演劇的音楽著作物の演劇的演奏に関する演奏権は JASRAC には移転していないという点である。この大権利と小権利の範囲については、もともと歴史的に形成されてきた区別ということもあり、必ずしも理論的に明確ではない。大権利の定義については、一般にオペラ、オペレッタ、ミュージカル、バレエなどのように、楽曲が演劇的要素と結合されている通常舞台用に著作された著作物（楽劇的著作物）を演

劇的に上演する場合に関する権利とされ、楽劇的著作物の演劇的上演とは、演技によって描写されるプロットがあり、また、楽曲の演奏がプロットおよびプロットに伴う演技の中に組み込まれ、かつ展開する楽曲の演奏をいうとされている（社団法人著作権資料協会編『著作権事典（改訂版）』189頁）。しかし、その具体的範囲については、著作者側と音楽出版者側で解釈に相違があり、また、各国の管理事業者での取扱いも必ずしも統一されていない（社団法人著作権情報センター編『著作権事典（新版）』〔出版ニュース社、1999年〕206頁」）。

（c）　第三は、信託契約約款の中で、この原則的形態の例外を認めているということである。すなわち、委託者が著作権の全部または一部を音楽出版者へ譲渡することを例外として認めているほか、著作権譲渡に関する特例として、JASRAC以外の他者への著作権譲渡を一定の要件の下で認めている。この点については、**6**の著作権管理の例外の節で説明する。

(2)　管理委託範囲の選択制

著作権者が自らの意思によって著作権管理の方法や管理事業者を選択できることを目的として管理事業法が制定されたことは前記のとおりである。これに伴い、すべての著作権を信託することを原則的な形態としつつも、上記の趣旨を踏まえて、委託者が、あらかじめ定められている選択区分により、JASRACに管理を委託する著作権を選択できるようにした（「管理委託範囲の選択制」）。

これにより、委託者は委託しない権利について、自ら著作権管理を行ったりJASRAC以外の管理事業者に管理を委託することが可能になった。たとえば、演奏権についてはJASRACに委託するが、インタラクティブ配信における利用はJASRACには委託せずに自己管理することなどが可能となった。

(3)　管理委託範囲の選択の方法

（a）　信託契約約款4条は、「委託者は、別表に掲げる支分権又は利用形態の区分に従い、一部の著作権を管理委託の範囲から除外することができる。この場合、除外された区分に係る著作権は、前条1項の規定にかかわらず、受託者に移転しないものとする」と定め、次頁の【別表】に定める「1　支分権の区分」（①〜④）または「2　利用形態の区分」（⑤〜⑪）の中から、一部の著作権をJASRACに管理委託する範囲から除外することができるというかたちで選択を認めることとした。

①演奏権等	②録音権等		③貸与等	④出版権等
	⑤映画への録音	⑥ビデオグラム等への録音		
	⑦ゲームソフトへの録音	⑧コマーシャル送信用録音		
⑨放送・有線放送				
⑩インタラクティブ配信				
⑪業務用通信カラオケ				

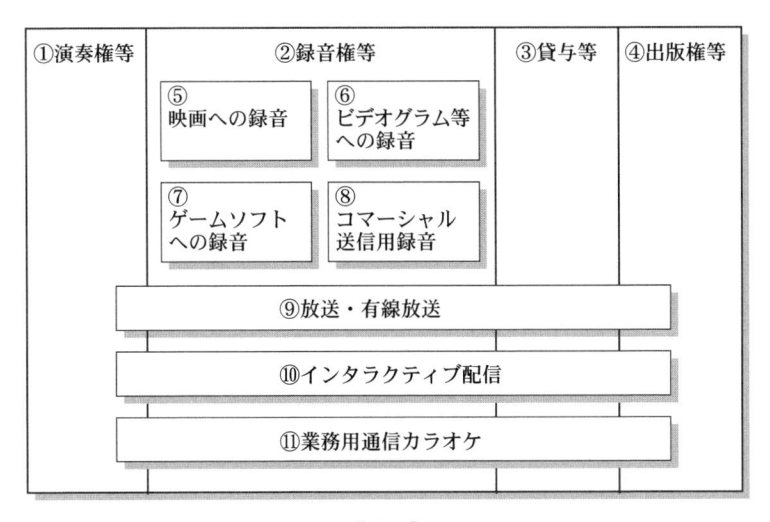

【別表】

　著作権の一部譲渡（著作権法61条1項）における細分化の限度の問題については、法律上具体的に規定された個別的な利用態様別の権利ごとに譲渡することは当然可能であり、また、実務上個別な権利として区別され、かつ、社会的にそのような取扱いをする必要性の高いものについては、それ自体独立して譲渡の対象とすることは可能とされている（加戸・前掲370頁）。【別表】に定める「1 支分権の区分」または「2 利用形態の区分」は、このような細分化の限度論を検討のうえで規定されている。なお、この問題について、裁判例では、著作権の一部という場合の「一部」の意味するところと著作物の性質等を前提に、細分化の社会的必要性と肯定する場合の権利関係の不明確化、複雑化等の社会的な不利益を総合して許容範囲を判断すべきであるとしている（東京地判平6・10・17判時1520号130頁）。

　このように信託契約3条で、すべての著作権を信託することを原則的形態としたうえで、管理委託範囲を選択する場合にはそこから一定範囲を除外するという形式を採用した理由は、仲介業務法時代からの沿革だけではなく、前記のとおり、将来の法改正などの際に、JASRACが行う管理に隙間が生じることを回避して、著作権者の権利を十全に保護するという思想からである。

　(b)　信託契約約款5条は、「委託者は、前条により管理委託の範囲から除外しない支分権について、次の各号に掲げる支分権の区分に従い、外国地域（受託

者が外国著作権管理団体等との間で相互管理契約を締結した国又は地域を単位とする。）における著作権のみを管理委託の範囲から除外することができる。この場合、除外された区分に係る外国地域の著作権は、第3条第1項にかかわらず、受託者に移転しないものとする」と定め、外国地域についても、一定の条件の下で、管理委託範囲から除外して、その国の著作権管理団体に委託したり、委託者が自己管理することを可能としている（同約款5条）。

（c）以上のように、管理委託範囲の選択制度は、委託者が信託契約約款にあらかじめ定められた「支分権又は利用形態の区分」に従って管理委託範囲を選択できる制度であり、作品ごとに管理委託範囲を選択することは認められていない。

したがって、委託者が管理委託範囲を選択して、特定の支分権等を除外するときには、その権利に係る委託者の有するすべての作品がJASRACの管理委託範囲から除かれることになる。

JASRACへの委託を作品単位で行うことができないのはなぜか。音楽著作権の国際間の管理は、各国の団体間の相互管理契約に基づいて、それぞれの団体のレパートリーを管理し合っている。どこの団体のレパートリーであるかは、その作品の権利者がどこの団体に所属しているかで判断するのが国際的な慣例になっている。すなわち、その権利者が所属する団体と相互管理契約があれば、その権利者が有している作品はすべて管理するという原則で動いている。これはCISACの基本ルールでもあり、作品ごとの管理を認めることは、世界共通ともいえる当該ルールに反して、相互管理契約による国際間の著作権管理に重大な影響を及ぼすことになる。また、膨大な数の作品を取り扱う音楽著作権管理においては、作品ごとに委託を受けることは効率的な管理を妨げ、音楽の利用者にとっても、作品ごとに権利の所在を確認して許諾を受けなければならないことになり利用の円滑を著しく阻害する。このような理由から、JASRACへの委託を作品単位で行うことは認められていない。

(4) 管理委託範囲から除外できる「支分権の区分」と「利用形態の区分」

（a）管理委託範囲から除外できる「支分権の区分」として、信託契約約款「別表」は、前記のとおり次の①〜④の4つを定めている。

記

① 演奏権、上演権、上映権、公衆送信権、伝達権および口述権（ただし、⑨

から⑪までに規定する利用形態に係る権利を除く。)
② 録音権、頒布権および録音物に係る譲渡権（ただし、⑨から⑪までに規定する利用形態に係る権利を除く。)
③ 貸与権（ただし、⑨から⑪までに規定する利用形態に係る権利を除く。)
④ 出版権および出版物に係る譲渡権（ただし、⑨から⑪までに規定する利用形態に係る権利を除く。)

(b) 管理委託範囲から除外できる「利用形態の区分」として、信託契約約款「別表」は、前記のとおり次の⑤～⑪の7つを定めている。

記

⑤ 映画への録音（映画館その他の場所において公に上映することを目的として、映画フィルム等の記録媒体に連続した影像とともに著作物を固定し、その固定物を増製し、又はそれらの固定物により頒布すること。)
⑥ ビデオグラム等への録音（ビデオテープ、ビデオディスク等の記録媒体に連続した影像とともに著作物を固定し、その固定物を増製し、又はそれらの固定物により頒布すること。ただし、⑤又は⑦に該当するものを除く。)
⑦ ゲームソフトへの録音（ゲームに供することを目的として、テレビゲーム機等の影像を伴うゲーム機に用いる記録媒体に著作物を固定し、その固定物を増製し、又はそれらの固定物により頒布すること。)
⑧ コマーシャル放送用録音（放送、有線放送又はインタラクティブ配信においてコマーシャル用に使用することを目的として、著作物を固定し、その固定物を増製し、又はそれらの固定物により頒布すること。)
⑨ 放送・有線放送（著作物を、放送又は有線放送（以下「放送等」という。)し、これを伝達し、又は放送等のために複製し、その他放送等に伴って著作物を利用すること。)
⑩ インタラクティブ配信（著作物を、放送および有線放送以外の方法により公衆送信し、これを伝達し、又は公衆送信に伴い複製し、その他公衆送信に伴って著作物を利用すること。ただし、⑪に該当するものを除く。)
⑪ 業務用通信カラオケ（著作物を、カラオケ施設又は社交場等の事業所において歌唱させるため、カラオケ用データベースに固定し、当該事業所に設置された端末機械等に公衆送信し、および当該端末機械等に固定すること。)

（c）（a）に記載したとおり、委託者は、著作権法に規定されている支分権をグループ化した「①演奏権」、「②録音権等」、「③貸与権」、「④出版権等」の４区分について、それぞれ委託する範囲から除外することができる。除外した支分権区分については、すべての地域の権利がJASRACの管理委託範囲から除外される（日本国内で委託範囲から除外された支分権は外国地域でも除外される）。

ただし、外国地域では貸与権は録音権に包含され、録音権管理団体によって管理され、外国地域において録音権を委託しない場合に貸与権だけを管理させることは困難である。また、録音権と貸与権ではその市場規模が異なり、日本国内で録音権を委託したにもかかわらず、貸与権を委託しないために、外国地域での録音権を管理しないことは委託者にとって不利益となる。

そこで、信託契約約款附則４条１項は、「委託者が第４条の規程により、別表③の区分の支分権（貸与権）を管理委託範囲から除外した場合においても、同表②の区分の支分権（録音権等）を管理委託範囲から除外しないときは、外国地域における同表②および③の区分の支分権は、いずれも管理委託範囲に含まれるものとし、同表②の区分の支分権を管理委託範囲から除外したときは、同表③の区分の支分権を管理委託範囲から除外していなくても、外国地域における同表②および③の区分の支分権は、いずれも管理委託範囲から除外されるものとする」と規定して特例を定めている。

（d）（b）に記載したとおり、委託者は７つの利用形態の区分に従って、管理委託範囲から除外できる。

これは、複製権のうちのひとつの権利である録音権は、CD等の録音物への録音とビデオグラム等の映像に音楽を同調（シンクロナイゼーション）させる権利に分類することが可能であり、後者は、一般的な録音権とは区分され、実務的には独立した分野として扱われており、人格的利益に配慮すべき場合も多い。このため、「②録音権等」の区分については、後者に属する権利を音楽を同調させる利用形態ごとに管理委託するか否かを選択できるようにした。具体的区分としては、「⑤映画への録音」、「⑥ビデオグラム等への録音」、「⑦ゲームソフトへの録音」、「⑧コマーシャル送信用録音」の４つの区分を設けており、「②録音権等」の区分を委託しているときには、それぞれの利用形態を除外することができる。したがって、「②録音権等」の区分を管理委託の範囲から除外したときには、⑤から⑧までの利用形態の区分は当然に委託範囲から除外される。

また、インターネット上の音楽利用のように、ひとつの利用形態の中で複数の

支分権がはたらくことによって、初めて完結する利用方法（複合利用）については、著作権法上の支分権の考え方を離れて、すでに独立したひとつの利用形態として社会に認知されている。JASRACの管理業務においても、これらの複合利用においては、支分権がはたらくごとに利用許諾を与えるのではなく、関連する支分権を一括して管理している。これらに該当する分野として、「⑨放送・有線放送」、「⑩インタラクティブ配信」、「⑪業務用通信カラオケ」の3つの利用形態を設けて、それぞれ個別に管理委託範囲から除外できるようにしている。なお、著作権管理における主要な分野である「①演奏権等」と「②録音権等」の両方の区分をともに除外して委託しないときには、⑨から⑪までの利用形態の区分は当然に委託範囲から除外される。以上の「利用形態の区分」は、日本国内における権利に限定した選択区分であることから、これらの利用形態を管理委託範囲から除外したときにおいても、外国地域の権利はJASRACが管理する。

(5) 音楽出版者との複数著作権信託契約

音楽出版者である委託者は、あらかじめJASRACの承諾を得て、その事業部を単位として、JASRACとの間で複数の著作権信託契約を締結することができる（信託契約約款6条）。

音楽出版者は、著作者との間で締結する「著作権契約書」の内容からも明らかなとおり、著作者によって著作権譲渡契約において取り決める管理方法が異なる。その結果、必然的に著作権管理方法が複数のパターンになる。しかし、ひとつの音楽出版者につき、ひとつの信託契約を締結するという管理委託の方式しか認めないということになれば、事実上、音楽出版者は管理委託範囲の選択権を行使することができないという問題が生じる。

そこで、法人である音楽出版者については、その事業部を単位として、異なる管理委託範囲による複数の信託契約を締結できる制度を設け、音楽出版者が管理委託範囲の選択権を行使できる措置を講じた（事業部制の導入）。

なお、従来は、すべての著作権をJASRACに管理委託したいと考えている著作者の意向にも対応できるように、音楽出版者が複数の信託契約を結ぶときには、そのうちのひとつを、「該当事業部が有するすべての著作権および将来取得するすべての著作権をJASRACに委託する契約」とすることにしていたが、現約款はこの条項を削除している。

なお、上記の事業部制の取扱いについては、次のような運用基準を定めて対応

している。
　①すでに委託者である音楽出版者であること。
　②保有する著作物の著作権および使用料を事業部ごとに分別し適正に管理するために必要な事務処理能力を備えていること。
　③公表実績のある、または、公表が確定している作品を有していること。
　④すでに締結している信託契約の管理委託範囲と同一でないこと。
　⑤事業部の名称は、その文字数がJASRACのデータベース上許容される数を超えることはない等、著作権管理業務に支障を来さないものであること。

(6)　外国地域における管理委託範囲の選択区分

　外国を創作活動の拠点とする著作権者も多く、今後も権利者の活動が国際化することが予想される。このため、特定の国についてその国の著作権管理団体に委託することができるように、前記のとおり、一定の条件の下で外国地域の著作権についても、管理委託の範囲から除外することを可能としている。
　ただし、外国地域の管理については、JASRACが諸外国の著作権管理団体との間で締結する相互管理契約に基づいて、その国の管理団体に管理を委託して行っている。このため、国際間における著作権管理は、相互管理契約を優先する必要があり、外国地域における管理委託の選択区分は、相互管理契約に支障を来すことのないようにする必要がある。
　そこで、信託契約約款5条は、日本国内の管理を委託していることを前提として、相互管理契約に支障のないように、次の区分に従って外国地域における著作権のみを除外できることとしている。
　(a) 演奏権、上演権、上映権、公衆送信権、伝達権および口述権（演奏権に係る区分）
　(b) 録音権、頒布権、貸与権、出版権および譲渡権（複製権に係る区分）

6　著作権管理の特例 (1)
——著作権譲渡の特例——

　JASRACは、信託契約約款3条により、委託者からその有するすべての著作権および将来取得するすべての著作権を、本契約の期間中、信託財産として移転を受けることを前提として、第4条および第5条に定められた区分に従い、委託

者に一部の著作権を管理委託範囲から除外することを認めて、管理委託範囲の選択制を導入した。委託者が除外していない著作権については、JASRACに信託財産として管理が委託されている。

しかし、このような原則的な管理形態を取りながらも、他方で、著作権はひとつの財産権として、社会において取引の対象とされていることから、委託者が一定の範囲で、JASRAC以外の者に著作権を譲渡したり、著作権の管理を留保または制限すること等を特例として認めなければならない現実的要請もある。本節では、このような著作権管理の特例として信託契約約款が定めるもののうち、著作権譲渡の特例について解説する。

信託契約約款3条で示した原則の例外として、同約款は、次の4つの場合について、委託者がJASRAC以外の者に著作権を譲渡することを認めた。

なお、いずれの場合においても、あらかじめ受託者であるJASRACの承諾を要する。これは、信託契約によって著作権がJASRACに移転するという原則から導かれる当然の帰結であるとともに、JASRACの承諾を要するとすることで、信託契約約款の目的に反する譲渡が行われることを防止して例外要件の認定をその承諾行為の過程で担保しようという趣旨に基づくものである。

① 委託者が、社歌、校歌等特別の依頼により著作する著作物の著作権を、当該依頼者に譲渡すること（同約款10条1号）

この規定は、一般に使用する機会が少なく管理の必要性が必ずしも高くないことに加え、社歌、校歌等の非商業的な利用の場合には、著作権法38条に該当する場合も多いことが予想されることから、譲渡を認めても、著作権の保護と利用の円滑という管理の目的に反しないという趣旨に基づく。

② 委託者が、音楽出版者（JASRACにその有する著作権の全部又は一部を信託しているものに限る。）に、著作物の利用開発を図るための管理を行わせることを目的として著作権を譲渡すること（信託契約約款10条2号）

この規定は、前記のとおり、著作物の利用開発を業とする音楽出版者に著作権を譲渡することは歴史的な経過から世界的にも広く認められていることから、これを明文化しようという趣旨に基づく。譲渡できる者を、JASRACに著作権の全部または一部を信託している音楽出版者に限ったのは、JASRACに全く管理を委託していない音楽出版者に権利を譲渡した場合、JASRACは、著作者と音楽出版者間の権利の移動を的確に把握することができず、管理委託を受けていない権利についてまで、利用許諾するなどの危険が生じる可能性があるからである。

信託契約に基づいてJASRACに音楽著作権の管理を委託する主要な者は、繰り返し述べるとおり、作詞者、作曲者および音楽出版者である。作詞者、作曲者のJASRACとの関わり方としては、①個人として自らJASRACと信託契約を締結して委託者となっている者、②個人として信託契約は締結せずに、著作権を譲渡した音楽出版者がJASRACと信託契約を締結することで音楽出版者を通じて結果としてJASRACが著作権を管理をしている者、に分かれる。JASRACの実務では、前者の作詞者、作曲者をメンバー、後者の作詞者、作曲者をノンメンバー（NMと略称されることもある）と呼んで区別している。

　著作権譲渡の例外として、信託契約約款10条2号を置いていることからも明らかなとおり、メンバー作家であっても、自ら著作物の利用開発を行うことに限界がある以上、音楽出版者に著作権を譲渡しているケースが多い（メンバー作家がJASRACの承諾を得て音楽出版者に著作権を譲渡する場合、信託法にいう「信託の分割」に似た法律関係が生じることになる）。このように、メンバーもノンメンバーも音楽出版者を通じてJASRACに管理を委託することが多いとすると、作詞者、作曲者がJASRACに信託してメンバーとなる意味は何かという点が問題となる。この点につき、メンバーとノンメンバーの相違のひとつに、使用料分配に関する方法の違いが挙げられる。ノンメンバーの場合、JASRACから、使用料の全額を音楽出版者に分配する。しかし、メンバーの場合には、音楽出版者を通じて管理を委託している場合であっても、「演奏、放送、有線放送、上映その他の無形的利用の使用料」に関して、音楽出版者の取り分が50％を超えてはならないことを定めた「CISACゴールデンルール」により、作家取り分として上記使用料の50％相当額がJASRACから直分配される。

③　委託者が、依頼により著作した広告用の著作物の放送権（公衆送信権のうち放送に係る権利）を、依頼者である広告主に譲渡すること（「著作権の信託および管理に関する経過措置」1項1号）

　この点と次の④を例外として認めるかどうかについては改正時に賛否両論があり、議論の結果、昭和55年の約款改正の際に、本則ではなく経過措置として「当分の間」譲渡を認めることとされた。反対論としては、後述のとおり、留保・制限を認めることにより使用者は譲渡とほぼ同様の結果を得ることができ、譲渡を認めることは使用者の利益になっても、作家の利益にはならないことが多いというものである。議論の結果、反対論を考慮して、(i)委嘱著作物に限定すること、(ii)依頼者の利用目的を放送権（平成9年の著作権法改正後は公衆送信

権のうち放送に係る権利）に限定すること、(iii) 創作著作物の種類を CM 音楽に限定すること、(iv) 譲渡先を当該著作物の依頼者に限定することを譲渡の条件として、経過措置として譲渡を認めることにしたものである。

④ 委託者が、依頼により著作した放送番組用のテーマ音楽や背景音楽の放送権（公衆送信権のうち放送に係る権利）を、あるいは同じく依頼により著作した劇場用映画のテーマ音楽や背景音楽の上映権を、それぞれ依頼者である番組制作者または映画製作者に譲渡すること（「著作権の信託および管理に関する経過措置」1項2号）

経過措置に本号が規定された経緯は上記③記載のとおりであり、ここでも、議論の結果、(i) 委嘱著作物に限定すること、(ii) 依頼者の利用目的を放送権（平成9年の著作権法改正後は公衆送信権のうち放送に係る権利）または映画の場合の上映権に限定すること、(iii) 創作著作物の種類を放送番組・劇場用映画のテーマ、背景音楽に限定すること、(iv) 譲渡先を当該著作物の依頼者に限定することを譲渡の条件として、経過措置として譲渡を認めることにしたものである。

7 著作権管理の特例 (2)
―― 著作権管理の留保または制限 ――

JASRAC に委託されている信託著作物であっても、特定の利用方法について、委託者が自ら管理（管理の留保）したり、あるいは JASRAC の行う管理について一定の条件を付けること（管理の制限）を認めている。このように、委託者が信託著作権の管理について一定の留保をしたり、あるいは制限することを「著作権管理の留保または制限」と呼んでいる。

具体的には、信託契約約款11条および「著作権の信託および管理に関する経過措置」2項および3項において、委託者は、次のとおり、あらかじめ JASRAC の承諾を得て、留保または制限することができる旨定めている。この場合、委託者に留保された権利は、その範囲内において委託者自らが利用者に直接利用許諾を行い、使用料を徴収することになるので、JASRAC にはその分だけ管理の責任がないことになる。また、委託者が付した制限については、JASRAC は制限の内容に従って著作権管理を行う。

(1) 音楽出版者以外の著作権者の場合

(a) 委託者が、著作物の関係権利者(作詞者、作曲者、編曲者、訳詞者、これらの者の承継者または音楽出版者)全員の同意を得て、その利用の開発を図るため、日本国内において、著作物(信託契約約款10条2号の規定により音楽出版者に譲渡した著作物を含む)を自ら使用すること。ただし、委託者が著作物の提示につき対価を得るときは、この限りではない(同約款11条1項1号)。

著作者である委託者は、著作物の利用開発を図る目的で、入場料等の対価を得ないで使用するときは、事前に書面でJASRACおよび関係権利者の同意を得ることを条件として、日本国内において、JASRACに使用料を支払わずに自己の著作物を使用することを認めたものである。これは、著作者が自己の作品を自費出版する場合や自ら演奏会を主催して自己の著作物を利用する場合等、零細な利用については自己使用を認めて欲しいという要望に対応して、委託者の意思を尊重する観点から、上記の条件の下で管理の留保を認めたものである。

なお、上記規定を勘案して、JASRACは次のように「委託者の自己使用を認める場合の基準」を整理して運用している。

①当該著作物の利用の開発を目的とした使用であること。
②日本国内における使用であること。
③使用の都度、事前に所定の書式により担当部署に届け出ること。
④当該著作物の関係権利者について所定の書式による同意書を提出すること。
⑤発行者または主催者が委託者本人であること。
⑥著作物の提示につき、対価を得ないこと。ただし、複製物の頒布にあってはその制作費などの実費相当の対価、演奏会の開催にあっては会場費などの実費相当の対価は、対価を得ているものとみなさない。なお、インタラクティブ配信の場合に委託者が有料配信するときは、自己使用ではなく、自己管理に当たるため、この運用基準は適用しない。
⑦同一の使用の中で、自己の著作物以外の著作物を使用する場合には、当該著作物の使用について別途JASRACの利用許諾を得ること

(b) 委託者が、著作物の使用者と著作物を独占使用させる内容の専属契約を締結し、これに従って著作した特定の著作物について、その契約期間中に限り、当該使用者に対してのみ録音使用(映画録音を除く)を認めること。ただし、著作権法69条の適用を受ける商業用レコードの録音については、当該レコードが日本国内で最初に販売された日から3年以内に限る(同約款11条1項2号)。

専属契約とは、特定のレコード会社にCD、DVD等への録音について独占する権利を認める著作者とレコード会社との契約をいい、専属作家契約という場合もある。また、専属契約の対象となっている楽曲を専属楽曲と呼んでいる。
　専属契約は、JASRACの設立以前から存在していたといわれ、昭和14年の信託契約約款にも「著作物の使用者と専属契約を有する委託者がその著作物に付き当該使用者にのみ一定の範囲の使用を認むること」という条項が存在していた。
　この条項は、本来、著作者が契約期間中に創作した著作物の契約を、当該レコード会社に対して、一定の範囲内で独占使用を認めるものであったが、運用上、その対象が広がる傾向があったため、昭和55年の約款改正の際に、①専属契約の内容が独占利用許諾契約であること、②独占使用の対象となる著作物は専属契約の期間中に契約に基づいて創作した著作物に限ること、③著作物の使用期間を「その契約期間中」に限ること、④著作物の使用形態をレコード録音に限ることを明記して、その対象範囲を明確にした。
　なお、昭和46年施行の著作権法69条に対応して、但書きとして、同条の適用を受ける商業用レコードの録音については、当該レコードが日本国内で最初に販売された日から3年以内に限ると明記した。
　著作権法69条は、作家専属制による特定のレコード会社等の録音権・譲渡権の独占を排除することによって、音楽の流通を促進し、音楽文化の向上を図るという発想に基づくものであり、商業用レコードが最初に国内において販売されて3年経過した場合で、著作権者の承諾が得られないときに、文化庁長官の裁定を受け、同長官が定める額の補償金を支払って、そのレコードに収録されている歌詞・楽曲の著作物を他の商業用レコードに録音し、公衆譲渡することができることとしたと説明されている（加戸・前掲405頁）。この著作権法69条については、附則11条1項で、本条の規定は、この法律の施行前に国内において販売された商業用レコードに録音されている音楽の著作物の他の商業用レコードの制作のための録音については適用しないことを定め、既存の権利関係には影響を与えないこととしている。この結果、昭和45年12月31日以前に国内で販売された商業用レコードに録音されたことのある音楽の著作物は、著作権法69条に基づく裁定の対象外となる。
　実務的な意味が大きいのは、この附則11条1項であり、上記の昭和45年12月31日以前の楽曲については、著作権法69条の適用を受けない結果、信託契約約款11条1項2号但書きの適用もないことになるから、現在でも、専属楽曲と

して同号の管理の留保が肯定されることになる。

　なお、実務的には、専属楽曲の場合、録音権を独占しているレコード会社と協議をして、いわゆる「専属開放」を受けることによって、録音利用を認められる場合が多い。専属を開放する場合には、開放料等の名目で一定の金銭が支払われるケースもある。専属開放が行われる場合には、専属契約を締結している当該レコード会社から専属開放に係る承諾文書が出されるのが一般であり、その場合、JASRAC は、当該文書によって専属開放を確認して専属楽曲の録音使用について利用許諾を行う（使用料の徴収の主体についてはケースによって異なる）。

　(c)　委託者が、日本国内で未だ録音物として販売されたことのない著作物について、録音使用（映画録音を除く）を行う者を指定すること。ただし、この指定の効力は、その録音物が最初に販売された日から 1 年以内に限る（同約款 11 条 1 項 3 号）。

　昭和 55 年の約款改正の際に、将来の専属契約についてひとつのあり方を示すものとして加えられたものである。

　(d)　委託者が、社歌、校歌等の特別の依頼により著作する著作物について、当該依頼者に対し、その依頼目的として掲げられた一定の範囲の使用を認めること（同約款 11 条 1 項 4 号）。

　昭和 55 年の約款改正の際に、従来の「委託者が他人の依頼に因り著作したるものに付き当該依頼者にのみその著作物の一定の範囲の使用を認むること」と定めた規定をあらためて、非商業的音楽著作物について著作権管理の留保を認めたものである。

　(e)　委託者が、著作物の出版を引き受ける者を指定すること（同約款 11 条 1 項 5 号）。

　この規定は昭和 14 年の約款当時から存する規定である。

　(f)　委託者が、依頼により広告目的のために著作する著作物について、当該依頼者である広告主に対し、その依頼目的として掲げられた一定の範囲の使用を認めること（「著作権の信託および管理に関する経過措置」2 条 1 号）。

　これは、依頼者が著作物をその依頼目的に基づいて効果的に利用するためには、一定期間、独占的に利用することが必要であることから、経過措置として著作権管理の留保を認めたものである。ただし、許諾の範囲はあくまでも著作物の創作目的の範囲に限られる。なお、経過措置第 1 条に規定する著作権譲渡の例外規定では、その範囲を「放送権」に限定したが、この規定では、上記のとおり「一定

の範囲」と定めて、内容的には譲渡の場合よりも広くなっている。したがって、一定の範囲の決め方次第では、「放送権」以外の態様も加えることが可能な規定となっている。

（g）委託者が、依頼により著作する放送番組のテーマ音楽もしくは背景音楽の著作物または劇場用映画のテーマ音楽もしくは背景音楽の著作物について、当該依頼者である番組制作者または映画製作者に対し、その依頼目的として掲げられてた一定の範囲の使用を認めること（「著作権の信託および管理に関する経過措置」2条2号）。

これは、上記（f）と同様の趣旨の規定である。

(2) 音楽出版者の場合

（a）委託者が、著作物を自ら出版すること（信託契約約款11条2項1号）。

音楽出版者は、自己が著作権を有する著作物について、利用開発の一環として出版する場合には、当然自ら管理することが可能である。この場合、あえてJASRACが管理する必要のないことから留保・制限を認めている。

（b）委託者が、著作物の関係権利者全員の同意を得て、その利用の開発を図るため、日本国内において、違法な複製等を防止する技術的保護手段を講じて、著作物を自らインタラクティブ配信すること。ただし、委託者が、著作物の提示につき対価を得るときは、この限りでない（同約款11条2項2号）。

音楽出版者による利用開発を目的としたインターネット上での楽曲の配信について、音楽出版者の場合には原盤を用いて行うことも可能であることから、技術的保護手段を講じた場合に限り、著作者の自己使用と同一の条件で著作権の管理の留保を認めたもので、平成13年の約款改正の際に導入された。

（c）委託者が、日本国内で未だ録音物として販売されたことのない著作物について、録音使用（映画録音を除く）を行う者を指定すること。ただし、この指定の効力は、その録音物が最初に販売された日から3月以内に限る（同約款11条2項3号）。

この規定は、音楽出版者の利用開発業務の必要性から認められたものである。文言は類似しているが、著作者の場合がレコード会社との専属契約について将来のあり方のひとつを示す趣旨で定められたのに対し、この規定は、あくまでも利用開発の必要性から認められたものであって、その趣旨の相違から、期間が著作者の場合（1年）よりも、3カ月と短く定められている。

（d）　委託者が、訳詞または新たな歌詞とともに録音される著作物について、その訳詞または新しい歌詞を指定すること（同約款11条2項4号）。

　この規定は、著作物が録音物として販売される場合、訳詞は重要な要素を占めることから、音楽出版者が使用されるべき訳詞を指定する権利を有し、また、初めに付した歌詞を新たな歌詞に差し替えて販売し直す場合についても、訳詞と同様に、新たな歌詞について指定する権利を有する旨定めたものである。

（3）　すべての委託者に共通する留保または制限

　委託者が広告主や映画製作者等の依頼により著作する場合、一定の条件の下で「管理の留保または制限」ができることは前記のとおりである。しかし、広告主や映画製作者等の依頼により著作した作品でなくても、いわゆる新作について、発売時期に合わせてCMや映画等に利用されれば、販売促進効果が期待できることから、CMや映画での利用について「管理の留保または制限」を認めて欲しいという要望が強かった。そこで、次のとおり、一定の要件の下で、平成21年改正において留保・制限規定を新設したものである（「著作権の信託および管理に関する経過措置」3条）。

（a）　委託者が、市販用レコード、市販用ビデオグラムその他の市販用録音物または商用のインタラクティブ配信により初めて利用されることになる著作物を、特定の商品もしくはサービスの広告における利用に供することにより、当該著作物の販売の促進を図ろうとする場合には、コマーシャル放送用録音、当該録音に係るコマーシャル放送、コマーシャル用ビデオグラム等への録音（店頭、街頭、航空機、イベント会場または劇場における上映を目的とするものに限る）、当該ビデオグラム等の上映（店頭または劇場における上映に限る）について、管理の留保または制限をすることができる。ただし、①関係権利者全員の同意があること、②当該著作物の作品届にJASRACの指定する事項の記載があること、③同一の著作物について、広告の利用に供する場合における特定の商品もしくはサービスの数または劇場用映画の利用に供する場合における映画の著作物の数の合計が3を超えないこと、が要件となる。

　管理の留保または制限ができる期間は、当該著作物を収録した市販用録音物の販売が開始された日または当該著作物の商用配信による販売が開始された日のいずれか早い日（発売日）から3カ月である。ただし、関係権利者全員が合意したときは、最大で発売日から1年間まで延長が可能である。

(b) 委託者が、市販用レコード、市販用ビデオグラムその他の市販用録音物または商用のインタラクティブ配信により初めて利用されることになる著作物を、劇場用映画における利用に供することにより、当該著作物の販売の促進を図ろうとする場合には、予告編を含む劇場用映画のテーマ音楽の録音および当該劇場用映画の上映について、管理の留保または制限をすることができる。ただし、①関係権利者全員の同意があること、②当該著作物の作品届にJASRACの指定する事項の記載があること、③同一の著作物について、広告の利用に供する場合における特定の商品もしくはサービスの数または劇場用映画の利用に供する場合における映画の著作物の数の合計が3を超えないこと、が要件となる。

管理の留保または制限ができる期間は、当該著作物を収録した市販用録音物の販売が開始された日または当該著作物の商用配信による販売が開始された日（発売日）のいずれか早い日から3カ月である。ただし、劇場用映画の録音（予告編の作成に伴う録音を含まない）を除き、関係権利者全員が合意したときは、最大で発売日から1年間まで延長が可能である。

8 著作権管理の特例（3）
―― 使用料を指定できる利用形態 ――

(1) 「指し値」を認める利用形態

信託契約約款16条2項は、「前条第1号の規定（使用料規程に基づく著作物使用料を徴収）にかかわらず、次の各号に掲げる利用形態について委託者が指定したときは、委託者がその使用料の額を定めるものとする。ただし、次の (b) の場合にあっては、著作物の固定に係る使用料（基本使用料）に限る」と規定して、いわゆる「指し値」を認める利用形態を次のとおり明示している。

(a) 映画への録音（外国作品に限る）

(b) ビデオグラム等（カラオケ用のビデオグラムを除く）への録音（外国作品に限る）

(c) ゲームソフトへの録音

(d) コマーシャル送信用録音

(e) 出版（外国作品に限る）

(2) シンクロナイゼイション・ライツ

複製権（録音権）のうち、音楽著作物を劇場用映画やテレビ映画等の映像に同期または同調させて録音することに対する権利について、シンクロナイゼイション・ライツ（synchronization right）として説明されることがある。音だけを固定する場合と異なり、映像と同期されることで音楽著作物から抱くイメージに重大な影響を与える可能性があることから、外国によっては、シンクロナイゼイション・ライツに関連する部分を独立して、集中管理団体にその部分の管理を委託せずに、著作者や音楽出版者が個別に管理する場合がある。このような外国での管理の実態や JASRAC の管理における歴史的な経緯、著作者の人格的利益等を踏まえ、一定の範囲で「指し値」を認めている。

上記のとおり、委託者が使用料の額を定めるものであり、いわゆる「非一任型」の管理であるから、管理事業法による規制を受けない分野であるが、JASRAC では信託契約約款上に明定することでその範囲を明確にしている。

なお、指し値の場合も許諾するのは、JASRAC である。この分野が管理事業法16条の応諾義務や使用料規程を超える使用料の請求を禁止する同法13条に反しないかという点が一応問題となる。しかし、非一任型の管理が管理業法が定義する管理委託契約の範疇外である以上、管理事業法上の著作権等管理事業に該当しないことは明らかであるから、管理事業法との関係で問題が生じることはない。

9　著作権管理の特例（4）
──分配保留、許諾停止および信託除外──

受託者である JASRAC は、信託された著作権について、委託者のために管理して、その管理によって得た著作物使用料等を受益者に分配する義務を負うが、次に定めるように、一定の場合には上記義務を負担しない場合がある。なお、歌詞付き楽曲については、一般に結合著作物であるが、実務上は結合した状態をもってひとつの単位としていることから、いずれか一方の著作権についてのみ問題が生じた場合でも、作品全体が下記に述べる措置の対象となり得る。

(1) 分配保留

JASRAC は、次の場合、当該著作物に係る著作物使用料等の分配を、必要な範囲および期間において、保留することができる（信託契約約款20条1項）。

(a) 関係権利者、適用すべき分配率その他受益者に分配を行うために必要な事項を確定することができないとき。
(b) 著作権の存否又は帰属に関して疑義が生じたとき。
(c) 他の著作物の著作権を侵害する事実の有無に関して告訴若しくは訴訟の提起があったとき、又は侵害を受けたとする当事者から受託者に通知があったとき。

(2) 許諾停止
受託者が「著作権の存否又は帰属に関して疑義が生じたとき」に該当することを理由として分配保留する場合であって、その疑義の解消が困難であると認めるときは、当該著作物に係る利用の許諾および著作物使用料の等の徴収を、必要な範囲および期間において、停止することができる（信託契約約款20条2項）。

(3) 信託除外
JASRACは、次の場合、当該著作物の著作権を、必要な範囲において、信託財産から除外することができる（信託契約約款20条3項）。
(a) 許諾停止をした場合で、相当の期間を経過した後も疑義が解消されず、信託契約約款3条1項に規定する信託の目的を達成することが困難であると認めるに至ったとき。
(b) 「他の著作物の著作権を侵害する事実の有無に関して告訴若しくは訴訟の提起があったとき、又は侵害を受けたとする当事者から受託者に通知があったとき」に該当することを理由として分配保留した場合において、侵害の事実を認める判決その他の司法判断が確定したとき、又は侵害の事実が明らかであると認めるとき。

10 信託契約期間と契約更新

(1) 信託契約期間
信託契約期間は原則3年である。ただし、最初の信託期間は、契約した日から2年を経過した後最初に到来する3月31日になる（信託契約約款8条）。なお、平成17年8月31日までに信託期間が開始した著作権信託契約の期間は、変更されない。ただし、当該契約を更新する場合の期間は3年とする（信託契約約款附則2

条)。

　信託期間の定めは、昭和55年の約款改正で設けられたもので、その当時は、「信託契約の期間は、契約締結の日から5年又は著作権の存続期間満了までとする」と定められていた。その後、平成13年の約款改正で管理委託範囲の選択制を導入したことに伴い、契約期間を原則5年として、「著作権の存続期間満了まで」を信託期間とすることを廃止し、契約の終期を揃えるなどの改正を行った。そして、平成13年の改正約款施行時において信託契約を締結している委託者の契約期間については、現状の契約期間を維持すること（著作権存続期間で信託契約を締結している委託者についてはその地位を保証し、5年間の信託契約を締結している委託者については、約款施行日を起算日とする新たな5年間の契約に移行すること）を附則で定めた。現行約款の定めは、このような改正経過を経て、平成17年の約款改正の際に変更されたものである。JASRACは、管理事業法施行後も高い市場占有率を維持していることから一般論として長い信託期間を設定してその間管理委託範囲の変更を認めないことは独占禁止法との関係で問題となる余地を残していたこと、5年という期間設定は必ずしも長いとはいえないものの、諸外国の例では3年以内としている例も多いこと、当初信託期間を短く設定することで懸念された利用者に対する許諾の安定性や管理の効率性への影響もほとんど心配ないと判明したことから、信託期間を5年から3年に変更したものである。なお、上記のとおり、平成17年約款改正施行時の既存の委託者に係る契約期間については、変更されないものとし、5年の信託期間で契約している委託者については更新期を迎えた契約から順次3年に移行することを附則で定めている。

(2)　自動更新

　信託契約は、委託者に次に定める事由がなく、かつ、信託期間満了の3カ月前までに書面によりJASRAC宛てに更新しない旨の通知をしなかったときは、従前と同一の条件で自動更新される（信託契約約款9条1項）。

(a)　著作物使用料等の分配実績が「信託契約の期間に関する取扱基準」に規定する額を満たしていないとき（①著作者および著作権の承継者の場合は、信託期間満了の2年前にあたる日を起算日として、その後の6分配期において、著作物使用料等の分配がなく、かつ音楽出版者へ譲渡されている著作物について該当音楽出版者に対する分配もないとき、②音楽出版者の場合は、信託期間満了日の2年前にあたる日を起算日として、その後の6分配期において、著作

物使用料等の分配がなく、かつ、共同出版契約がされている著作物について代表出版者に対する分配もないとき)。
(b) 著作権の侵害行為を行うなどの信託契約の継続を困難とさせる事由があったとき。

(3) 管理委託範囲の変更

委託者が一旦決めた管理委託範囲については、契約更新時において変更することができる（信託契約約款9条2項）。この場合、信託期間満了の3カ月前までに、書面での通知が必要となる（同約款9条2項）。なお、著作権の存続期間までを信託期間とする委託者は、平成22年4月1日を第1回として、その後同日から記載して3年を経過するごとに管理委託範囲を変更することできる（信託契約約款附則3条）。

換言すれば、信託期間の3年間は、管理委託範囲を変更することができない。これは、短期間に管理する範囲が変更することは利用者の混乱を招くとともに、著作権管理には、許諾・徴収・分配というサイクルに一定の期間が必要であり、このような管理の実態と整合させるための合理的期間として、3年という期間が選択されたものである。

11 著作権信託契約の解除

(1) 委託者からの信託契約の解除

委託者は、信託期間内においても、書面をもってJASRACに通知することにより信託契約を解除することができる。この場合、信託契約は、通知が到達した日から起算して3カ月を経過した後最初に到来する3月31日をもって終了する（信託契約約款22条）。なお、委託者が信託契約を解除したときでも、あらためてJASRACと信託契約を締結することにより、再び著作権管理を委託することは可能である。従来の約款では、委託者から信託契約の解除の申し出がなされたときは、解除した内容の信託期間が満了するまでの間、再び信託契約を締結することはできないこととしていたが、信託契約を解除した委託者の再委託を制限することは、独占禁止法上問題となるおそれがあることから、現約款では削除されている。

(2) JASRAC からの信託契約の解除

(a) JASRAC は、①委託者が信託著作権の全部を失ったとき、②音楽出版者である委託者が、破産手続開始の決定を受けたとき、または解散したときは、無催告で信託契約を解除することができる（信託契約約款 23 条 1 項）。

(b) JASRAC は、①信託著作権を二重に譲渡し、または著作権の保証義務に違反したとき、②音楽出版者である委託者について、第 29 条第 2 項第 2 号に該当すること（届け出られた住所に宛てた催告その他の通知が継続して 3 回以上到達しなかったとき）を理由として、同項の規定を適用した場合であって、JASRAC の調査にもかかわらず、当該委託者の所在が判明しないとき、③委託者が信託契約約款に定める委託者の義務を履行しないとき、④委託者が JASRAC の事業運営に重大な支障を及ぼす行為をしたときは、2 週間以上の猶予期間を付した書面により催告したうえ、本契約を解除することができる（同約款 23 条 2 項）。

(3) 契約終了による著作権の移転

(a) 信託契約が終了したときの残余財産は、委託者に帰属する。ただし、委託者が JASRAC の同意を得て第三者を帰属権利者として指定したときは、当該第三者に帰属する（信託契約約款 24 条 1 項）。

(b) ①音楽出版者である委託者が破産手続開始の決定を受けたときまたは解散したときの信託契約の解除（同約款 23 条 1 項 2 号）、②音楽出版者である委託者について、届け出られた住所に宛てた催告その他の通知が継続して 3 回以上到達せず JASRAC の調査にもかかわらず当該委託者の所在が判明しないときの信託契約の解除（同約款 23 条 2 項 2 号）によって信託契約が終了したとき（前者にあっては著作権の移転を受けることなしに破産手続きまたは清算が終了したとき）には、信託財産に属した著作権は、当該著作権に係る著作物の著作者またはその承継者（音楽出版者を除く）に帰属する（同約款 24 条 2 項）。

(c) 信託法上、「帰属権利者」（残余財産の帰属すべき者）を信託行為において指定しておくことができる（信託法 182 条 1 項 2 号）。信託行為に帰属権利者の定めがない場合には、信託行為に委託者またはその一般承継人を帰属権利者として指定する旨の定めがあったものとみなされる（同法 182 条 2 項）。信託契約約款では、この信託法の規定を受けて、委託者を帰属権利者とすることを基本としたうえで、帰属権利者である音楽出版者が破産等の理由により、事実上存在せず著作権を移転することが不可能か著しく困難な場合に、著作権を保有していた著作者

（または承継者）を帰属権利者として定めて、著作者の保護を図っている。

12　信託契約における当事者の義務

(1) 委託者の義務

（a）信託契約約款31条は、委託者の通知義務を定める。すなわち、委託者は、①届出印を紛失したとき、②送金先等に変更があったとき、③改名、改印または届出住所を変更したとき、④法人その他の団体が合併し、会社分割し、解散し、またはその組織、名称等を変更したとき、⑤代表者、代理人または著作物使用料等の代理受領者に異動があったとき、⑥委託者が新たに著作物を著作したとき、または著作権を譲り受けたとき、⑦信託著作権の管理範囲の留保または制限事由が消滅したときのいずれかの事由に該当するときは、すみやかに受託者にその旨を通知し、かつ、所定の手続きをとらなければならない（信託契約約款31条1項）。このような通知義務の帰結として、JASRACは委託者が通知義務を怠ったことによって生じた損害については免責される（同約款31条4項）。

このうち重要なものは、信託契約約款31条1項6号の規定である。著作権管理の基本となるのは、音楽著作物の権利関係に関する情報である。このため、上記のとおり、委託者の通知義務のひとつとして、「作品届」の提出を義務付けている。そして、信託契約約款29条2項は、「前項第6号の届出においては、委託者が受託者に管理を委託していない支分権および利用形態に係る権利情報も届け出なければならない」と規定して、管理委託範囲の選択制の下で、管理業務を円滑に行う目的から、JASRACに管理を委託していない支分権および利用形態に係る権利情報も届け出るように義務付けている。このように、JASRACは、作品届、編曲、訳詞および補作の場合の編曲届、訳詞届および補作届、国際票等の権利情報を整備して管理業務を行っている。なお、JASRACは、作品届が音楽出版者から提出された場合、当該作品届の内容をJASRACメンバーの作詞者、作曲者等の関係権利者全員に通知してその内容を確認する作業を行っている。これを作品届通知システムと呼んでおり、このようなシステムを採用することにより、著作者と音楽出版者との間の著作権契約をめぐるトラブルを未然に防止している。確認作業の結果、作家の認識と音楽出版者の作品届の内容に齟齬があるなど、あらためて両者間で確認する必要が生じた場合、本来は作家と音楽出版者との間で解決されるべき問題ではあるが、解決のための協議・調整を促すために、

JASRACからその旨を音楽出版者に通知している。それでも協議が整わない場合には、信託契約約款20条により分配保留などの措置を講じる。

JASRACは、このような情報を基に、①権利者データベース（音楽著作物の権利者に関する情報を管理するもので、実名、筆名、法人の商号、住所、分配使用料等の送金先口座、外国権利者の所属団体、OP-SP契約の有無、契約期間、分配率等の情報を記録している）、②作品データベース（音楽著作物に関する情報を管理するもので、作品名、作詞者・作曲者・音楽出版者等の関係権利者名、支分権別の分配率、専属契約の有無、演奏時間等の情報を記録している）、③使用物データベース（音楽著作物を複製使用する媒体に関する情報を記録している）、④使用者データベース（利用者、店舗に関する情報を管理するもので、経営者名、住所、音楽利用状況、契約情報等を記録している）を整備している。また、JASRACは、ホームページで「作品データベース検索サービス」(J-WID) を提供して広くその管理状況を明らかにしている。

（b）　信託契約約款7条は、委託者の保証義務を定める。すなわち、委託者は、JASRACにその著作権の管理を委託するすべての著作物について、著作権を有し、かつ、他人の著作権を侵害していないことを保証しなければならない（同約款7条1項）。そして、JASRACは、前項の保証に関して、必要があるときは、委託者にその資料の提出を求めることができ、この場合において委託者は、すみやかにこれを提出しなければならない（同約款7条2項）。

JASRACでは、日々膨大な数の内国作品および外国作品に関する作品届を受理している。これらの作品届を受理する際に、著作権法上の著作物として著作権が発生するものであるかどうか、または、他の著作物の著作権を侵害していないかどうかについて、積極的に判断することは不可能である。逆に、このような判断を要請されることになれば、その判断に伴うコストは巨額にのぼり、音楽著作物の合理的かつ効率的な管理は不可能となる。そこで、信託契約約款では、委託者に保証義務を負担させることで管理著作物の適法性を担保している。すなわち、委託者がJASRACに作品届を提出するときは、著作権を有していること、他人の著作権を侵害していないことをJASRACに保証することを義務付け、この義務違反を、信託契約の解除事由として位置付けるほか、損害賠償の対象になることを明記している。

JASRACでは、委託者から届け出られた作品について、その保証義務が履行された適法な著作物であるという前提に立って、直ちに著作権管理業務を開始す

るのであり（JASRAC は作品届が提出された個々の作品について個別調査義務を負わない）、この保証義務は、作品届の提出義務と併せて JASRAC の管理業務の根幹をなしている。

なお、このような前提を採用することができない具体的な事情が発生し、著作権の存否または帰属に疑義が生じたときの分配保留、許諾停止、信託除外の取扱いについてはすでに述べたとおりである。

(2) 受託者の義務

JASRAC は、受託者として、信託法および管理事業法ならびに信託契約に基づいて、次に定める義務を負担する。

(a) 信託事務遂行義務

JASRAC は、信託の本旨に従い、信託事務を処理しなければならない（信託法 29 条 1 項）。信託契約約款 3 条 1 項でも、「受託者は、委託者のためにその著作権を管理し、その管理によって得た著作物使用料等を受益者に分配する」と明記されている。

(b) 善管注意義務

JASRAC は、信託事務を処理するにあたり、善良な管理者の注意をもって、これをしなければならない（同法 29 条 2 項）。

(c) 忠実義務

JASRAC は、受益者のため忠実に信託事務の処理その他の行為をしなければならない（同法 30 条）。この忠実義務に基づく行為のうち、特に典型的な行為類型として利益相反行為および競合行為が制限される（同法 31 条・32 条）。

(d) 公平義務

JASRAC は、複数の受益者を公平に扱う義務を負う（同法 33 条）。

この公平義務に関連して、委託者の 1 人の著作物が別の委託者の著作権を侵害する可能性が生じた場合に、受託者としてはどのような措置を講じるべきかが、管理型信託と公平義務の問題として議論されている。

甲曲の作詞作曲者から著作権等の譲渡を受けた音楽出版者が、JASRAC に対し、甲曲に係る編曲権を侵害する乙曲について第三者への利用許諾を継続したことが不法行為もしくは債務不履行を構成するとして損害賠償を求めた事案（甲曲、乙曲ともに JASRAC の管理楽曲）について、東京高裁は、「著作権侵害の疑いのある音楽著作物の利用許諾中止という措置は、著作権を侵害されるおそれのある者

に対しては、より手厚い保護手段であるといえるが、一方で利用許諾を中止される音楽著作物としては、利用者の判断を経ることなく、JASRACの判断で楽曲が表現されることが差し止められるのであり、極めて重大な結果をもたらすものであって、後に侵害がないと判断された場合の利用許諾を中止された側の損害の

---

column

もしもJASRACがなかったら

　起床から就寝までの生活をあらためて振りかえると、われわれの日常が音楽とともにあることを思い知らされる。テレビ番組には専門番組でなくても必ず背景に音楽が流れる。CMではその宣伝効果を高めるために効果的に音楽が使用される。利用される音楽もCMによる相乗効果で新たな需要を喚起する。音楽配信を利用し、自分の好きな音楽を携帯用音楽プレイヤーで楽しみながら通勤通学するのは、今では日々の風景になった。着メロが携帯電話やメールの着信を知らせ、レストランや喫茶店ではBGMが流れる。夜になれば、カラオケで自慢の喉を披露し、余暇には、演奏会や映画館に足を運び、自宅でCDやDVDを視聴する。

　このようなありふれた光景も、実はJASRACのたゆまぬ努力によって支えられていることを知る人は少ない。技術の発展とともに、さまざまな利用形態が生まれてくる。時代の流れを敏感に感じながら、決して保守的にならず、関係者間の微妙な利害関係を調整し、法理論の精緻な検討を行いながら、著作権者の利益を正当に保護していく。そして、この困難な作業によって、さらに円滑な音楽の利用が促進されていく。

　われわれの音楽に満たされた生活は、公益法人としての長い歴史の中で培われたJASRACの公益的観点からの著作権管理事業に大きく依存している。JASRACに対する一部の偏見や誤解は、元をたどると当事者の偏狭な利害関係に端を発していることが多いが、JASRACの業務が世界でも追随を許さない、きわめて優れたものであることは、先の名誉毀損訴訟（週刊ダイヤモンド事件）での裁判所の判断が証明している。

　音楽がなかったら生きていくことができないと言い切るとしたら、「もしもJASRACがなかったら」という問いかけは、この世に水や空気がなかったらという問いと同義なのかもしれない。

回復は困難である。一方で、(JASRACが講じた許諾・徴収を行ったうえでの) 使用料分配保留という措置は、特段の事情のない限り、利用許諾中止という措置に比べてより穏当で、かつ合理的な措置であるということができる」と判示する。そのうえで、後に乙曲の著作権侵害の事実が判決で確定しても、JASRACの講じた措置は不法行為責任または著作権信託契約上の債務不履行責任を惹起するものではないとして、上記音楽出版者の請求を棄却した（東京高判平17・2・27。原審東京地判平15・12・26判時1847号70頁）。この判決の射程が信託契約上の受託者として公平義務を論じたものかどうかについては議論のあるところであるが、少なくとも管理事業者の公平義務を論じる際には参考となるものである。

(e) 分別管理義務

JASRACは、信託財産に属する財産と固有財産および他の信託の信託財産に属する財産とを、財産の区分に応じ、財産ごとに定める方法で分別管理しなければならない義務を負う。このように分別管理義務を定める一方で、信託法は、分別管理の方法については、信託行為で別段の定めを置くことを許容している（同法34条1項）。ただし、信託の登記または登録をすることができる財産は、信託の登記・登録を行わなければならず、この信託の登記または登録する義務は免除することができない（同法34条2項）。

著作権の移転については、登録することが可能であるから（著作権法77条、著作権法施行令35条1項）、上記の信託法の定めを形式的にみれば、JASRACは、管理する音楽著作権すべてを直ちに登録しなければならないようにも考えられる。

しかしながら、上記の信託の登記または登録する義務については、最終的には免除できないという建前は維持しつつも、受託者が経済的な窮境に至ったときに遅滞なく信託の登記または登録する義務が課されている限り、信託財産の倒産隔離機能（本書第4章113頁参照）は維持されていると評価できることから、この場合には分別管理義務の免除には該当せず、登記または登録の義務の一時的な猶予として許容されると解されている（田中和明著『新信託法と信託実務』〔清文社、2007年〕110頁）。

そこで、信託契約約款14条2項では、「受託者は、信託著作権に係る著作物の関係権利者に関する情報を記録して保管する方法により、信託著作権を分別して管理する」と定めた後、同条3項で「受託者は、信託著作権に関する登録を省略できる」と規定し、さらに、同項4項で、「前項の規定にかかわらず、①委託者又は受益者から請求を受けたとき、②信託著作権について第三者が権利を主張す

ることにより、受託者の著作権管理事業の適正な遂行に支障を生ずるおそれが明確になったとき、③信託著作権が信託財産に属することを第三者に対抗する具体的な必要が生じたときのいずれかに該当するときは、受託者は登録を行わなければならない」として、信託法が定める分別管理義務との整合性を確保している。

(f) 応諾義務

管理事業法上、管理事業者は、正当な理由がなければ、取り扱っている著作物等の利用の許諾を拒んではならない（管理事業法16条）。これに違反した場合には、利用者に対する関係で不法行為を構成するとされている（大阪高判昭46・3・22）。JASRACも、上記の意味で応諾義務を負う。なお、いわゆる「指し値」による管理が管理事業法上の応諾義務に反するものでないことは前記のとおりである。

第 4 章
JASRACの音楽著作権管理

市村直也

　著作権等管理事業法は、同法のいう「著作権等の管理」につき定義規定を置いていない。しかし、同法は、「著作権等管理事業」につき「管理委託契約に基づき著作物等の利用の許諾その他の著作権等の管理を行う行為であって、業として行うもの」(2条2項) と定義したうえ、著作権等管理事業者が定める管理委託契約約款の必要的記載事項として「収受した著作物等の使用料の分配の方法」(11条) を定めていることからみると、同法のいう「著作権等の管理」とは、著作権者から管理委託を受けた著作権等に基づき、①著作物等の利用許諾を行い、②その対価として利用者から使用料を徴収し、③徴収した使用料を委託者に分配する業務をいうものといえる。そして、著作権等管理事業者である JASRAC にとって、著作物の利用許諾、使用料の徴収およびその分配からなる著作権の管理が最も中心的かつ最重要の業務であることはいうまでもない。
　本章では、JASRAC の行う音楽著作権の管理業務の特徴を指摘したうえで、その業務内容全般を概観し、これについて実務的および法的な観点の双方から検討を加えることとする。

1 JASRACの音楽著作権管理の特徴

　JASRACが行う音楽著作権管理の特徴としては、①信託方式による著作権管理であること、②すべての支分権を対象とした網羅的な著作権管理であること、③圧倒的なシェアを有する指定管理事業者としての著作権管理であることの3点を挙げることができる。

(1) 信託による著作権管理

　著作権等管理事業法は、著作権者または著作隣接権者（以下「著作権者等」という）が著作権等管理事業者（以下「管理事業者」という）に対して著作権または著作隣接権（以下「著作権等」という）の管理を委託する方法として、①「信託契約」を締結する方法（2条1項1号）、②「取次」を行わせる委任契約を締結する方法、または③「代理」を行わせる委任契約を締結する方法（②および③につき同項2号）の3種類を定めている[1]。しかるところ、JASRACは①の信託契約を締結する方法による著作権管理を行っている（著作権信託契約約款1条参照）。

(a) 「信託」、「取次」および「代理」

　「信託」、「取次」および「代理」は、いずれも他人に財産の管理処分を行わせるための制度である。これらの各制度は、①誰が管理処分の目的である財産権の名義人となるか、②誰の名をもって管理処分行為を行うか、という点に大きな違いがある。

　「信託」とは、財産権を譲渡等の方法により受託者に移転し[2]、受託者をして信託行為契約等に定められた一定の目的に従ってその財産権を管理処分させることをいう（信託法2条・3条）。したがって、信託契約を締結する方法による著作

---

[1] 信託業法3条は「信託業は、内閣総理大臣の免許を受けた者でなければ、営むことができない」と定めているが、著作権等管理事業法26条は「信託業法第3条の規定は、第2条第1項第1号に掲げる契約に基づき著作権等のみの信託の引き受けを業として行う者については、適用しない」と規定し、「信託」の方法による著作権管理業務については、内閣総理大臣の免許が不要な旨を定めている。この意味において、著作権等管理事業法は、信託業法の特別法という位置付けとなる。

[2] 「財産権の移転」には、担保権の設定等のいわゆる設定的移転も含まれる。また、平成18年改正信託法においては、財産権者がその財産権を他人のために管理処分することを宣言する方法によって行う、いわゆる「信託宣言」も導入された（3条3号）。

権管理の場合、委託者の有していた著作権は管理事業者（受託者）に信託的に移転し、管理事業者は自ら著作権者として利用許諾、使用料の徴収等の行為を行う。そして、管理事業者は、著作物等の利用者（以下「利用者」という）から徴収した使用料を、信託契約に定められた方法に従って受益者に分配等することになる。

これに対して、「代理」とは、代理人が本人に代わって行った法律行為の効果を本人に直接帰属させる制度である（民法99条1項）。代理権の授与行為があっても管理処分の目的となる財産権は代理人に移転するわけではない。財産権の名義は本人に帰属したままである。

「代理」の方法による著作権管理において、管理事業者（受託者）は、原則として、著作権者（本人・委託者）のためにすることを示して（顕名）利用許諾その他の著作権管理を行う‒3。そして、代理人である管理事業者の行った行為の効果はすべて委託者本人に直接に帰属するから、利用許諾契約の締結により生じる使用料請求権は委託者本人に帰属する。ただし、委託者は管理委託契約（委任契約）において使用料の分配事務（利用者からの使用料の収受および委託者への送金）についても管理事業者に委任しているので、通常は、管理事業者が利用者から使用料を受領し、そこから自己の報酬を控除したうえで委託者に送金するという方法をとることになる。

他方、「取次」とは、自己の名をもって他人のために法律行為を行うことをいう。

「自己の名をもって」とは、自己が直接法律行為の当事者となり、その行為から生ずる権利義務の主体となることをいう。「他人のために」とは、他人の計算においてすることであって、行為の経済的効果すなわち損益が他人に帰属することをいう‒4。したがって、「取次」の方法による著作権管理においては、管理事業者（受託者）は、自己の名をもって著作物の利用許諾を行う。そして、その対価として徴収する使用料も管理事業者に帰属する。ただし、その管理事業者が締結した利用許諾契約の経済的効果はすべて著作権者に帰属するので、委託者は管

3―ただし、相手方が、代理人が本人のためにすることを知っているような場合には、顕名がなくとも代理は成立する（民法100条）。また、利用許諾が本人（委任者）にとって商行為に当たるときは、顕名がなくとも代理は成立する（商法504条）。
4―「取次」は、自己の名をもって取引を行うものなので、法律上の代理には当たらないが、その経済的効果が委任者に帰属する点を捉えて「間接代理」と呼ばれることがある。

【表1】「信託」、「代理」および「取次」の方法による著作権管理の比較

	著作権の帰属	利用許諾の名義人	取得した財産（使用料請求権）の法的帰属	経済的効果の帰属
信託	受託者	受託者	受託者	信託契約の定めに従う
代理	委託者	委託者（顕名）	本人	直接本人に帰属
取次	委託者	受託者	受託者	（間接的に）本人に帰属

理事業者に対して、利用者から徴収した使用料を自己に支払うよう請求できることになる-5。

このように、「取次」の方法による著作権管理と「信託」の方法による著作権管理とは、管理事業者が自己の名をもって利用許諾を行い、その対価として管理事業者に帰属した使用料を委託者に分配するという点で類似している。しかし、「取次」の方法による著作権管理も、「代理」の場合と同様、管理の目的たる著作権は受託者に移転しない。両者は、管理事業者が著作権者となるか否かという点で大きく異なっている。

(b) 信託方式による著作権管理のメリット

JASRACが採用する「信託契約を締結する方法」による著作権の管理は、受託者であるJASRACが著作権者から著作権の移転を受け、自らが著作権者となって著作物の利用許諾および使用料の徴収を行う方法である。このような「信託」の方法による著作権管理を採用するメリットとしては、①受託者による適時・適切な権利行使が可能となること、②信託財産としての安全性が確保されること、および③著作物の特性に合致した柔軟な取扱いが可能であること、の3点を挙げることができる。

(ⅰ) 適時・適切な権利行使

5—このように、「代理」と「取次」は、受託者の行った行為により取得する財産が直接本人に帰属するのか、それとも受託者に一旦帰属した後、あらためて受託者から本人に移転するのかという点においても違いがある。しかし、著作権の管理業務により受託者が取得する財産は著作物使用料という金銭である。金銭は極度の流通性を有し、価値そのものを体現する特殊の物であるため、その占有者が常にその所有権を有すると解されている。したがって「代理」方式においても本人は受託者に対して利用者から収受した使用料を自己に支払うよう要求できる債権を有しているにすぎず、この点において、「代理」と「取次」の間に法律上の取扱いに大きな差異はない。

信託方式を締結する方法による著作権管理を採用する最大のメリットは、管理事業者が自ら著作権者として著作権の行使をすることができる点にある。

　前述のとおり、「代理」または「取次」の方法による著作権管理は、いずれも管理事業者に対して委託者である著作権者のために「法律行為」（利用許諾契約の締結）を行う権限を与えるものにすぎず―6、管理事業者に著作権を移転するものではない。したがって、「代理」または「取次」の方法による著作権管理を行う管理事業者は、著作権者に認められる侵害の差止請求権（著作権法112条）や損害賠償請求権（民法709条）などの著作権侵害行為への対抗手段を有していない。

　このため、「取次」または「代理」の方法による著作権管理を行う管理事業者は、著作物の利用者が利用許諾契約の締結に応じようとしないときは、これに対処することが困難となる。それゆえ、これらの管理事業者が管理の対象とすることができるのは、事実上、当該行為が著作権の対象となることが明確であって、利用者においても著作権者の利用許諾を得る意思を有している場合に限られることになる。換言すれば、その行為に著作権が及ぶか否かにつき争いがある場合や、利用許諾を得る意思のない故意の著作権侵害者に対しては「取次」または「代理」による著作権管理は無力であり、このような場合には、委託者である著作権者自身が個別に著作権侵害差止訴訟等を提起するなどの方法を採らざるを得ないのである―7。

　したがって、「代理」または「取次」の方法による著作権管理が有効に機能するのは、利用者との間で任意の利用許諾契約の締結が十分に期待できる限定的な分野に限られる。利用者による自主的な利用許諾申請が必ずしも期待できない分野における著作権管理や、次々に新たな利用媒体・利用態様等が現れることの予想される分野の著作権管理においては、「代理」または「取次」の方法による著作権管理では十分に対応することができず、委託者の保護に欠ける結果となるの

6―利用許諾に伴う使用料の徴収および徴収した使用料の権利者への分配は、いずれも法律行為ではないが、利用許諾契約の締結という法律行為に付帯する事実行為として、管理委託契約において管理事業者に委託されるものである。

7―ただし、本人から訴訟提起の授権を受けた担当者が本人の訴訟に補助参加できるような関係がある場合には、任意的訴訟担当として訴訟を提起することができると解するのが民事訴訟法の有力説である（新堂幸司『新民事訴訟法（第4版）』〔弘文堂、2008年〕272頁等）。この立場によれば、「取次」または「代理」の方法による著作権管理を行う管理事業者が、委託者である著作権者からの授権を受けたときは、任意的訴訟担当として損害賠償請求訴訟等を提起することが許される可能性がある。

である。

これに対して、信託の方法による著作権管理の場合には、管理委託契約の締結と同時に著作権が管理事業者に移転するので、管理事業者は自ら著作権者として著作権侵害行為の差止請求（著作権法112条）や著作権侵害に基づく損害賠償請求（民法709条）等を行うことができる。したがって、悪質な著作権侵害行為が行われたときは、管理事業者の判断で速やかに必要な法的措置を講じることが可能である。また、法的措置の実施に至らない場合においても、無断利用者に対し、これらの権利を背景とした強い態度で利用許諾契約の交渉に臨むことが可能となる。そして、著作権法上の解釈が分かれる著作物の新たな利用媒体や利用態様等につき、管理事業者が自ら訴訟を提起することにより裁判所の有権解釈を得ることもできる。

このように、信託の方法による著作権管理は、新たな利用媒体や利用態様による著作物の利用や悪質な著作権侵害者に対しても管理事業者が適時適切な権利行使を行うことを可能にさせ、著作権の十全な保護に資するものであり、著作権の管理を委託する者にとって大きなメリットのある方法ということができる。

（ⅱ）信託財産の安全性

信託は、委託者の財産を受託者に移転したうえでその管理処分を委ねる制度であるから、委託者の受託者に対する信頼が確保されることがその前提となる。そのため、信託法は、受託者に委ねられた財産の安全性を高めるとともに、これを管理する受託者の権限濫用を防止するためのさまざまな制度を設けている。信託方式による著作権管理を採用することのメリットとして、委託者から移転された著作権やこれを行使して徴収した使用料等に対してこれらの信託法上の制度が適用され、その安全性が法的に手厚く保護されるという点を挙げることができる。

信託が設定されることにより生じる効果は、大きく分けてふたつあり、そのひとつは信託財産の独立性、もうひとつは委託者（受益者）と受託者との間の信認関係（Fiduciary relation）に基づく権利義務関係である。これらは、いずれも、著作権等管理事業者が委託者のために管理する著作権、およびそれを第三者に利用許諾して徴収する使用料等の安全性に大きく寄与するものである。

①信託財産の独立性

信託が設定されると、委託者の有していた財産は受託者に移転するから、もはやその財産は委託者の財産ではなくなる。したがって、委託者の債権者は原則としてその財産にかかっていくことができなくなる。他方、信託により受託者に移

転した財産は、受託者の名義とはなっても、その固有財産となるわけではない。受託者の固有財産とは区別された「信託財産」として取り扱われる。これにより、受託者の一般債権者がこれを差し押さえることはできないし、受託者が破産した場合にも信託財産は破産財団を構成しないものとされる（信託法2条2項9号・21条・23条、破産法2条14項）。このように、信託により委託者から受託者に移転した財産は、信託財産として、委託者の債権者からも受託者の債権者からも隔離された独立の財産として取り扱われる-8,9。これを信託財産の独立性という。

代理または取次の方法による著作権管理においては、利用者から徴収した使用料は管理事業者の手元で一般財産に混入してしまうため、管理事業者の一般債権者がこれを差し押さえることが可能である。また、管理事業者が破産したときは、未分配の使用料は管理事業者の破産財団を構成し、破産債権者に対する配当の原資となる-10。

これに対し、信託の方法による著作権管理の場合には、管理事業者が利用者から徴収した使用料は、「信託財産に属する財産の管理……により受託者が得た財産」（信託法16条1号）として信託財産に属することになる。したがって、前述した信託財産の独立性により一般債権者の引当財産にはならず、かつ、管理者においてもこれを信託目的以外の用途に流用することはできない財産となる。この

8— このような信託設定の効果を「信託の倒産隔離機能」ともいう。ただし、JASRACは委託者から管理委託を受けた著作権につき、原則として信託による著作権の移転登録および信託の登録（著作権法施行令35条）を省略しているので（信託契約約款14条3項）、信託財産である著作権につき委託者の債権者からの隔離の効果は貫徹されてはいない。

9— 信託法は、受託者の分別管理義務の内容として、信託の登記または登録をすることができる財産については、受託者の登記・登録義務は信託契約の定めによっても免除することができない旨を規定している（信託法34条2項）。しかし、この規定は、受託者が保有する信託財産につき常に信託の登記または登録がなされている状態においておくことを義務づけたものではなく、「信託行為（信託契約）において、受託者が経済的な窮境に至ったときには、遅滞なく信託の登記又は登録をする義務があるとされていると認められる限りは、分別管理義務が課せられていると解してよいものと考えられる」と解されている（「信託法改正要綱試案補足説明」〔法務省民事局参事官室〕51頁）。

10— ただし、判例は、取次の場合において、委託者の保護のため、受託者が委託者の計算において取得した財産につき破産財団からの取戻権を認めている（最判昭43・12・12民集22巻13号2943頁）。また、多数説（鈴木竹雄、竹田省、大隅健一郎、西原寛一等）も委託者に取戻権ないし第三者異議を認める。しかし、このような立場によっても、前述した金銭の極度の流通性に鑑みれば、使用料のような金銭については取戻権等を認めることはできないとするのが通説である。

ように、信託の方法による著作権管理においては、利用者から徴収した使用料が、管理事業者自身の財産から独立した信託財産として法的に保護され、その安全性が確保されている。

②信認関係に基づく権利義務関係

さらに信託法は、受託者の権限濫用行為を防止し、信託財産の安全を図るため、受託者にさまざまな義務を負わせるとともに、委託者ないし受益者が、受託者の信託事務を監視することができるようにするための種々の制度を設けて、信託財産を保護している。

信託法が信託の受託者に課している主要な義務としては、信託事務処理遂行義務（29条1項）、善管注意義務（同条2項）、忠実義務（30条）、公平義務（33条）、分別管理義務（34条1項）、信託事務処理報告義務（36条）、帳簿等の作成保存義務（37条）等を挙げることができる。

このうち、信託事務処理遂行義務とは、受託者に対して「信託の本旨」に従った信託事務を行うべきことを義務付けるものである。すなわち、信託の受託者は単に信託契約の定めに形式的に従った事務を行うだけでは足りないものとされ、常に信託契約の定めの背後にある委託者の合理的な意図を忖度して、信託目的に最も適した事務処理を行わなければならない義務を負う。

また、忠実義務とは、受託者はもっぱら受益者の利益のためのみに行動すべきであるという原則である。これにより、受託者が信託財産と利益相反するような立場に身を置くこと自体が原則として禁じられる（31条1項）。そして、信託受託者がこれらの義務を怠って受益者に損失を与えたときは、受託者は、受益者に対してその損失の塡補をしなければならない（40条）。

他方、信託法は、信託の委託者ないし受益者が、受託者による信託事務が適正に処理されているかどうかを監視できるようにするため、信託帳簿、財産状況開示資料等の閲覧・謄写請求権（38条）、検査役の選任請求権（46条）等の制度を設けている。そして、万一、受託者による信託事務が不適切である場合には、委託者や受益者が、法令等違反行為の差止請求権（44条）、忠実義務違反行為の取消権（31条6項・7項）、受託者の解任権（58条）等の権利を行使して、自ら受託者の不適切な信託事務を是正することができるものとしている。

以上のとおり、信託法は、信託財産の安全性を確保するためのさまざまな制度を設けており、著作権管理のために締結する信託契約にもこれらの制度が原則として適用される。信託契約を締結する方法による著作権の管理においては、委託

者から移転した著作権およびそれを利用許諾した対価として徴収する使用料等につき、信託法による手厚い保護が与えられることになる。

（ⅲ）　著作物の特性に合致した柔軟な取扱い

信託方式による著作権管理は、音楽著作物の特性やビジネスの実務慣行に合致した柔軟かつ適切な著作権の管理を可能とさせるという点においても優れている。

音楽著作物には、作詞者、作曲者、編曲者、訳詞者、補作者、音楽出版者などのさまざまな著作権法上の権利者が関係している。しかるところ、個々の作品におけるこれらの権利者の関与の態様はきわめて多種多様であり、その権利関係は必ずしも著作権法の規定のみで単純に割り切れるものではない。また、音楽は国境を超えて広く世界中を流通することになるが、世界各国の著作権法において上記各権利者の権利の取扱いは必ずしも同一ではない。そのため、音楽著作物およびその著作権法上の権利者の取扱いにつき、著作権法の規定と権利者の認識や現実のビジネス慣行等との間に乖離が生ずる場合がある。音楽著作権の管理においては、このような音楽著作物の特殊性にも配慮した取扱いが必要になる。

たとえば、わが国の著作権法は、共同著作物を「2人以上の者が共同して創作した著作物であって、その各人の寄与を分離して個別的に利用することができないものをいう」（著作権法2条1項12号）と定義し、共同創作性および個別利用不可能性のふたつを共同著作物の要件としている。しかるところ、歌詞を伴う楽曲が創作された場合における歌詞と楽曲は、それぞれ器楽演奏や歌詞集等の方法で個別に利用できるため、個別利用不可能性の要件を欠き共同著作物に該当することはないと解されている。これらは別個の著作物（結合著作物）となる（加戸守行『著作権法逐条講義（五訂新版）』〔社団法人著作権情報センター、2006年〕50頁）-11。ところが、米国の著作権法においては「個別利用不可能性」が共同著作物の要件とされておらず、各人の寄与物を単一物に統合する意図を有している限り共同著作物と認めるものとされている（米国著作権法101条）。そして、米国の判例は、作詞家と作曲家が共同してひとつの歌詞を伴う楽曲を創作したときはもちろん、たとえ作詞者と作曲家が互いに相手の作品を全く知らないままそれぞれの担当部分を創作した場合であっても、創作のときに、それをより大きな作品

11—歌詞または楽曲を2人以上の者が共同して創作すれば、当該歌詞または楽曲は共同著作物となる。そして、それと結合して利用される楽曲または歌詞との間で結合著作物の関係となる。

の一部として統合することを意図していたといえる限り共同著作物に該当すると解している ("Melancholy Baby" case 161 F.2d 406 (2d Cir 1946))。このため、米国において流通する歌詞を伴う楽曲は、そのほとんどが共同著作物として取り扱われている。

　このように、音楽著作物に関係する権利者の著作権法上の取扱いが各国の著作権法ごとに異なる場合は少なくないが—12、作品としての音楽著作物の特性自体が著作権法の規定の定め方により変化するわけではない。歌詞を伴う楽曲の例でいえば、たとえわが国の著作権法上は共同著作物として取り扱われないとしても、歌詞を伴う楽曲における歌詞と楽曲は全く無関係に創作されるわけではなく、相互に影響を与えながら創作されるものであるという事実に変わりはない。また、その作詞者および作曲者においても、歌詞を伴う楽曲を両者の共同によりつくり上げたひとつの「作品」であると認識しているのが通常である。そして、音楽ビジネスの現場においても、歌詞を伴う楽曲は、歌詞と楽曲が結合したひとつの作品として取り扱われている。そうである以上、管理事業者としては、できるだけこのような事情（著作者の認識や音楽ビジネスの実務の慣行等）を反映した著作権管理の実施が要請されることになる。

　このため JASRAC においては、歌詞を伴う楽曲につき、両者を一体とみた「作品」を単位とする著作権管理を行っている。たとえば、演奏会において歌詞を伴う楽曲が器楽演奏の方法で利用される場合、歌詞と楽曲が別の著作物である以上、この利用に及ぶ著作権は楽曲の著作権のみである。したがって、利用者に対する関係では、楽曲の著作権のみに基づく利用許諾を行う。しかし、徴収した使用料については、作曲者だけに支払うのではなく、あらかじめ関係権利者が合意して定めた分配率に基づき、作詞者および作曲者の双方に対して分配する。このような取扱いは、著作権法上は結合著作物とされる歌詞を伴う楽曲を、管理事業者の使用料分配実務においてあたかも共同著作物と同様に取り扱うこととなるが、前述した著作者の認識、現実の音楽著作権ビジネスの慣行等を考慮すれば、音楽著作物の特性に合致した合理的な取扱いといえる—13。

　このような著作権法の規定と著作物の特性ないし実務上の要請との間の乖離を

12—歌詞を伴う楽曲を共同著作物と取扱う著作権法は米国のものに限られない。米国と同様に、分離利用不可能性を共同著作物の要件としていない主要な国として、フランス、イタリア等を挙げることができる。

適切に調整し、柔軟な著作権管理を実施するという点においても信託の方式は優れている。以下に述べるとおり信託方式による著作権管理においては、著作物の利用許諾と徴収した使用料の分配は別個の法律関係によるものとなり、使用料の分配方法が利用許諾の内容に法的に拘束されないからである。

　すなわち、信託方式の著作権管理においては、管理事業者自身が著作権者となるので、著作物の利用者は管理事業者だけを相手とすれば足りる。利用許諾契約の効果は利用者と管理事業者との間のみに生じ、使用料請求権は管理事業者が取得する。委託者と利用者の間には何らの法律関係は生じない。利用者にとって、委託者と管理事業者間と信託契約の内容は、契約の相手方の内部関係にすぎず、自己が締結する利用許諾契約とは直接の関係を有していない。他方、管理事業者が徴収した使用料の権利者に対する分配事務は、委託者と管理事業者間の信託契約によって全面的に規律され、管理事業者と利用者との間の利用許諾契約の内容はこれに直接の関係を有しない。したがって、信託方式の著作権管理においては、利用者に対して利用許諾した権利内容とその使用料の分配対象とが全く別個の法律関係にあり、法的に両者が完全に一致している必要はないのである。

　このようなわけで、信託方式による著作権管理は、音楽著作物の特性やビジネスの実務慣行に合致した柔軟かつ適切な著作権の管理を可能とさせる。上述した歌詞を伴う楽曲の例についていえば、管理委託を受けた作品につき、信託の第三者である利用者との関係では楽曲の著作権のみが問題となる場合であっても、当該利用行為を許諾したことにより徴収した使用料（信託財産）の管理については信託契約の定めが基準となるため、信託契約に定められた方法に従い、歌詞の著作権者と楽曲の著作権者の双方に使用料を分配し、あたかも共同著作物と同様に取り扱うことが可能となるのである−14。

　これに対して、管理事業者が「代理」の方式により著作物利用者と利用許諾契約を締結したときには、契約の効果は委託者と利用者の間に直接に発生するから、

13— このように、歌詞を伴う楽曲をひとつの「作品」として取り扱い、その利用から徴収した使用料につき、「共同著作物」の場合と同様の方法で分配するという取扱いは、世界各国の著作権管理団体で構成される国際組織CISACにおける事実上の統一ルールとなっている。

14— 共同著作物と同様の取扱いが認められるといっても、これが管理事業者と委託者・受益者との間の内部関係に限られるのは当然であり、第三者との関係でそのような取扱いが認められるものではない。たとえば、著作物の保護期間につき、共同著作物と同一の取扱い（著作権法51条2項括弧書き）をすることができないのは当然である。

著作物使用料の請求権も利用許諾の対象となった著作物の著作権者自身に直接帰属することになる。それゆえ、管理事業者が利用者から受領した使用料につき、その一部を当該著作権者以外の者に分配するといった取扱いをすることが理論的に困難である。

　もちろん、信託方式による著作権管理において利用許諾の対象著作物と使用料の分配先が一致している必要がないといっても管理事業者が利用許諾の対象である著作物と無関係に使用料を分配することが許されるわけでない。しかし、管理事業者が、委託者である作詞者、作曲者等のコンセンサスを得たうえで、音楽著作物の特性に応じた分配方法を信託契約の内容として規定し−15、それに基づく使用料分配を実施することは何ら妨げられるものではない−16。むしろ、このような方法をとることが、信託の本旨に従った合理的な著作権管理となるとともに、外国著作権管理団体との間の相互管理契約に基づく著作権管理の国際的調和にも資するものといえる−17。

(2) 網羅的な著作権管理

　JASRACの音楽著作権管理の2番目の特徴として、原則として、委託者の有するすべての音楽著作権につき音楽著作物が利用されるすべての利用分野を対象として著作権の管理を行う「網羅的な著作権管理」である点を挙げることができる。

　JASRACの著作権信託契約約款（以下「信託契約約款」という）3条は、「委託者は、その有するすべての著作権及び将来取得するすべての著作権を、本契約の期間中、信託財産として受託者に移転し、受託者は、委託者のためにその著作権

15——具体的には、「管理委託約款」の一部である「著作物使用料分配規程」等に規定されることになる。

16——このような取扱いは、受託者の分別管理義務（信託法34条）との関係で問題があるのではないかとの疑問も生じ得る。しかしながら、分別管理義務の趣旨は、信託の目的物の特定性を保持するとともに、受託者から忠実義務違反の機会を除去する点にある。したがって、委託者が共同の目的のために歌詞の著作物と楽曲の著作物を一体として管理することを信託契約に定めるのであれば、それら共同の目的物を一体として特定できるように、受託者の固有財産や共同の目的に服さない他の信託財産から分別すれば足りると解される。ただし、この場合にも受託者は受益者ごとに計算を明らかにする必要がある（四宮和夫『信託法（新版）』〔有斐閣、1989年〕53頁参照）。

17——原著作者の承諾を得た二次的著作物のみを使用料分配の対象とする、いわゆる「適法訳詞」の取扱いや、編曲著作物の取扱いなども、これと同様の根拠に基づくものといえよう。

を管理し、その管理によって得た著作物使用料等を受益者に分配する」と規定し、JASRAC の著作権管理においては、委託者が特定の支分権や著作物の利用形態を委託範囲から除外する等しない限り、原則として、委託者が著作権を有するすべての音楽著作物につき、そのすべての支分権の管理を受託することとしている。そして、これに対応して、JASRAC の使用料規程には、音楽著作物に関係するあらゆる支分権を対象として、具体的な利用形態ごとにきわめて詳細な使用料額等を定めている。このように、JASRAC の著作権管理は、音楽著作物が利用されるほとんどすべての分野に対応して管理体制を整え、委託者および利用者の双方に対してその著作権管理の責任を負うものである-18。

現在、わが国において音楽著作権の管理を目的とする著作権等管理事業者の数は 10 を超えるが、JASRAC は、演奏権（著作権法 22 条）を含めた音楽著作物のほとんどすべての利用分野に対応して実質的な著作権管理を行っている唯一の管理事業者といってよい。

(a) 演奏権の管理

一口に音楽著作権の管理といっても、その具体的な内容は管理対象とする利用行為の態様に応じて千差万別である。利用行為の中には、それを行うために大規模な施設や機材等が必要となるため利用者となる者が事実上一定範囲の者に限られてしまうものもあれば、誰もがきわめて容易に行うことのできる利用行為もある。また、利用行為の結果が有形物として残るものもあれば、利用の痕跡を後に残さない無形的な利用行為もある。上記の例のうち、いずれも後者のタイプの利用行為の方が管理事業者にとって著作権の管理が困難な分野であることはいうまでもない。

このようなさまざまな音楽著作物の利用行為の中でも演奏会や社交場等における演奏に対する著作権の管理は、管理事業者にとって著作権管理を行うことが最も困難な分野である。なぜなら、演奏会や社交場における演奏は、①日本全国のいたるところで行われるものであり、②ひとつひとつの利用行為の規模はさほど大きくない反面、利用される回数は膨大であり、③利用者の経済的基盤は必ずし

18—ただし、著作物を編曲ないし翻訳する権利（著作権法 27 条）は、委託者に留保される（同法 61 条 2 項、信託契約約款 3 条 1 項後段）。また、委託者が特定の支分権等を委託範囲から除外した場合（同約款 4 条）や、約款上、著作権の譲渡ないし留保が認められる例外的な場合（同約款 10 条 1 号・11 条等、著作権の信託及び管理に関する経過措置 1 および 2 等）には、JASRAC は著作権管理の責任を負わない。

も盤石ではなく、④演奏という無形利用の性質上、事後的な利用行為の把握がきわめて困難であり、そして、⑤利用者における著作権への認識が必ずしも高くないため、事前に利用許諾の申請が行われることを期待することができない等の事情があるからである。それゆえ、この分野の著作権管理の実施には他の分野の管理とは比較にならないほど膨大な労力・コストを要する。このため、採算性の問題から、営利を目的とする管理事業者の参入がほとんどない分野となっている−19。

しかしながら、各国において音楽著作権の集中管理の制度が歴史的に早い時期から整備され、発展してきた理由は、まさしくこのように実施することの困難な演奏権の管理への要請にある。すなわち、演奏会や社交場における演奏はいたるところで行われ、かつ、あとに利用の痕跡を残さない。また、大量の著作物が利用される反面、そのひとつひとつの利用の経済的規模は大きいとはいえない。そのため、著作者ひとりひとりがこのような利用行為につき権利行使をすることは事実上不可能である。そこで、世界中の多くの国において、早い時期から音楽著作権の管理団体が設立され、団体による集中管理制度が発達してきたのである−20。すなわち、演奏権をはじめとする音楽著作物の無形的利用に対する著作権管理の実施こそが、音楽著作権の管理事業者の本来的な存在理由であり、この分野の著作権管理の充実は、著作権を保護するとともに、音楽著作物の利用の円滑化を図ることを目的とするJASRACに与えられた社会的使命ともいえる（JASRAC定款3条）。

演奏会および社交場における演奏の著作権管理は、利用者からの利用許諾申請を受け付けるといった受動的な体制では到底対応することができない。多くの場合、さまざまな調査手段を用いて積極的に利用行為を探知したうえ、文書を送付し、また職員を派遣するなどして、利用者に対して個別に利用許諾手続の必要性を通知・説明し、利用者の理解を得たうえ利用許諾契約の締結に至るという手順を経由することになる。また、利用許諾契約の手続前に無断利用期間があるときは、管理の公平を図るため、過去の無断利用の事後処理を行わせる必要もある。そこでJASRACでは、演奏会および社交場における演奏に対する演奏権の管理

19—JASRACの外には、唯一、韓国作品を専門的に取り扱う株式会社アジア著作協会が音楽著作物につき演奏権の管理を行う旨の登録をしている。
20—世界で最初の音楽著作権の集中管理団体はフランスのSACEMであるが、その設立をめぐる経緯については本書第1章の冒頭を参照されたい。

の充実を図るため、全国の主要都市に支部を配置し、専任のスタッフを投入するなどして、きめの細かい著作権管理を実施している。

このような演奏権の管理体制および管理のノウハウは、JASRACが唯一の音楽著作権管理団体であった仲介業務法の時代からの長年の蓄積により構築されたものであり、新たに参入した管理事業者においては容易に追随できない分野といえる。その反面、JASRACは、この分野において著作権管理を行う最大の管理事業者として、さらに管理の充実を図るべき社会的責任を負っているものともいえよう。

(b) 支分権横断的な利用許諾

また、委託者からすべての支分権の管理を受託することを原則とするJASRACの著作権管理は、複数の支分権にまたがる音楽著作物の利用につき一括して利用許諾を行うことを可能とし、音楽著作物の利用の円滑化にも資することになっている。

著作権法は、著作権の対象となる著作物の利用行為を条文上に具体的に規定し、そのひとつひとつに別個の支分権を認めるという権利構成を採用している（著作権法21条～28条）。そして、著作権は支分権を単位として他に譲渡することも可能であり（同法61条1項）、ひとつの著作物の複数の支分権がそれぞれ別人に帰属する場合もある。また、諸外国においては、複製権と演奏権は別々の管理団体が管理している例も少なくない。

しかしながら、技術の発展に伴い音楽著作物の利用形態は複雑化しており、社会経済的にはひとつとみられる音楽の利用態様が著作権法の観点からは複数の支分権の対象となる場合が多くなっている。たとえば、インターネット上で音楽配信を行うサービスについてみれば、音楽ファイルを配信事業者のサーバに蔵置する行為には複製権（同法21条）および送信可能化権（同法23条1項括弧書き）が同時に及ぶ。そして、そのファイルがユーザーによりダウンロードされれば、公衆送信権（同法23条1項）およびユーザーのパソコンへの音楽ファイルの蔵置につき複製権が同時に及ぶことになる。このように社会経済的にはひとつとみられる行為に著作権法上は複数の支分権が及ぶような場合には、その利用について及ぶすべての支分権が一括して利用許諾されることが利用者にとって望ましいことはいうまでもない。また、厳密な意味で同一の行為ではない場合でも、たとえば、音楽著作物を複製や送信の方法で利用するサービスが、サービスの提供先の顧客において、その著作物を公衆に演奏または伝達する方法で利用することを前提と

しているときは、当該事業者の複製・送信の方法による著作物の利用とサービス提供先における演奏・伝達による著作物の利用を一括して著作権処理することが効率的である場合もある—21。このような場合に、委託者から原則としてすべての支分権の管理委託を受けている JASRAC の著作権管理は、支分権横断的な利用許諾を行うことにより、利用者からの要請に応えるとともに、管理の効率化を図ることができる—22。

複数の支分権にまたがる複雑な著作物の利用行為は、今後も増加していくことは明らかであり、このような複雑な著作物利用につき一括してその利用許諾を行い、著作物の円滑な利用の実現に寄与すべき要請は今後もますます強くなるものと思われる。このような意味においても、すべての支分権について原則としてその著作権管理の責任を負う JASRAC の著作権管理業務は、今後もその重要性が高まるものといえよう。

(3) 指定管理事業者としての管理

そして、JASRAC の行う著作権管理は、音楽著作権の分野において圧倒的なシェアを有する指定管理事業者としての著作権管理であるという点においても特徴が存する。

本書の第1章等で前述したように、著作権等管理事業法（以下「管理事業法」という）は、著作権者の選択の自由を確保するという観点から、著作権の管理事業を仲介業務法の時代の許可制から登録制に変更し（管理事業法3条）、同一分野の著作権管理に複数の管理事業者が参入することができるものとした。これに伴い、著作物の使用料額等を定める使用料規程についても従来の認可制が届出制に改められ（同法13条）、各管理事業者は、自己が管理する著作物の使用料を、原則として、自己の判断で自由に定めることができることとなった。

しかしながら、一定の音楽利用区分の著作権管理において著しく大きなシェアを有するなど、当該利用区分における使用料の水準に大きな影響を及ぼす立場に

21—JASRAC 使用料規程の「12節 BGM」の「2 音源提供事業者が包括的に契約をする場合の使用料」等を参照。

22—このような支分権横断的な利用許諾を行っている例としては、①テレビラジオ放送およびその放送用録音、②映画録音および映画館等における上映、③有線放送・BGM 録音および BGM 伝達、④業務用通信カラオケのサーバへの蓄積および送信、⑤インタラクティブ配信におけるサーバへの蓄積および送信など多数存在する。

ある管理事業者が存在する場合において、その管理事業者が著しく高額の使用料を定めたときは、事実上その分野における著作物の利用が困難となり、著作物の利用の円滑化という管理事業法の趣旨にも反する事態が生じ得る。

そこで、管理事業法は、著作物の利用区分ごとにその管理事業者が収受する使用料の額がすべての管理事業者の収受する使用料総額の中で相当の割合を占めるなど一定の場合には、その管理事業者を指定著作権等管理事業者（以下、単に「指定管理事業者」という）として指定し、指定管理事業者の使用料規程には、著作物利用者がその意向を反映させることのできる制度を設けることとした[23]。すなわち、指定管理事業者は、当該利用区分に係る利用者代表[24]から使用料規程に関する協議を求められたときは、これに応じなければならないものと規定したうえ（同法23条2項）[25]、利用者代表と管理事業者との間で協議を尽くしたにもかかわらず協議が成立しないときは、利用者代表または管理事業者は、当該使用料規程につき文化庁長官の裁定を求めることができるものとしている（同

[23] ― 管理事業法上、指定管理事業者として指定される要件にはふたつのタイプがある。すなわち、①ある利用区分において、全体に占める全管理事業者のシェアおよび全管理事業者に占める当該管理事業者のシェアがいずれも相当の割合にある場合（管理事業法23条1項1号）、および②ある利用区分において、全体に占める管理事業者のシェアは低いが、全管理事業者に占める当該管理事業者のシェアが相当の割合であり、かつ、その使用料規程が当該利用区分のスタンダードとなっている場合（同項2号）のふたつである。

[24] ― 著作権法施行規則21条は、以下のいずれかに該当する場合に、その者を当該利用区分の利用者代表と認める旨を規定している。
①当該者の利用者シェアおよび使用料シェアがいずれも50％を超える場合
②当該者の利用者シェアが50％を超え使用料シェアが50％を超える者が存在しない場合、又は、使用料シェアが50％を超え利用者シェアが50％を超える者が存在しない場合
③利用者シェアおよび使用料シェアがともに20％を超え、他に当該者の利用者シェア又は使用料シェアを超える者が存在せず、かつ、現れる見込みのない場合

[25] ― 事業者団体である利用者代表が取引の相手方である管理事業者と「価格交渉」を行うことは、本来、事業者団体による価格カルテルないし事業者団体による構成員の事業活動の制限として、独占禁止法上問題となり得る行為である（公正取引委員会「事業者団体ガイドライン」1-（1）-6）。しかし、管理事業法に基づく利用者代表と管理事業者の協議については、①管理事業者が協議に応じる義務があるのは、利用者代表側からの求めがあった場合にのみであること、②利用者は管理事業者と個別の交渉が可能であること、③著作物の利用許諾は、その性質上1人に許諾をすると他の利用者が許諾を受けられなくなるというものではないこと等の理由から、独占禁止法に違反するものではないと解されている（平成12年11月17日の衆議院文教委員会における公正取引委員会事務総局経済取引局長答弁〔http://www.shugiin.go.jp/itdb_main.nsf/html/index_kaigiroku.htm〕を参照）。

法24条)。

　JASRACは、音楽著作権の管理のほとんどの分野において圧倒的なシェアを有しており、当然のことながら、その管理対象とするほとんどの利用区分について文化庁長官から指定管理事業者としての指定を受けている—26。このため、JASRACがその使用料規程に利用の実態に比べて不相当に高額の使用料額を定めたような場合には、音楽著作物の利用者の側からその改定のための協議を申し入れる等して、その修正を求めることができる制度が用意されている。つまり、JASRACの使用料規程は、著作権者の利益のみを図るものではなく、利用者の意見をも反映した社会的に公正・妥当なものであることが求められているのである。

　著作物使用料は、一般の商品の値段とは異なり、その性質上、客観的な「原価」を計算することができるようなものではない。したがって、「公正・妥当な使用料」は、利用者との間の十分な協議という手続的な担保をもって確保するほかには手段のないものである。

　このため、JASRACでは、新たに使用料規程に使用料を定め、または変更をしようとする場合には、管理事業法の規定に従って単に利用者代表からの協議の申入れを待つという姿勢ではなく、あらかじめ利用者代表に対し定めようとする使用料の内容につき協議を申し入れ、その意見を十分に反映した使用料規程としたうえで文化庁長官に届け出るという実務を行っている。JASRACの使用料規程の公正・妥当性は、このような利用者との協議の手続きを通じて担保されている。

　そして、このようにして定められた使用料規程は、単にJASRACの著作権管理における利用許諾の対価額の基準として用いられるだけにはとどまらず、著作権侵害に対する損害賠償請求において「著作権の行使につき受けるべき金銭の額」(著作権法114条3項)の基準として取り扱われるなど、音楽著作物が利用される場合一般の相当対価額の基準として機能している。

2　利用許諾から使用料分配までの流れ

　JASRACが管理著作物の利用許諾に伴い徴収した著作物使用料は、その利用

26—2009年1月現在、使用料規程の「第3節 映画」の「1 録音」を除き、すべての利用区分について指定管理事業者として指定されている。

データに基づき分配計算され、権利者に送金されることになる。管理委託を受けた著作物の利用につき効率的かつ漏れなく利用許諾を行い、徴収した使用料を正確に分配することが管理事業者の使命である。そこで、以下では、JASRACにおける管理著作物の利用許諾および使用料徴収から権利者への使用料分配に至るまでの著作権管理の全体の流れを説明する。

JASRACにおける利用許諾、使用料徴収、および使用料分配の流れを理解するためには、利用許諾における「曲別許諾」および「包括許諾」の種別、適用される使用料における「曲別使用料」および「包括使用料」の種別、ならびに分配方法における「曲別分配」、「センサス分配」および「サンプリング分配」の種別等につき理解する必要がある。

(1) 利用許諾の種別——曲別許諾と包括許諾

利用許諾とは、他人による著作物の利用行為を適法化する意思表示であるから、利用許諾は適法化の対象とする著作物を具体的に特定してするのが原則である。JASRACの著作権管理においても、利用者から事前に著作物（作品）を特定した利用申請を受け、申請を受けた特定の著作物の利用を許諾するというのが原則的な方法である。このような方法による許諾の方式を、JASRACでは「曲別許諾」と呼んでいる。クラシック演奏会、インディーズレーベル等のCD録音、出版等の分野では、曲別許諾による原則的な利用許諾手続きがとられている。

これに対し、利用許諾の対象とする著作物を特定せずに、JASRACが著作権を有するすべての著作物の利用を許諾するというのが「包括許諾」の方法である。包括許諾が行われると、利用者はいちいち利用許諾申請手続きをとらなくとも、契約に定められた一定の条件内でJASRACの管理著作物を自由に利用することができるようになる。

包括許諾は、利用者の利用許諾手続きの負担を軽減して、著作物の円滑な利用に資するとともに、管理業務の効率化により著作権者の利益にもなるため、社交場における演奏、貸レコード、テレビ・ラジオ等の放送など、連日大量の楽曲を使用するため事前に利用楽曲を特定することがきわめて困難ないし煩雑となる分野、メジャー・レコード会社によるオーディオディスク（CD等）への録音利用のように一定範囲の大手利用者により定型的な利用が反復継続される分野など、多くの利用区分において幅広く活用されている-27。

(2) 使用料の種別——曲別使用料と包括使用料

「曲別使用料」とは、利用者に対する使用料の請求の時点においてすでに特定の作品と結びついている使用料をいう。前述のとおり、曲別許諾は許諾の対象となる著作物を事前に特定して利用許諾を行う方法であるから、これに基づき請求する使用料には許諾の対象となった特定の作品データがはじめから付着している。したがって、曲別許諾の方法で利用許諾をした場合の使用料は、そのすべてが曲別使用料である。

これに対して、「包括使用料」とは、利用者に対する請求の時点においては使用料とその分配対象となる作品とが結びついていない使用料をいう。包括使用料の額の決め方には、利用行為の規模に応じて月額または年額等による定額の使用料が定められるもの、利用者の収入に一定割合を乗じて算出する定率のもの、著作物の利用量に対応して使用料額の区分が設けられているものなどがあるが、いずれの包括使用料についても、それを権利者に分配する際には、当該使用料に対応する利用作品のデータを入手し、使用料と分配対象著作物とを結びつける作業が必要になる-28。

包括許諾の方法が採用されている利用分野においては、包括使用料が適用されている場合が多い。しかし、前述のとおり、包括許諾は、利用者に対しJASRACのすべての管理著作物を自由に利用することを許諾するというものにすぎないから、包括許諾が必然的に包括使用料に結びつくわけではない。包括許諾を行った利用者から、現実に利用した楽曲の報告を受け、曲別使用料により使用料を請求することも可能である。現実にも、メジャー・レコード会社との間で締結しているオーディオディスクへの録音利用許諾契約（録音包括契約）等においては、包括許諾の方法による利用許諾を行ったうえで、その使用料については、利用が行われるごとに利用楽曲の報告を受けて、曲別使用料を請求するという方法

27—平成21年2月27日、公正取引委員会は、JASRACが放送事業者との間で包括契約（管理著作物の放送利用を包括的に許諾し、包括使用料を徴収する契約）を締結していることが他の管理事業者の事業活動を排除することになり、私的独占（独禁法2条5項）に該当するとして、徴収方法の変更を命じる排除措置命令を下した。これに対しJASRACは同年4月28日、上記排除措置命令は、著作権および著作権管理事業の本質等を理解しないまま私人間の交渉事項に介入するものであり、違法であると主張して、原処分の取消しを求める審判を請求した（本書第7章266頁も参照）。

28—なお、著作物使用料分配規程2条には、「曲別使用料」につき「一著作物ごとに金額を算定し、徴収する使用料」（7号）、「包括使用料」につき「曲別使用料以外の方法で金額を算定し、徴収する使用料」（8号）と定義されている。

が採用されている—29。

(3) 分配方法の種別——曲別分配、センサス分配、およびサンプリング分配

　利用者から徴収した使用料につき、利用された作品につき分配を受ける権利を有する者（権利者）ごとの分配額を算出することを「分配計算」という。JASRACにおける分配計算の方法は、その著作物使用料分配規程（以下「分配規程」という）に詳細に規定されている。

　前述のとおり、曲別使用料は、その請求の時点においてすでに特定の作品と結びついているから、これを権利者に分配するに当たり、あらためて使用料と権利者とを結びつける作業は要しない。曲別使用料は、利用された作品につき分配を受ける権利を有する権利者に対して自動的に分配されることになる。JASRACでは、このような分配計算の方法を「曲別分配」と呼んでいる。

　これに対して包括使用料は、請求時においては特定の作品と結びついてはいない。したがって、これを権利者に対して分配するためには、包括使用料と分配対象となる作品とを結びつける作業が必要になる。JASRACの分配規程は、包括使用料と分配対象作品とを結びつける作業のことを「一括計算」と呼んでいる（12条・28条・28条の4・36条等）。そして、一括計算の方法は、その計算の基礎として用いるデータの種類に応じて「センサス（census）分配」の方法と「サンプリング（sampling）分配」の方法とのふたつに分かれる。

　「センサス分配」とは、利用作品の全量調査データに基づき包括使用料の分配計算を行う方法である。利用者は、包括許諾を受けたからといって、自己が利用した作品の報告義務を免れるわけではない。ほとんどの利用区分の包括許諾契約には、利用者にその許諾に基づき現実に利用した作品を報告する義務を課す規定がおかれている。また、利用者に対して音源を提供する立場の者が利用者の利用作品のデータを保有している場合には、利用者からではなく、その音源提供者から利用作品の報告を受ける場合もある。センサス分配は、このようにして現実に利用された作品の全量データを入手し、これに基づき包括使用料の一括計算を行

29——曲別許諾に基づき曲別使用料が徴収される場合と、包括許諾に基づき曲別使用料が徴収される場合との違いは、申請漏れがあった場合の法的効果の点である。曲別許諾の方法がとられている場合において利用許諾申請のない著作物が利用されたときは、その利用は著作権侵害行為になるのに対し、包括許諾の方法がとられている場合における申請漏れには原則として契約違反の問題が生じるにすぎない。

【表2】 許諾・徴収と分配方法（主要なもの）

利用形態	許諾方法	徴収方法	使用料の単位	使用料種別	分配方法
上演	曲別許諾	曲別使用料	1作品	1曲1回使用料	曲別分配
演奏会等（曲別）	曲別許諾	曲別使用料	1作品	1曲1回使用料	曲別分配
CM放送	曲別許諾	曲別使用料	1作品	1曲1回使用料	曲別分配
映画上映（邦画）	曲別許諾	曲別使用料	1作品	1曲1回使用料	曲別分配
オーディオディスク	曲別許諾	曲別使用料	1作品	1曲1回使用料	曲別分配
オーディオテープ	曲別許諾	曲別使用料	1作品	1曲1回使用料	曲別分配
オルゴール	曲別許諾	曲別使用料	1作品	1曲1回使用料	曲別分配
CM送信用録音	曲別許諾	曲別使用料	1作品	1曲1回使用料	曲別分配
映画録音	曲別許諾	曲別使用料	1作品	1曲1回使用料	曲別分配
ビデオグラム（音楽）	曲別許諾	曲別使用料	1作品	1曲1回使用料	曲別分配
出版	曲別許諾	曲別使用料	1作品	1曲1回使用料	曲別分配
オーディオディスク	包括許諾	曲別使用料	1作品	1曲1回使用料	曲別分配
オーディオテープ	包括許諾	曲別使用料	1作品	1曲1回使用料	曲別分配
オルゴール	包括許諾	曲別使用料	1作品	1曲1回使用料	曲別分配
ビディオグラム（音楽）	包括許諾	曲別使用料	1作品	1曲1回使用料	曲別分配
インタラクティブ配信（曲別）	包括許諾	曲別使用料	1作品	1曲1回使用料	曲別分配
放送等（生放送）	包括許諾	包括使用料	年額	定率	センサス分配
放送等（映画放映）	包括許諾	包括使用料	年額	定率	センサス分配
演奏会等（包括）	包括許諾	包括使用料	1催事	定率	センサス分配
社交場（カラオケ）	包括許諾	包括使用料	月額	定額	センサス分配
映画上映（洋画）	包括許諾	包括使用料	1映画	定額	センサス分配
ビデオグラム（映画）	包括許諾	包括使用料	1製品	定率	センサス分配
貸ビデオ	包括許諾	包括使用料	月額	定率・定額（*）	センサス分配
業務用通信カラオケ	包括許諾	包括使用料	月額	定率・定額（*）	センサス分配
インタラクティブ配信（包括）	包括許諾	包括使用料	1サービス	定率	センサス分配
有線ラジオ放送等	包括許諾	包括使用料	年額	定率	サンプリング分配
放送等（レコード放送）	包括許諾	包括使用料	年額	定率	サンプリング分配
社交場（生演奏）	包括許諾	包括使用料	月額	定額	サンプリング分配
貸レコード	包括許諾	包括使用料	月額	定額	サンプリング分配

（*）基本使用料は利用楽曲数に応じた区分制、利用単位使用料は定率制。

う方法である。

　具体的には、入手した全量データに基づき、当該使用料に対応するすべての利用作品を確定したうえで、それぞれの作品に、使用料額、利用時間、利用形態、利用回数などに応じて点数（「分配点数」という）を付与する。そして、当該利用区分において徴収した使用料総額を分配対象となるすべての著作物の分配点数の和で除し、これに当該著作物の分配点数を乗じることによって個々の著作物に対する分配額が決定される。このように、利用者から包括使用料の形式で徴収した使用料であっても、センサス分配が行われているものについては、利用者から提出される利用作品のデータに漏れがない限り、当該利用区分で利用されたすべての作品に対して1円単位まで使用料が計算され、分配されることになる。

$$\text{各著作物に対する分配額} = \frac{\text{分配対象使用料の額}}{\text{分配対象となるすべての著作物の点数の和}} \times \text{各著作物の分配点数}$$

　これに対して「サンプリング分配」とは、統計学上の手法を用いて、無作為抽出した利用作品のサンプル資料に基づき分配計算を行う方法であり、継続して大量の音楽が利用されるなどの事情から利用者において全利用作品の報告をすることが困難な分野において採用されている。たとえば、社交場における生演奏については、四半期（3ヵ月）単位で全国の生演奏の契約店の中から200店を無作為に抽出し、その店の1日のすべての演奏曲目をサンプル資料として調査・収集する。そして、当期に収集されたサンプル資料にその前の3期分（9ヵ月）の調査資料を累積して分配資料を作成し、これに基づき一括計算を行っている。

　サンプリング調査により分配資料を収集する方法は、統計学上95％の確率で利用作品を特定できるものとされており、利用作品の全量データを入手することが困難な利用区分の使用料を権利者に分配する方法として、現在考え得る最も合理的な方法である[30,31]。このため、諸外国の管理団体においても、継続的に大量の音楽が利用される利用分野の使用料分配においては同様の方法がとられている。

　もっとも、従来は多大な時間や費用がかかるため利用作品の全量データの入手が困難と考えられていた利用区分においても、近時の音楽利用のデジタル化や音声認識技術の進歩等により技術的な手段で利用作品の全量データを入手することが可能となる分野が増加してきた。このため、JASRACでは、このような分野については、順次、従来のサンプリング分配から、より正確な分配が可能なセンサス分配に分配方法を移行させてきており、2009年4月現在、サンプリング分配を実施しているのは、テレビ等におけるレコード放送、社交場における生演奏、

30—ただし、社交場における生演奏の中でも、いわゆるライブハウス等における利用曲目には、日々異なる演奏者が出演して自作の作品を演奏する場合が多いという特殊性があるため、サンプリング調査のみでは正確な分配が行えない場合がある。このため、このような店舗から徴収した使用料の分配においては、店舗経営者から現実に利用された作品の報告を受け、これをサンプリング調査により入手したデータに加えて分配資料を作成することとしている。

31—JASRACのサンプリングデータは、その信頼性が評価され、実演家に対する著作隣接権使用料の分配資料としても用いられている（http://www.fmp.or.jp/aboutfmp/neighboring_right.html）。

貸しレコード、有線ラジオ放送等の4つの利用区分のみとなっている。これらサンプリング分配を行っている4つの利用区分における使用料分配実績は150億6300万円（2008年度実績）であり、これは2008年度のJASRACの使用料分配実績合計1155億1800万円の13％にすぎない—32。

(4) 使用料の送金および分配結果の通知

利用者から徴収した使用料を権利者に対し迅速かつ正確に分配送金することは、著作権者の経済的安定を確保するうえできわめて重要である。JASRACにおける原則的な使用料分配期は、毎年6月、9月、12月および3月の4回である。このように年4回の使用料分配期を設定するのは世界の先進的な著作権管理団体におけるスタンダードとなっているが、ほとんどすべての利用区分の使用料を3カ月ごとに行っている団体は世界でもあまり例がない。特に、録音使用料について、その徴収から分配までに要する時間は、世界中の著作権管理団体の中で最短といわれている。

使用料の分配結果は、分配期ごとに「使用料支払計算書」および「使用料分配明細書」に表示して委託者に通知される。「使用料支払計算書」は、当該分配期において分配される著作物使用料額を利用分野ごとに計算したサマリーであり、「使用料分配明細書」は、「使用料支払計算書」に表示された分配額につき、作品ごと、利用形態ごとに、詳細な内訳を記載した明細書である。委託者は、これにより自己に送金される使用料が、自己の作品がどのように利用されたことによるものなのかを把握することができる。

なお、委託者が音楽出版者を経由してJASRACに管理委託をした作品については、音楽出版者が受けた分配使用料の中から著作者の取分につき再分配を受けることになるが、委託者は、自己の作品に関して音楽出版者が受けた使用料分配の状況についても、JASRACに開示を求めることができるものとされている（信託契約約款19条7項）—33。

32—さらに、レコード放送については、NHK、民放テレビキー局、FMラジオ放送等を中心として、すでにセンサス分配への移行が始まっている（http://210.174.127.169/bunpai/broadcast/detail2.html）。また、有線ラジオ放送等や貸しレコード等についても、現在、利用者との間で利用作品の全量データの提供を交渉中であり、近い将来、センサス分配への移行が予定されている。これらの利用区分がセンサス分配に移行すれば、サンプリング分配を行う対象は、実質的に社交場における生演奏の分野のみとなる。

3　利用許諾

(1)　利用許諾契約

　著作権法63条1項は、「著作権者は、他人に対し、その著作物の利用を許諾することができる」と規定する。本条にいう「利用」は、著作権者による許諾の対象となる行為を指すから、具体的には著作権法第2章第3款（21条〜28条）に支分権の対象として規定されている各行為を指すものである−34。利用許諾が行われると、被許諾者は、その許諾に係る利用方法および条件の範囲内において、その許諾に係る著作物を利用できるようになる（著作権法63条2項）。

　著作物の利用許諾とは、著作権者がその者に対し支分権に基づく差止請求権や損害賠償請求権等を行使しないと約束することを意味するものであるから、著作権の許諾により被許諾者が取得する著作物の「利用権」の実質は、著作権者に対して上記不作為を要求できる債権である。民法上、債権は譲渡できるのが原則であるが（民法466条1項）、著作物は、その利用者が誰かによって経済的価値が大きく異なることになるので、許諾に基づく利用権は、著作権者の承諾を得ない限り、第三者に譲渡することができないものとされている（著作権法63条3項）。

　前述したとおり、JASRACの利用許諾は必ずしも支分権を単位として行われるものではない。社会的にはひとつとみられる行為に複数の支分権が及ぶような場合には、原則としてそれらの支分権を一括して利用許諾することとしている。逆に、著作権法上は同じ支分権の及ぶ行為であっても、音楽著作物の「録音」と「出版」のように、その利用の形態が全く異なるものについては、当該利用形態

33―ただし、世界各国の著作権管理団体によって構成される著作権管理団体の国際組織CISACにおける取決めで、演奏権・公衆送信権等の使用料については音楽出版者に50％を超える取分を認めることができないこととされているため、これらの使用料については、音楽出版者を経由して管理委託された作品についても、少なくとも50％は著作者である委託者に直接分配することとなっている。

34―著作権法が使用している「利用」と「使用」の語については、前者が支分権の及ぶ行為を指し、後者はそれ以外の行為を指すと解する学説（斉藤博『著作権法（第3版）』〔有斐閣、2007年〕55頁）と、著作権法は両者を厳密に使い分けてはいないと解する学説（作花文雄『詳解 著作権法（第3版）』〔ぎょうせい、2004年〕226頁）とがある。たしかに、著作権法20条2項3号・4号、113条5項における「利用」には、支分権のはたらかない行為も含まれると解されるが、ア・プリオリに「利用を許諾することができる」と規定する63条1項の規定からみれば、基本的には支分権に該当する行為を「利用」としていると考える方が素直であろう。

ごとに細分化した利用許諾を行っている。

　利用許諾契約は当事者の合意のみで成立する諾成契約である。しかし、口頭の合意のみでは利用の条件が不明確となるため、JASRACでは必ず書面による利用許諾を行っている。そして、不特定多数の利用者との間で大量の利用許諾契約を締結するJASRACでは、管理の公平性を図るため、利用許諾の対象とする利用行為の種類別にあらかじめ統一的な利用許諾契約条項（約款）を定め、同一態様の利用者に対しては、同一の契約条件を適用して契約を締結することとしている。利用許諾契約の成立時期は、同一の契約書に双方が署名・押印等する方法で利用許諾契約を締結する場合は、その署名・押印等をした時、利用許諾の申込みに対して利用許諾書を発送する方法で利用許諾を行う場合は、利用許諾書を発送した時である（民法526条1項）-35。

　著作権法63条2項は、「前項の許諾を得た者は、その許諾に係る利用方法及び条件の範囲内において、その許諾に係る著作物を利用することができる」と規定する。これは、許諾の条件の範囲を超えた利用行為は著作権侵害になることを意味する。しかし、利用者が利用許諾契約に定めた条件に違反すれば、直ちにその者の利用行為が著作権侵害行為になるわけではない。たとえば、使用料の支払いは利用許諾契約における利用者の最大の義務ではあるが、これに違反して使用料の不払いをしても、原則として債務不履行の責任を負うにすぎず、利用行為が直ちに著作権侵害となるわけではない-36。

　どのような契約違反があった場合に、許諾条件の範囲外の行為として著作権侵害になるのかは、最終的には契約の解釈の問題である。たとえば、曲別許諾が行われた場合において、許諾の対象外である楽曲を利用する行為は、利用許諾契約の本質的な条件の範囲を超えるものとして著作権侵害となる。これに対して、包括許諾の場合には、利用行為を特定して利用許諾をするものではないので、利用

35—適正な許諾申請を確保し、不正利用（海賊版等）を排除する観点から、録音・出版・インタラクティブ送信など一定の利用区分の利用許諾においては、利用許諾契約書の締結に加えて、利用許諾の条件として、利用許諾の対象となった複製物にJASRACの発行する許諾番号の表示、許諾証紙（シール）の貼付、許諾マークの表示などを義務付けている場合もある。

36—債務不履行を理由として利用許諾契約を解除すれば、利用許諾は遡って無効となる。ただし、契約の解除は第三者の権利を害することはできないので、解除により無効となった利用許諾に基づき作成された複製物等がすでに市場に流通してしまっているような場合には、当該複製物が遡って侵害品となるわけではない（民法545条）。

楽曲の報告に漏れがあったとしても、原則として債務不履行となるにすぎない—37。

(2) 利用許諾ができない場合

　管理事業法 16 条は、「著作権等管理事業者は、正当な理由がなければ、取り扱っている著作物等の利用の許諾を拒んではならない」と規定する。

　委託者は、管理事業者に対し、できるだけ多くの利用許諾を行って、できるだけ多額の使用料を徴収することを期待して著作権の管理委託を行う。また、著作物は基本的に代替性の低いものであるため、利用者からの許諾申込みに対して管理事業者が恣意的に許諾を拒めるとすると、著作物の円滑な利用が阻害される。そこで、管理事業法は、委託者と利用者の双方の利益の保護を図るため、管理事業者は、原則として利用許諾の申込みに応じなければならない義務を課したのである。これを管理事業者の「応諾義務」という。したがって、JASRAC が利用者から利用許諾の申込みを受けたときは、原則としてこれに応じて利用許諾を行うことになる—38, 39。

　しかしながら、以下のような例外的な場合には、JASRAC は利用許諾を行うことができない。

37—複製許諾契約において、許諾された個数を超過してなされた複製行為が著作権侵害になるか否かについては学説が分かれる（肯定：作花・前掲 414 頁、否定：中山信弘『著作権法』〔有斐閣、2007 年〕330 頁）。たしかに、量的制限を超過した複製物が作成された場合、どの複製物が侵害品となるのかを判別することが困難であるという問題がある。しかし、不注意により許諾された個数を超過した複製物を作成してしまったという場合はともかく、最初から意図的な過小申請がなされたような場合には、利用許諾の本質的条件に違反する行為として、作成された複製物は（許諾の範囲内の数量を含めて）すべて侵害物になると解することができるのではないだろうか。

38—応諾義務は、管理事業法によって新たに JASRAC に課せられたという義務ではない。管理事業法の施行前の仲介業務法の時代においても、内外の音楽著作物の利用許諾権を一手に掌握している JASRAC は正当な事由がない限り利用者の利用申込みを拒絶することはできず、もし、正当な事由がないのに、利用許諾を拒絶したときは、その権利を濫用して需用者の権利を不法に侵害したものとして不法行為が成立すると解されていた（最判昭 47・2・4 著判 1 巻 527 頁〔東海観光事件〕）。

39—管理事業者が正当な理由なく利用許諾に応じなかった場合、管理事業者は応諾義務違反として許諾申込者に対して損害賠償等の責任を負うことになるが、これにより利用者の利用行為が直ちに適法になるわけではない。ただし、正当な理由なく利用許諾を拒絶した利用行為に対する差止請求等は、権利の濫用として認められないことになろう。

(a) 委託者の指定がある場合

　管理事業者の応諾義務は、前述のとおり、管理事業者に対してできるだけ多くの利用許諾をすることを望んでいるという委託者の一般的な意思を基礎とするものである。したがって、逆に、管理委託契約において、管理事業者の利用許諾権の行使につき委託者から一定の制限が加えられているときは、管理事業者がその制限に従って利用許諾を拒絶することに正当な理由があることになる。

　JASRACの著作権管理は、著作権者の権利を擁護するとともに音楽著作物の利用の円滑化を図ることも目的としているから、委託者が、自己の個人的な嗜好や信条等を理由としてJASRACによる利用許諾権の行使を制限することは認められていない。しかし、信託契約約款には、①専属契約に基づく録音利用者の指定（11条1項2号）、②新たな著作物の録音利用者の指定（同条同項3号・2項3号）、③出版利用者の指定（同条1項5号）、④訳詞または歌詞の指定（同条2項4号）など、一定の場合には委託者がJASRACの利用許諾権の行使を制限することを認める規定が置かれている。したがって、これらの規定に基づき委託者の指定がなされたときは、JASRACはその指定に反する利用許諾を行うことができない—40。

(b) 許諾停止措置

　JASRACが委託者から管理委託を受けた著作物であっても、その著作権の存否（著作物性の有無・著作権保護期間を経過したか否か等）に疑義が生じたり、その著作権を真実委託者が保有しているか否か（その者が著作者であるか否か・著作権者から著作権の譲渡を受けているか否か等）に疑義が生じたりする場合がある。このような場合において、その疑義の解消が困難と認められるにもかかわらず、

40—講学上、著作権の利用許諾には、「独占的利用許諾」と「非独占的利用許諾」との2種類が存在するといわれるが、JASRACが行う利用許諾は、原則として、利用許諾の申請があれば誰に対しても同一の条件で利用許諾を行う非独占的利用許諾である。ただし、約款11条に基づく利用者の指定がなされると、JASRACは指定された利用者以外の者には録音許諾ができなくなり、一種の独占的利用許諾を行うことになる。しかし、この場合も、JASRACは、委託者に対する関係で、指定された利用者以外の者に対する利用許諾をしない義務を負うものにすぎず、利用者の側からJASRACに対して他の利用者に利用許諾しないよう要求できるようになるわけではない。録音利用者の指定に関する規定は、かつてのレコード会社との専属契約の名残であるが、複製利用の態様が当時とは比較にならないほど多様化した現在、このような指定をした場合の委託者の経済的不利益はきわめて大きいので、実際にはこの制度はあまり利用されていない。

JASRACがその著作物の利用許諾を継続すると、一般の音楽利用者に混乱を与え、かえって著作物の円滑な利用に支障を来すことになる。

そこで、信託契約約款20条2項は、このような場合、当該著作物に係る利用の許諾および著作物使用料等の徴収を、必要な範囲および期間において停止することができる旨を規定している。この規定に基づきJASRACにおいて許諾停止措置をとったときは、当該著作物についての利用許諾は行わないことになる−41。

(c) 他の権利を侵害する蓋然性のある場合

利用許諾はその許諾対象とされた著作物との関係で利用を適法化するものにすぎないから、JASRACの利用許諾を受けたからといって、JASRACが管理しない他の権利や利用許諾の対象ではない他の著作権との関係で当該著作物を適法に利用できるようになるわけではない。当該著作物の利用につき権利を有する他の権利者が存在する場合には、その権利者の許諾等を受けない限り著作物の利用は違法となる。JASRACの利用許諾が、著作者の有する著作者人格権や著作隣接権その他の権利の侵害行為を正当化するものでないのは当然である−42。

しかしながら、JASRACの利用許諾は、事実上、利用者の利用行為に大きな影響を及ぼす。このため、JASRACは自己の管理する著作権の利用許諾を行うに当たり、その利用許諾が他の権利者の権利を侵害する結果を生じさせないように配慮すべき義務を負っている−43。したがって、JASRACは、当該利用許諾に基づく著作物の利用が他の委託者の著作権の侵害になったり、著作者人格権の侵害になったりする場合には、利用許諾を行うことができない−44。

41—許諾停止措置がとられるのは、著作権の存否または帰属に関して疑義が生じた結果、最終的にJASRACに許諾権限が帰属しないことになる蓋然性が認められる場合である。このような場合ではなく、たとえばJASRACの委託者の間において著作権の帰属に疑義が生じたような場合には、いずれにしても最終的にJASRACに著作権は帰属することになるから、原則として利用許諾は継続したうえ、その疑義が解消されるまで徴収した使用料の分配を保留するという措置（分配保留措置。約款20条1項）をとることになる。

42—JASRACの録音利用許諾契約条項には、第三者が製作した音源を利用する場合は、申込者の責任において当該音源製作者の利用許諾を得なければならない旨が規定されている。

43—たとえば、委託者から提出された作品届に記載された著作者に疑義があるにもかかわらず、JASRACが漫然と作品届の記載に従った利用許諾を行うと、利用者は誤った著作者表示をして著作物を利用することになる。このような場合、JASRACは、利用者が行った氏名表示権侵害の結果につき、真の著作者に対して責任を負うことになる（東京高判平5・3・16判時1457号59頁〔チューリップ著作者人格権侵害事件〕）。

(d) 過去の侵害行為の清算が未了の場合

JASRAC は、音楽著作権に関するわが国最大の管理事業者として、すべての音楽利用者に対して公平な著作権管理を行うべき責任を負っている。そのため、利用許諾の申込者が過去に管理著作物の無断利用による著作権侵害行為を行っているときは、当該無断利用に係る使用料相当額を支払って侵害行為の清算をすることを利用許諾の条件としている。利用者が過去または今後の使用料を支払おうとしない場合等に、著作権等管理事業者が許諾を拒否することが応諾義務の違反にならないことは、著作権管理事業法の解釈上明らかであり–45、過去の裁判例においても認められている（最判昭 47・2・4 著判 1・527〔東海観光事件〕、東京地決平 19・3・22 判例集未登載〔CATV 間接強制申立事件〕等）。

ただし、管理事業者において、利用者が過去の著作権侵害行為の損害金の全額を完済しない限り一切利用許諾に応じないという態度をとると、利用者の資力等の状況によっては事実上著作物の利用が不可能となり、利用者の営業に深刻な影響を与える場合も生じる。そこで、JASRAC では、このような場合、著作物の円滑な利用を促進するという観点から、利用者が過去の無断利用の損害金の支払義務を認めたうえでこれを分割支払い等で清算することを確約するときは、その真摯な履行がなされることを条件として将来の利用について利用許諾契約を締結する等、利用者の現実的な資力等を考慮した柔軟な対応をとることとしている。

44—ただし、JASRAC における許諾停止の措置は、裁判所の判断を経ずに、利用者において事実上その著作物を利用できなくなるという重大な結果を生じさせるものであるから、その実施に当たっては慎重な検討が必要である。委託者が JASRAC に管理委託した作品が他の委託者の著作権を侵害するものであったときに、JASRAC が許諾停止措置をとるべきか、それとも分配保留措置にとどめるべきかが争われた訴訟において、裁判所は、「（分配保留措置は）侵害が争われている音楽著作物の使用料相当の金額が保留されており、実質的に担保といい得るものとなっているので、仮に著作権侵害であるとされた場合でも、回復し難い損害でも生じない限り、侵害された側の損害回復は、通常は基本的に確保されているといえる。したがって、全体としてみて、使用料分配保留という措置は、特段の事情がない限り、利用許諾中止という措置に比べて、より穏当で、かつ、合理的であるということができる」と判断した（東京高判平 17・2・17 判例集未登載〔どこまでも行こう JASRAC 事件〕）。

45—著作権法令研究会編『逐条解説 著作権等管理事業法』（有斐閣、2001 年）96 頁、清野正哉『解説 著作権等管理事業法』〔中央経済社、2001 年〕78〜79 頁等。

4 使用料の徴収

(1) 使用料規程

　管理事業法13条1項は、管理事業者は、その管理する著作物の利用区分ごとの著作物使用料の額等を記載した使用料規程を定め、文化庁長官に届け出なければならないものと規定している。これを受けてJASRACは、音楽の利用方法を15の利用区分に分け、それぞれの区分ごとに適用される詳細な使用料を記載した使用料規程を定め、文化庁長官に届け出ている‒46。

　管理事業法の施行前の仲介業務法においては、著作物使用料規程には文化庁長官の認可が必要とされていた（仲介業務法3条1項）。しかし、管理事業法の施行により誰でも一定の要件を満たせば著作権管理事業に参入できる制度となったことに伴い、各管理事業者が管理する著作物の対価額についても、原則として各事業者の判断により定め、文化庁長官に対して届け出ればよいものとされた。ただし、前述のとおり、JASRACは、そのほとんどの利用区分において文化庁長官から指定管理事業者の指定を受けており、JASRACの使用料規程は利用者との協議を通じて利用者の意見も反映されたものとなっている。使用料規程に定められた「使用料」は、JASRACが管理著作物の利用を許諾することの対価であって、著作物を利用することの対価ではない。したがって、利用許諾の後に利用者の都合により許諾申請に係る著作物の利用がなされない事態に至ったとしても、原則として使用料の返金等の問題は生じない。

　また、音楽著作物の利用者はきわめて多種多様にわたり、その利用の規模や態様もさまざまである。そのため、JASRACの使用料規程には、1曲1回の使用ごとに算定する原則的な曲別使用料の他に、包括的利用許諾を締結する場合に適用される包括使用料の規定を設けるなど、ほとんどの利用区分において複数の使用料算定方法が定められており、利用者の多種多様な利用態様に対応した適切な使用料を算定できるように配慮されている。

46—著作権等管理事業法施行規則は、使用料規程には、原則として、著作権法の定める支分権ごとの使用料を定めるものと規定している（12条2号イ）。しかし、JASRACは、利用者の利便等の観点から、支分権を単位とするのではなく、原則として社会的に把握される利用行為を単位とする利用許諾を行っており、使用料規程にも利用許諾の単位ごとに適用される使用料額が定められている。

管理事業法13条4項は、著作権等管理事業者は、文化庁長官に届け出た使用料規程に定める額を超える使用料を利用者に請求することはできないと規定している。同項の規定の違反行為には罰則規定が設けられており（管理事業法30条2号）、同項の規定は強行規定と解される。したがって、使用料規程に定める額を超えた使用料の徴収は、たとえ利用者との合意に基づくものであっても無効となる–47。

　もっとも、技術の進歩や社会の変化に伴い音楽の利用形態は日々進化・多様化しており、既存の使用料規程の規定では適切な使用料を算定することが困難な音楽ビジネスが次々と生まれることは避けられない。このような場合に、固有の使用料額を使用料規程上に定められるまで当該利用に対する利用許諾および使用料の徴収をしないというのでは、著作権者の保護に欠けるばかりか、利用者の音楽ビジネスにも支障を来し、著作物の流通に悪影響を与えることとなる。そこで、JASRACの使用料規程の「第15節　その他」には、「本規程の第1節乃至第14節の規定を適用することができない利用方法により著作物を利用する場合は、著作物利用の目的および態様、その他の事情に応じて利用者と協議のうえ、その使用料の額または率を定めることができる」という規定を置き、既存の使用料規程の定めを適用することができない利用形態については、この規定に基づき利用者との協議により当面の使用料額を定めたうえ、新たな利用形態に対してすみやかに利用許諾ができるようにしている。管理事業法13条1項3号の「その他文部科学省令で定める事項」につき、同法施行規則13条1号は「使用料規程において具体的な使用料の額を定めることが困難である場合におけるその決定方法」と規定しているから、このような使用料規程の定めは何ら管理事業法に反するものではない–48。

　なお、JASRACが過去の無断利用行為に対して使用料相当額の金銭の支払いを請求する行為の法的性質は、基本的には著作権侵害の不法行為による損害賠償請求権（民法709条）である。この場合、JASRACは使用料規程に定められた使用料額を「著作権の行使につき受けるべき金銭の額に相当する額」として用いているものであり「取り扱っている著作物等の使用料として請求」（管理事業法13条4項）しているわけではない。したがって、過去の無断利用による著作権侵害行為に対し、使用料規程に定める額を超える損害金を請求しても、管理事業法に

47——著作権法令研究会編・前掲87頁。

違反するわけではない。しかし、管理事業者が恣意的に使用料を請求することを防止するという管理事業法13条4項の趣旨に照らすならば、使用料相当損害金の賠償請求に当たっても、特段の事情がない限り、使用料規程に定める額をもって損害金を算定するのが相当であろう–49。

また、不法行為に基づく損害賠償請求権の時効期間の経過後においては、JASRACは管理著作物の無断利用につき不当利得返還請求権（民法703条）を行使して無断利用行為の清算を要求することになるが、使用料規程に定められた使用料額は、この場合においても無断利用者が返還すべき不当利得金を定める根拠となる（名古屋高判平16・3・4判時1870号123頁〔ダンス教授所事件〕等を参照）。

(2) 「指し値」について

JASRACの信託契約約款16条2項には、以下の各号の利用形態については、委託者がその使用料の額を定めるものとすると規定している。

1号　外国作品の映画録音
2号　外国作品のビデオグラム等への録音（基本使用料部分）
3号　ゲームソフトへの録音
4号　コマーシャル送信用録音
5号　外国作品の出版

これを受けて、使用料規程の「第3節　映画」、「第4節　出版等」、「第7節　ビデオグラム」の「備考」には、それぞれ「使用料を委託者が指定することとしているときはその額とする」という規定が設けられている–50。このように、利用

48—このような包括的な使用料規程の定めに基づいて利用者と協議して定めた使用料が、仲介業務法3条1項に違反するものかどうかが争われた裁判において、裁判所は、「（この規定は）近時の著作物利用手段の開発及びその普及が急激であることを背景として、管理著作物についての新しい利用方法が出現した際、著作権がこれに及ぶにもかかわらず使用料の徴収ができないという事態が生ずることを避けるため、著作物使用料規程に直接の規定がない利用方法であっても、被控訴人において一定の範囲内で管理著作物の具体的な利用状況等に応じた合理的な使用料額を決定し、使用料を徴収し得るように手当てしたものであることが認められる。そして、このような規定を設ける上記のような必要性があることは明らかであるし、……解釈上、合理的な範囲内であることを必要とするものと解されることを併せ考えれば、……仲介業務法3条に反するものということはできない」と判断した（東京高判平13・7・18判例集未登載〔ベルショウ事件〕）。
49—著作権侵害の不法行為に基づく損害賠償請求訴訟において、弁護士費用等の積極損害を別途に請求することは、使用料相当額とは無関係であり、何ら妨げられない。

許諾の対価である使用料を委託者自身が決めることを「指し値」という。ただし、この場合においても、委託者が行うのは使用料額を決定することまでであり、利用許諾を行う主体はあくまで著作権の管理委託を受けている JASRAC である。

　管理事業法は、受託者による著作物等の利用の許諾に際して委託者が使用料額を決定する場合（非一任型管理）を、同法が規制の対象とする著作権等の管理から除外している（2条1項柱書き・同条2項）。これは、他人に対して著作権の管理を委託している場合でも、利用許諾のごとに委託者自身が使用料額を決定するのであれば、経済的には著作権者が自ら著作権管理を行う場合と同視することができるため、敢えて法律でこれを規制する必要がないからである。したがって、これらの利用形態に関する JASRAC の著作権管理業務（利用許諾、使用料の徴収、および分配）は、管理事業法上の著作権等管理事業者として行う業務ではなく、同法が管理事業者に課している応諾義務（16条）、情報提供義務（17条）等の対象とはならない。

　JASRAC において指し値が認められている理由はいくつかに分かれるが、信託契約約款16条各号のうち1号から3号までは、いわゆる「映画録音権」（synchronization right）の対象となる利用形態につき指し値が認められたものである。映画録音権とは、音楽著作物を映画等の影像に同調させて録音することに対する権利をいうが、著作権法上に独立して認められた支分権ではなく、複製権（著作権法21条）が及ぶ利用方法の一態様にすぎない。しかし、音楽が影像に同調して固定されるときは、音楽が影像のイメージによって強い影響を受けることなどから、実務上、レコード録音権とは区別された独立の利用形態として取り扱われている。

　映画録音権は、もともと劇場用の映画に音楽を固定する権利として生まれたものであり、利用者は映画製作者に限られていたため、諸外国においては JASRAC のような集中管理団体に管理委託されず、音楽出版者等の権利者が直接に行使しているのが通常である。しかし、管理事業法が施行される前の仲介業務法の時代には、日本において著作権の仲介業務を行えるのは文化庁長官の許可を得

50——後述するとおり、指し値が認められている分野は著作権等管理事業者としての著作権管理業務ではないから、本来、使用料規程にその旨を記載する必要もない。しかし、映画録音、ビデオグラム録音および出版については、外国楽曲のみにつき指し値が認められるものであり、国内作品の使用料は使用料規程に定められているため、注意的に指し値が適用される場合もあることを規定したものと解される。

たJASRACだけであった（仲介業務法2条）。このため、JASRACは、本国の音楽出版者（OP）とのサブパブリッシング契約に基づき日本国内の著作権管理権限の付与を受けた下請出版者（SP）から管理委託を受けるかたちで外国作品の映画録音権の管理を行うこととしていた。そして、その使用料額については本国の音楽出版者の意向を反映する必要があるため、指し値を認めることとしたものである。

その後、音楽の利用方法の多様化に伴い、映画録音権の対象は、劇場用映画だけでなく、ビデオグラム（2号）やビデオゲーム（3号）等にも広がった。その際、ゲームソフトへの録音においては、委託者がソフトの開発・制作の段階から関与することが多いという実態があるため、著作者および利用者の双方の便宜を考慮して、内国作品についても指し値を認めることとしたものである。なお、ビデオグラム等への録音の使用料は、映像と音楽とを同調させることにつき徴収する「基本使用料」と、そのビデオグラムを増製することにつき徴収する「複製使用料」とに分かれるが、指し値が認められるのは基本使用料部分のみである。

また、5号の外国作品の出版利用につき指し値が認められているのも、1号および2号と同様に諸外国における著作権管理の実務を尊重したものである。すなわち、音楽著作物の出版利用は、歴史的には音楽出版者の最も基本的な業務であり、諸外国においては音楽出版者自身がその権利を行使するのが当然とされている。そのため、日本国内のSPを通じてJASRACが著作権の管理委託を受けるに当たり、使用料額については権利者自身が決められるものとしたのである[51]。

これに対して、4号のコマーシャル送信用録音に指し値が認められる理由は、著作者の人格権に配慮する必要があるという点にある。音楽がコマーシャルに用いられると、その作品のイメージが特定の商品のイメージに強く結びつき、著作者の有する人格権にも影響が及ぶ。そのため、このような利用形態については管理事業者においてあらかじめ決められた使用料額で定型的に利用許諾を行うことが不適当であり、利用許諾の毎に著作者の意向を確認する必要がある。そこで、管理著作物をコマーシャル（テレビ放送、ラジオ放送、インターネット等）に利用する場合の使用料については、指し値を認めることとして、利用許諾の毎に著作

51—著作権管理事業法の施行に伴う管理委託約款の改正により、映画録音権や出版権を管理委託範囲から除外して出版者等が自己管理することが可能になった（信託契約約款4条）。しかし、実際に管理委託範囲から除外された作品は、現在もさほど多くはなっていない。

者がその意向を反映する機会を設けたものである-52。したがって、音楽出版者から管理委託を受けた楽曲がコマーシャルに利用される場合、指し値を行うのは委託者である音楽出版者ということになるが、音楽出版者としては、著作者の意向を十分に確認したうえで使用料額の決定を行わなければならない-53。

5 使用料の分配

　音楽は日本中のいたるところにおいてさまざまな方法で利用されており、しかも利用される作品はきわめて多種多様かつ膨大な数にのぼる。これらの膨大かつ多種多様な音楽著作物の利用を許諾することにより徴収した使用料につき、でき得る限り正確なデータを収集して、正しい権利者に分配することがJASRACの使命である。JASRACの著作権管理業務は、利用者から徴収した使用料を権利者に対し正確に分配がなされることによりはじめて完了するのであり、使用料の分配はJASRACにおけるきわめて重要な業務といえる。

　JASRACが徴収した使用料を権利者（委託者・受益者）に分配するためには、①当該使用料の分配対象となる作品を確定し、②分配対象となった作品につき使用料の分配を受ける権利を有する者（関係権利者）を確定し、③各権利者に対する送金額を確定するというステップを踏むことになる。そこで、以下には、これらのステップごとにJASRACにおける使用料分配の実務の概要を説明する。

　JASRACの使用料分配の方法は、著作物使用料分配規程（以下「分配規程」という）において徴収した使用料の種別ごとに詳細に定められている。分配規程は、「収受した著作物の使用料の分配の方法」（管理事業法13条1項3号）の定めとして、信託契約約款等と同様に管理事業者が文化庁長官に届け出る「管理委託契約約款」の一部をなすものである。

52—もっとも、著作者人格権は著作者に一身専属的な権利であるから（著作権法59条）、これの管理をJASRACが行うわけではないことに注意が必要である。指値の手続を通じて、JASRACが管理する著作権（財産権）に基づく利用許諾につき、著作者自身の意向を反映できるようにしたものである。

53—音楽をCMに利用することが著作者人格権の侵害に当たるか否かが争われた事件において、裁判所は、音楽をCMに使用すると、その作品のイメージと商品のイメージが結びつくことを理由に、著作権法113条5項のみなし著作者人格権侵害が成立すると判断し、著作者の意向を確認することなくCMへの利用を認めた音楽出版者に対し、損害賠償を命じた（東京地判平14・11・21判例集未登載〔アサツーディ・ケイ事件〕）。

(1) 分配対象作品の特定

分配規程7条は、「使用料の分配は、分配資料に基づいて、行う」と規定している。そして、「分配資料」について、同規定2条3号は、「使用者から提出される使用曲目報告書、外国著作権管理団体から送付される分配明細書その他これらに準ずる使用された著作物等を記載した資料をいう。この場合において、本会が調査して得た使用著作物に係る資料を含むものとする」と定義している。つまり、分配資料とは、分配対象使用料（各分配期において分配の対象となる使用料〔同条5号〕）の対象となった著作物を特定するための資料一般をいい—54、利用者から提出されるもの、外国著作権管理団体から送付されるもの、およびJASRACが独自に調査を行って入手するものとがある。

利用者から提出される著作物資料の主たるものは、いうまでもなく利用楽曲報告である—55。いかなる作品が利用されたかを最も正確に特定できるのは当該作品を利用した利用者自身であるから、当該利用者自身から提出される利用楽曲報告が分配資料の中で最も重要なものであることに疑いはない。それゆえ、演奏会等、放送、出版、録音をはじめとするほとんどの利用区分の利用許諾契約において、利用楽曲の報告は、利用許諾を行う条件とされている—56。特に、曲別許諾の方式により利用許諾が行なわれる分野においては、利用楽曲報告は、当該利用者に対する利用許諾の対象を特定するものであるとともに、当該利用許諾に基づき徴収した使用料の分配対象作品を直接に確定する分配資料になる—57。

54—映画に利用された著作物に関する使用料分配に用いられる「キューシート」（分配規程2条4号）は、映画に利用された著作物を確定するという点において「分配資料」としての性質を、その著作物の関係権利者を確定するという点で「著作物資料」（同条2号）としての性質を、それぞれ有するものである。

55—JASRACにおいては分配事務の効率化のため分配資料のEDI化（Electronic Data Interchange）を進めており、多くの利用区分において、利用楽曲の報告は「利用報告書」ではなく電子データの形式で受領して、直接コンピュータ処理を行うようになってきている。特に、インタラクティブ配信の分野においては、J-NOTESという名称の利用報告受付・請求システムが稼働しており、利用者の電子データによる利用楽曲報告に基づき使用料の請求から分配計算までが自動的に行われるようになっている。

56—録音、ビデオグラムへの録音、出版等の複製利用許諾においては、最初の利用許諾申請の内容に基づき録音物の情報が使用物データベースに保存されるので、利用者は、同一録音物の増製の利用許諾申請をする際にはあらためて利用楽曲の報告をする必要がない。

57—利用楽曲報告には、作品の題号とともにその著作者名も記載されるのが通常であるが、この記載は作品の特定のための情報として記載されるものであり、使用料の分配対象権利者を特定する資料とされるものではない。

しかしながら、利用者自身から正確な利用楽曲の提出を受けることが困難な利用形態においては、JASRACにおいて別途に利用楽曲を調査して分配資料を入手するほかない。そこで、たとえば社交場における演奏等については、前述のとおり、無作為抽出した契約店の実際の演奏曲目を録音して調査したうえでこれに統計学上の処理を加えた分配資料を作成する。また、カラオケ歌唱については、通信カラオケ事業者から利用楽曲のログを入手する等して、これを分配資料とする方法を採用している。
　なお、外国著作権管理団体から送付される分配明細書は、当該外国著作権団体から送金される使用料の分配資料として用いられるものである。

(2) 関係権利者の特定

　分配規程3条1項は、「使用された管理著作物の関係権利者は、当該使用に係る使用料の分配の対象者となる」と規定する。ここに「関係権利者」とは、分配の対象となる作品の作曲者、作詞者、編曲者、訳詞者（これらの者の著作権の承継者を含む）または音楽出版者をいう（同規程2条1号）。そして、分配規程5条1項は、「関係権利者は、著作物資料に記載されている関係権利者をもって確定する」と規定しているところ、「著作物資料」とは、「作品届、編曲届、訳詞届、補作届、国際票その他これらに準ずる著作物に係る関係権利者、分配率等を記載した資料をいう」（同規程2条2号）と定義されている。つまり、分配資料によって分配の対象と確定された作品の使用料は、作品単位に確定される関係権利者に対して分配されることになるが、この関係権利者は、内国作品の場合には作品届、編曲届等の委託者から提出される届出の記載に基づき、外国作品の場合には外国著作権管理団体との間で交換される「国際票」の記載に基づき確定されるものとされている。
　作品届、編曲届等の届出は、信託契約約款上の義務として、委託者が新たな著作物を創作し、または著作権を譲り受けたる都度、JASRACに提出するものである（信託契約約款29条1項6号）-58。個人の委託者の創作した作品につき、音

58—作品届等の届出は、関係権利者を確定するための著作物資料として提出されるものであって、この提出によりJASRACに対する著作権譲渡の効果を生じさせるというものではない。作品届の提出前でも、委託者が創作した著作物の著作権は信託契約約款3条1項の規定により自動的にJASRACに移転しており、JASRACは著作権者として利用許諾および使用料の徴収を行うことになる。

楽出版者経由で信託がなされる場合は、著作者本人および音楽出版者の双方から作品届が提出されることになる。JASRAC は、これらの届出に基づき、膨大な作品データベースを構築しており-59、このデータベースの内容と、分配資料により特定された分配対象作品とを突き合わせて、使用料の分配対象となる関係権利者を確定することになる。

(3) 分配率

分配率とは、関係権利者間における使用料の取り分比率のことである。前述したとおり、JASRAC においては、音楽著作物の特性に配慮するとともに著作権

【表3の1】 分配率（分配規定8条1項）

第8条 演奏、放送、有線放送、上映その他無形的利用に係る使用料の関係権利者に対する分配は、下表に定める分配率に従って、行う。

	関係権利者	分配率		関係権利者	分配率 (1)	(2)	(3)	(4)
1	作曲者	12/12	7	作曲者	8/12	6/12	—	—
				音楽出版者	4/12	6/12	—	—
2	作曲者	10/12	8	作曲者	6/12	4/12	—	—
	編曲者	2/12		編曲者	2/12	2/12	—	—
				音楽出版者	4/12	6/12	—	—
3	作曲者	6/12	9	作曲者	4/12	3/12	4/12	3/12
	作詞者	6/12		作詞者	4/12	3/12	3/12	4/12
				音楽出版者	4/12	6/12	5/12	5/12
4	作曲者	5/12	10	作曲者	3/12	2/12	3/12	2/12
	作詞者	5/12		作詞者	3/12	2/12	3/12	3/12
	編曲者	2/12		編曲者	2/12	2/12	2/12	2/12
				音楽出版者	4/12	6/12	4/12	5/12
5	作曲者	5/12	11	作曲者	3/12	2/12	3/12	2/12
	作詞者	5/12		作詞者	3/12	2/12	2/12	3/12
	訳詞者	2/12		訳詞者	2/12	2/12	2/12	2/12
				音楽出版者	4/12	6/12	5/12	5/12
6	作曲者	5/12	12	作曲者	3/12	2/12	3/12	2/12
	作詞者	5/12		作詞者	3/12	2/12	2/12	3/12
	編曲者	1/12		編曲者	1/12	1/12	1/12	1/12
	訳詞者	1/12		訳詞者	1/12	1/12	1/12	1/12
				音楽出版者	4/12	6/12	5/12	5/12

（備考）7乃至12において適用する分配率は、関係権利者の届出による。

59—この作品データベースの内容の一部は、「J-WID」という名称で、JASRAC のホームページ上において一般に公開されている。

【表3の2】 分配率（分配規定8条2項）

2 前項の規定にかかわらず、演劇的音楽著作物に係る使用料規定に基づく使用料の関係権利者に対する分配は、下表に定める分配率に従って、行う。

関係権利者	分配率	関係権利者	分配率(1)	分配率(2)
1 作曲者	12/12	7 作曲者	8/12	6/12
		音楽出版者	4/12	6/12
2 作曲者	10/12	8 作曲者	6/12	4/12
編曲者	2/12	編曲者	2/12	2/12
		音楽出版者	4/12	6/12
3 作曲者	7/12	9 作曲者	5/12	3/12
作詞者	5/12	作詞者	3/12	3/12
		音楽出版者	4/12	6/12
4 作曲者	6/12	10 作曲者	4/12	2/12
作詞者	4/12	作詞者	2/12	2/12
編曲者	2/12	編曲者	2/12	2/12
		音楽出版者	4/12	6/12
5 作曲者	6/12	11 作曲者	4/12	2/12
作詞者	4/12	作詞者	2/12	2/12
訳詞者	2/12	訳詞者	2/12	2/12
		音楽出版者	4/12	6/12
6 作曲者	6/12	12 作曲者	4/12	2/12
作詞者	4/12	作詞者	2/12	2/12
編曲者	1/12	編曲者	1/12	1/12
訳詞者	1/12	訳詞者	1/12	1/12
		音楽出版者	4/12	6/12

（備考）7乃至12において適用する分配率は、関係権利者の届出による。

管理の国際的調和を図る観点から、管理著作物につき作品単位による著作権管理を行っており、ある作品が分配対象として確定したときは、歌詞または楽曲の一方のみが利用された場合でも、その使用料を定められた分配率に従って関係権利者に分配することとしている。ただし、楽曲のみからなる著作物に作曲者の許諾を得て歌詞を付した作品が利用された場合は、当該歌詞が利用されたときに限り当該歌詞の権利者を分配対象者とし（分配規程3条2項）、編曲者または訳詞者は、当該編曲または訳詞が利用されたときに限り分配の対象としている（同条3項）。

　分配規程には、①演奏、放送等の音楽の無形的利用の使用料に係る分配率（8条1項。前頁の【表3の1】参照）、②演劇的音楽著作物等の使用料にかかる分配率（8条2項。【表3の2】参照）、および③録音、出版、映画、ビデオグラム等の複製使用料に係る分配率（29条。【表4】参照）の3つが定められており、それぞれ関係権利者の組み合わせごとに各関係権利者の取り分比率が定められている

【表4】 分配率（分配規定29条）

第29条 録音、出版、映画又はビデオグラムへの録音（以下「映画録音」又は「ビデオグラム録音」という。）その他複製に係る使用料の関係権利者に対する分配は、下表に定める分配率に従って、行う。

関係権利者	分配率	関係権利者	分配率 (1)	(2)	(3)	(4)	(5)
1 作曲者	8/8	7 作曲者 音楽出版者	8/12 4/12	6/10 4/10	4/8 4/8	— —	— —
2 作曲者 編曲者	6/8 2/8	8 作曲者 編曲者 音楽出版者	6/12 2/12 4/12	9/20 3/20 8/20	3/8 1/8 4/8	— — —	— — —
3 作曲者 作詞者	4/8 4/8	9 作曲者 作詞者 音楽出版者	4/12 4/12 4/12	3/10 3/10 4/10	2/8 2/8 4/8	4/12 3/12 5/12	3/12 4/12 5/12
4 作曲者 作詞者 編曲者	3/8 4/8 1/8	10 作曲者 作詞者 編曲者 音楽出版者	3/12 4/12 1/12 4/12	9/40 12/40 3/40 16/40	3/16 4/16 1/16 8/16	12/48 12/48 4/48 20/48	9/48 16/48 3/48 20/48
5 作曲者 作詞者 訳詞者	4/8 3/8 1/8	11 作曲者 作詞者 訳詞者 音楽出版者	4/12 3/12 1/12 4/12	12/40 9/40 3/40 16/40	4/16 3/16 1/16 8/16	16/48 9/48 3/48 20/48	12/48 12/48 4/48 20/48
6 作曲者 作詞者 編曲者 訳詞者	3/8 3/8 1/8 1/8	12 作曲者 作詞者 編曲者 訳詞者 音楽出版者	3/12 3/12 1/12 1/12 4/12	9/40 9/40 3/40 3/40 16/40	3/16 3/16 1/16 1/16 8/16	12/48 9/48 4/48 3/48 20/48	9/48 12/48 3/48 4/48 20/48

（備考）7乃至12において適用する分配率は、関係権利者の届出による。

（音楽出版者を経由して管理委託された作品については、複数のパターンの分配率の中から当該作品に適用する分配率を選択できるものとなっている）。

ただし、上記③の録音等の分配率については、関係権利者に音楽出版者が含まれる場合において、他の関係権利者全員が同意しているときは、使用料の全額を音楽出版者に分配することとしている。

(4) 権利確定基準日

著作権は譲渡や相続により移転する場合がある（著作権法61条1項）−60。また、管理委託を受けている作品につき新たに音楽出版者が著作権の譲渡を受けた

60—ただし、JASRACと直接に管理委託契約を締結している委託者は、依頼により社歌・校歌等を創作した場合において、当該依頼者に著作権を譲渡する場合（信託契約約款10条1号）、および著作物の利用開発のため音楽出版者に譲渡する場合（同条2号）の場合を除き、著作権を譲渡することは禁止されている。

り（信託契約約款10条2項）、著作者と音楽出版者間の著作権契約の期間満了等により音楽出版者が変更されたり、音楽出版者のついていない作品になったりする場合もある。そのため、JASRACが著作権の管理委託を受けている作品につき、上記のような権利関係の変動が生じた場合、徴収した使用料をどの時点における権利関係を基準として分配するかという問題が生じる。この点、JASRACでは、「関係権利者の確定基準日」という概念を設けて、使用料の分配は確定基準日における権利関係に基づき関係権利者に分配することとしている。

分配規程4条は、「関係権利者の確定基準日は、各分配期の分配対象使用料（放送使用料のうちの包括使用料及び有線音楽放送使用料においては、分配対象著作物）の対象期間の最終日とし、各分配期の確定基準日における関係権利者に分配する」と規定している。たとえば、社交場における演奏の使用料は、1月～3月までに徴収した使用料を6月の分配期に分配することとしているが（分配規程10条）、この場合の確定基準日は3月31日となり、3月31日時点においてJASRACに提出されている著作物資料（作品届、国際票等）に記載されている関係権利者および分配率に基づき使用料を分配することになる。ただし、放送使用料および有線音楽放送の使用料は年額使用料として徴収し、これを年4回に分けて、それぞれの四半期に利用された著作物を対象として使用料を分配しているため、確定基準日は当該分配期における分配対象著作物の利用期間の最終日が（たとえば6月分配期であれば前年の12月31日。分配規程14条参照）が確定基準日となる。

(5) 分配計算および送金

以上のとおり、利用者から徴収した使用料は、まずその分配対象とする作品を確定したうえ、分配対象とされた作品の関係権利者を確定して、あらかじめ決められた分配率に従って各関係権利者に分配される具体的な使用料額が算出される（このように個々の権利者ごとの分配額を算出することを「分配計算」という）。そして、個々の権利者の具体的な分配使用料額が算出されると、そこから管理手数料や源泉徴収税等を控除したうえ、各分配期において各権利者に送金される。JASRACの管理手数料は、以上の分配計算が完了したときに、初めて受けることができるものとされている。

JASRACが受ける管理手数料は、管理手数料規程－61に規定する率の範囲内で定められているが、平成21年4月現在の管理手数料実施料率は【表5】のとおりである。

【表5】 管理手数料実施料率

(2006(平成18)年3月分配期から)

使用料の区分		実施料率
演　　奏　　等		28%
映　画　上　映		30%
放　　送　　等		11%
有　線　放　送		12%
映　画　録　音		20%
出　　版　　等		20%
オ ー デ ィ オ 録 音 オ ル ゴ ー ル		6%
ビ デ オ グ ラ ム		10%
貸　与（貸 レ コ ー ド）		13%
業 務 用 通 信 カ ラ オ ケ		11%
イ ン タ ラ ク テ ィ ブ 配 信		11%
Ｂ　　　Ｇ　　　Ｍ		12%
CDグ ラ フ ィ ッ ク ス 等		6%
カラオケ用ICメモリーカード		6%
外 国 入 金	録　　　　　音	5%
	演　　　　　奏	5%
その他	貸　ビ　デ　オ	13%
	コマーシャル送信用録音	8%(注1)
	そ　　の　　他	※　(注2)

教 科 用 図 書 補 償 金	20%
私 的 録 音 補 償 金	10%
私 的 録 画 補 償 金	11%(注3)

(注1) 委託者が指定した使用料額が300万円以下の部分については8%、300万円を超え、1,000万円以下の部分については2%、1,000万円を超える部分については1%を利用する。
(注2)「その他」の実施料率については、理事会において別に定めており、そのすべてが届出料率の25%を下回っている。
(注3) 私的録画補償金は、「管理委託契約約款」を構成している「私的録画補償金分配規程」の附則2第1号に基づき、テレビ放送分配基金に合算して分配するため、実施料率は放送等の料率を適用する。

　そして、このようにして行われた使用料分配の結果は、前述したとおり「使用料支払計算書」および「使用料分配明細書」に詳細に記載され、分配期の都度、委託者・受益者に報告される。

61─管理手数料規程は、管理事業法11条1項4号の「著作権等管理事業者の報酬」の定めとして、管理委託契約約款の一部を構成するものである。

6 むすび

　以上のとおり、JASRAC の音楽著作権管理（利用許諾、使用料の徴収、および分配）は、あらかじめ定められて一般に公表されている各種規定等に基づき、きわめてシステマティックに行われている。そして、JASRAC の年間使用料徴収額は 1000 億円を超えており、その著作権管理のきめの細かさ、正確さ、迅速性等については国際的にも高く評価されている。

　しかし、JASRAC は、今後も著作権管理のプロフェッショナルとして、さらに高いレベルの著作権管理を実現し、著作物の利用の円滑化と著作権者の権利保護という目的達成のために努力を続けることが求められているといえよう。

第 5 章

著作権侵害と
JASRAC の対応

司法救済による権利の実効性確保

田中　豊

　わが国においては、今日でも、自らの権利の実現を目指して司法救済を求めることに消極的であるのが一般の風潮であるが、時には、このような風潮を背景にして、権利を主張し司法救済を求めることに対する敵意すら表明される。そのうえ、著作権は、その性質上、容易に侵害され得る権利であるから、このようなわが国の環境の中で、その権利内容を十全に実現するには並々ならぬ決意と不断の努力とが必要になる。

　JASRAC は、官による行政指導等の在来手法に頼らず、自らの権利の実現を、その都度、裁判所による法的判断を得るというきわめて透明性の高い手法によって追求してきた組織であり、わが国では稀有の存在といってよい。そこで形成されてきた判例法理は、ひとり音楽の著作物の著作権者のみならず、他の分野の著作権者に広く裨益するものである。

　JASRAC の歴史は、著作権法の判例法理発展の歴史と言って過言でない。

1 JASRACの対応を決定する諸要因

(1) 侵害に弱い著作権

　他と比較してあるひとつの私権を重要なものとして認知する立法上の手法としては、①当該権利の侵害者に対して刑事罰を科する、②当該権利を排他的権利と位置付け、侵害の予防・排除をすることのできる権利とする等を挙げることができる。著作権法は、これら①、②のいずれをも採用しており（刑事罰につき著作権法119条・120条・120条の2・121条・122条・122条の2・123条・124条を、権利の排他性につき同法112条を参照）、わが国は著作権を権利の体系上重要なものとして認知している。

　しかし、私権は、その内容を実現することができて初めて真の意味がある。著作権は、知的財産権を構成する重要な権利のひとつとして認知されているのであるが、後記2のとおりの要因から、私権の代表である所有権と比較してみると明らかなように、侵害から自らを守るのに脆弱な権利であって、権利侵害を予防・排除し、その損害の賠償を得るという実効的な救済を図るのには大きな困難を伴う。

　そこで、「音楽の著作物の著作権者の権利を擁護」することを目的とするJASRACとしては（定款4条）、その権利の実効的な救済に向けて、その方法と内容について知恵を絞り、工夫を凝らすことになる。

(2) 管理の公正性──著作権等管理事業者であり、信託契約に基づく受託者であること

　創作活動をする者が著作物利用の許諾をし、権利侵害の有無の監視を自らしなければならないというのでは、次の創作にとりかかれないから、そのようなニーズに応じて著作権管理団体が発生するのは歴史的必然ということができる。特に、権利侵害への対応の必要が著作権管理団体の設立を促したといわれている。また、著作者の有する権利は、個別にみると大きな経済的価値を有するわけでもないというのが通常である。

　JASRACの設立に至る経緯は、第1章に詳説したとおりである。現在のJASRACは、著作権等管理事業法（以下「管理事業法」という）に基づき文化庁長官の登録を受けた著作権等管理事業者であり、音楽著作物の著作者等との間で

著作権信託契約を締結した受託者である。したがって、JASRACは、これらの法律または契約に基づき権利を有し義務を負うのであるが、その中心は、信託された著作物（以下「管理著作物」という）の利用を許諾し、利用された場合に著作物使用料等を徴収し、受益者に分配する業務に係るものである（信託契約約款16条）。JASRACは、一方では、管理事業法16条の規定によって、正当な理由がなければ、管理著作物の利用の許諾を拒むことができないとされている―1ので あるが、他方では、信託契約約款15条の規定によって、管理著作物の無許諾利用者を告訴し、訴訟を提起する権限を有している。そして、著作権法は、「文化的所産の公正な利用に留意しつつ、著作者等の権利の保護を図り、もって文化の発展に寄与することを目的とする」（著作権法1条）。

このような法的環境下にあるJASRACとしては、その業務遂行（権利の行使および義務の履行）を「公正」を旨として行わなければならないこととなる。そうすると、特に、法的に議論の余地のある分野における権利の行使は、裁判所による法的判断を得て進めるという手法によるのが、最も透明性が高いし、管理著作物の利用者の納得を得るゆえんでもある。

(3) 司法救済を求めた民事事件数の推移

わが国の企業等と訴訟とのかかわりは、「こと志に反して」または「ほかにどうしようもなくなったため、いやいや」というものが多い。JASRACの場合は、そうではなく、上記(2)のとおり、「公正な業務遂行」の観点から、自覚的に司法救済を利用する。そして、紛争の性質と量とを勘案して、民事調停、起訴前の和解、裁判（保全処分、本案訴訟）、刑事告訴等の中から最も適合した手段を選択するというものである。

JASRACが昭和34年（1959年）から平成20年（2008年）までに提起した民事本案訴訟事件を支分権別に整理したのが次頁の【表1】である。訴訟事件の圧倒的多数（90.7%）が演奏権に関する事件で占められているが、5の「インターネット上の権利侵害とその対応」で後述するとおり、件数の分布それ自体は現在における問題の重要性を示しているわけではない。

【図1】、【図2】、【図3】は、司法救済の種類ごと——本案訴訟、保全処分、調

1―仲介業務法施行時においても、同様に解されていたことにつき、大阪高判昭46・3・19著判1巻523頁を参照。

【表1】 本案訴訟事件（民事）の支分権別表

	演奏権	貸与権	複製権	送信権	合計
件数	205	8	8	5	226
割合	90.71%	3.54%	3.54%	2.21%	100%

（注）JASRAC が昭和34年から平成20年までに提起した本案訴訟事件数である。

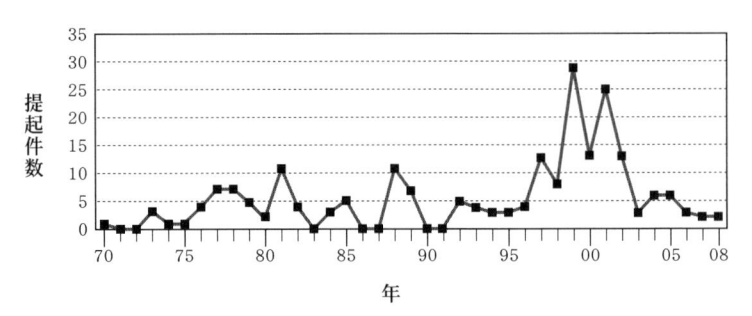

【図1】 民事（本案）訴訟事件の提起件数の推移

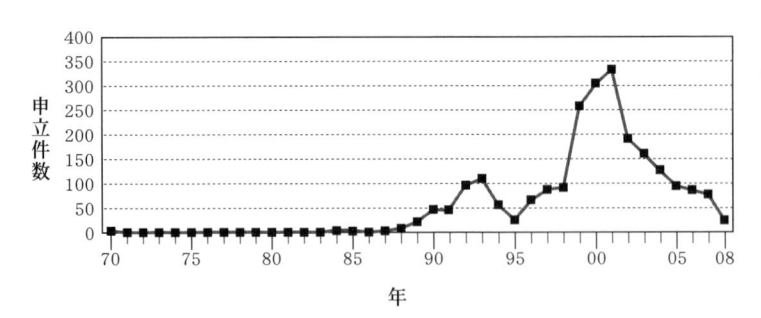

【図2】 保全処分（仮差押え、仮処分）申立件数の推移

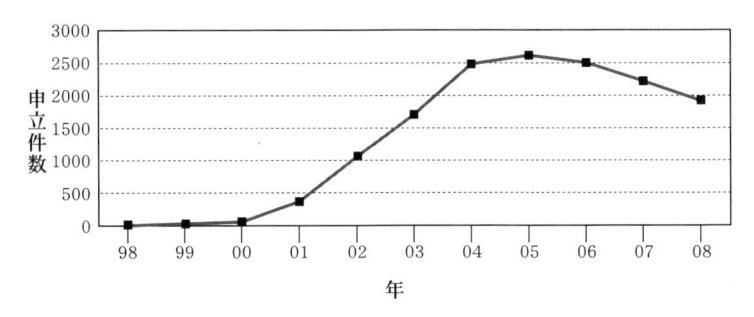

【図3】 民事調停申立件数の推移

停——に申立件数の推移をみたものである。本案訴訟と保全処分は、いずれも平成11年（1999年）から平成16年（2004年）までの間顕著に増加しているところ、その原因は、平成10年（1998年）2月以降、社交場におけるカラオケ利用につき、それまでは使用料の支払いが免除されていた客席面積が5坪以下（宴会場については10坪以下）の店舗から使用料を徴収するようになったことにより、無許諾利用者が急増したことに求められようが、その後落ち着いた推移を見せている。また、平成11年以降、相手方との合意の成立を目指してする調停手続を自覚的に多用しており、成果を上げていることをうかがうことができる。

2　権利侵害（直接侵害）の形態と特徴

前記1において、著作権は、侵害から自らを守るのに脆弱な権利であると述べたが、それは、主に、著作権の侵害行為に次のような形態上の特徴があることに由来する。

(1)　密室性
密室性については、カラオケボックスで著作権（演奏権、上映権）が侵害される場面を考えてみれば、よくわかる。

カラオケボックスの経営者がJASRACの許諾を受けないでその営業を始めれば、最初の客が個室に入りカラオケ装置を操作して伴奏演奏を開始した時点から著作権侵害が始まり、JASRACとの間で管理著作物の利用許諾契約を締結する時点まで著作権侵害が継続することになる。しかし、この演奏権（伴奏音楽が映像とシンクロしている場合には上映権も）の侵害行為はまさに密室で行われている

から、著作権者において、どの著作物がどれだけの量演奏されたのか、またはもう少し大雑把にみるとして、管理著作物が単位時間当たりどれだけの量演奏されたのかを確実な資料（証拠）によって把握するのは至難の業である。

社交ダンス教授所においても、このような事情は変わらない。むしろ、レッスンを受けるために当該ダンス教授所の生徒になるという登録手続を要することとしているダンス教授所が多いから、著作権者の証拠収集の困難さは増大することはあっても減少することはない。

(2) 匿名性

匿名性については、インターネット上で著作権（複製権、公衆送信権）が侵害される場面を考えてみれば、よくわかる。

インターネット上での情報流通は、匿名で行うことができる。インターネット環境での匿名性を悪用して、音楽ファイルの違法な交換を典型とする膨大な量の著作権侵害が行われていることは、いまや常識に属する。著作権者は、自らの権利を守ろうとしても、直接に侵害行為をしている者を特定することすら容易にはできないために、そして、後に述べるような侵害行為の大量性・零細性をも乗り越えて権利の実効性を確保するために、直接に侵害行為をしているとはいえないが当該侵害行為に一定程度以上の関与をする者に対しても責任の分担を求めることになる。

かくて、いわゆる間接侵害論の発展および侵害行為をしている者を特定する情報の取得に係る立法の成立は、インターネット上での著作権侵害の展開と軌を一にすることになった。

(3) 大量性・零細性

大量性・零細性についても、インターネット上での著作権侵害を想定すればわかりやすい。

たとえば、国際レコード産業連盟（IFPI）は、2003年の世界での音楽ソフトの売上高が前年比7.6％減の320億ドルになったが、その主因はインターネット上の違法なファイル交換にあると発表した―2。

そして、このように積算すれば膨大な金額に上る損害を及ぼす侵害行為も、個

2―日本経済新聞2004年4月12日。

別にみれば規模等において零細なものであることが多く、そのことのゆえに侵害行為をする者がやすやすと一線を越える原因にもなっている。

(4) 小　括

著作権の侵害行為の以上のような形態上の特徴は、著作権者が司法救済を求めるに当たってもさまざまなハードルとしてはたらくことになる。すなわち、場合によっては、被告とすべき者を特定するだけのために訴訟を提起するというハードルを越えなければならないし、被告を特定して訴訟を提起したときであっても、長期間にわたる侵害行為を個別に証明する証拠を豊富に獲得していることは事柄の性質上困難であるから、証明は動かぬ証拠と経験則とを組み合わせたものとなり、裁判官のする事実認定も容易とはいえない。そして、これらのハードルに、法律問題としての新規性が加わる。

民事訴訟はそもそもの構造からして基本的に被告に有利にできているのであるが、著作権者から侵害行為者に対する訴訟においては、そのような構造的な問題が凝縮して現れることになる。

3　侵害行為の証明
――密室性を乗り越えて――

(1) はじめに

著作権者の司法救済は、権利侵害の事実を探知することに始まる。前記 2 のとおり、侵害行為は密室で実行されるため、JASRAC は、著作権侵害行為についての実態調査――いつ、どこで、誰によって、どのような類型の侵害行為が、どの程度の量行われたのかについての調査――をすることを余儀なくされるが、強制捜査をする権限を有していない純粋の民間法人である JASRAC が適法に実態調査をするのは困難を極める。

そこで、実態調査ないしその調査報告書の適法性や証拠能力（民事訴訟において証拠調べの対象とすることのできる資格）が争われたふたつの事件を取り上げて、訴訟における実態調査の意義ないし位置付け、およびどのように使用されているかの実際をみてみることにする。

(2) 社交ダンス教授所事件
(a) 事案の概要

JASRACが社交ダンス教授所を経営する9名の被告らに対し、管理著作物を無許諾で使用していることを理由に、著作権法112条に基づく使用の差止めと損害賠償等（不法行為に基づく損害賠償、不当利得に基づく利得返還）を求めた事件である。

被告らは、社交ダンス教授所におけるダンス指導のために管理著作物の録音されたCD等を無許諾で再生演奏することが演奏権侵害に当たるかどうかの責任論につき、①社交ダンス教授所における再生演奏は、被告らと受講契約を結んだ特定の者に対し、ダンス指導に伴うものとしてされるのであるから、同法22条にいう「公の演奏」に当たらない、②被告らの収受する受講料はダンス技術の指導に対する対価であって、CD等の再生演奏に対する対価ではないから、同法38条にいう「営利を目的とせず、かつ、料金を受けない場合」に当たると主張して争い、また、過去約10年にわたる無許諾演奏によってJASRACに生じた損害額ないし損失額の算定との関係で、③JASRAC提出に係る演奏権侵害の実態調査報告書は、JASRACの委託した調査会社の調査員が調査の目的を秘してダンス教授所において調査したものであって、被告らの意思に反する建造物への立入りとして住居侵入罪に該当する違法な手段によって収集された証拠であるから証拠能力を有しないと主張して、実態調査報告書の証拠能力を争い、併せて、④同実態調査報告書の実質的証拠力（信用性）をも争った。

(b) 名古屋地判平15・2・7判時1840号126頁の判断

名古屋地裁は、①の点につき、ダンス教授所の経営主体である被告らは、ダンス教師の人数および本件各施設の規模という人的、物的条件が許容する限り、何らの資格や関係を有しない顧客を受講生として迎え入れることができ、このような受講生に対する社交ダンス指導に不可欠な音楽著作物の再生は、組織的、継続的に行われるものであるから、社会通念上、不特定かつ多数の者に対するもの、すなわち、公衆に対するものと評価するのが相当であると判示したうえ、音楽著作物の利用主体とその利用行為を受ける者との間に契約ないし特別な関係が存することや、著作物利用の一時点における実際の対象者が少数であることは、必ずしも公衆であることを否定するものではないとして、被告らの主張を明確に排斥した。この判断は、後述する東京高判平11・7・13判時1696号137頁（カラオケボックス・ビッグエコー事件：控訴審。最高裁の不受理決定により確定）の判断と

同旨のものである。

　次に、②の点につき、同法38条1項の立法趣旨にかんがみれば、著作権者の許諾なくして著作物を利用することが許されるのは、当該利用行為が直接的にも間接的にも営利に結びつくものではなく、かつ聴衆等から名目のいかんを問わず、当該著作物の提供の対価を受けないことを要すると判示して、一般に広く受け容れられている解釈論−3を採用することを明らかにしたうえ、社交ダンスの教授に際して音楽著作物を演奏することは必要不可欠であり、音楽著作物の演奏を伴わないダンス指導しか行わない社交ダンス教授所が受講生を獲得することはおよそ困難であって、そのような社交ダンス教授所が施設を維持運営できないことは明らかであるから、結局、本件各施設における音楽著作物の利用が営利を目的としないものであるとか、上記受講料がその対価としての料金には当たらないとの被告らの主張は採用できないと判断した。当然の判断ではあるが、同法38条1項の解釈適用が正面から争われた事例はそれまでになく、貴重な判断である。

　③の点がここでのメインテーマである。被告らのこの主張は、実質的には、著作権者の主張する侵害に係る事実につき、これを著作権侵害者が認める（自白する）か、著作権侵害者が積極的に証拠を提出するかしない限り、著作権者が権利侵害の実態を示す証拠を取得し、それを訴訟手続きにのせることを不可能にすることに帰着する主張であり、著作権管理の実務に及ぼす影響は甚大なものがある。

　名古屋地裁は、まず、証拠能力に関する基本的考え方として、自由心証主義（民事訴訟法247条）を採用している現行法の下では、当事者の提出する証拠については、原則としてその証拠能力を肯定すべきであり、ただ、その証拠が著しく反社会的な手段を用いて、人の精神的、肉体的自由を拘束するなどの人格権侵害を伴う方法によって採集されたものであるときに限り、その証拠能力は否定されると解するのが相当であるとの立場に立つことを明らかにした。これは、本判決に引用されている東京高判昭52・7・15判時867号60頁の提示した考え方であるが、実務家および学者の大方の賛同を得ており−4、現在の民事裁判実務はこの考え方に依拠して運営されているといってよい。

　3──田村善之『著作権法概説（第2版）』（有斐閣、2001年）204頁、加戸守行『著作権法逐条講義（四訂新版）』（著作権情報センター、2003年）70頁、斉藤博『著作権法（第3版）』（有斐閣、2007年）255頁、中山信弘『著作権法』（有斐閣、2007年）等。
　4──中野貞一郎・松浦馨・鈴木正裕編『新民事訴訟法講義（第2版補訂版）』（有斐閣、平成18年）347頁［青山善充］。

そのうえで、名古屋地裁は、この考え方を本件で問題とされている実態調査報告書に当てはめて、JASRACの委託を受けた調査会社は、その従業員を本件各施設に顧客として派遣し、本件各施設を経営する被告らとの間でダンス受講契約を締結し、同契約に基づく入会金、受講料等の債務をすべて履行したうえで、通常のレッスンを受けさせたこと、本件報告書は調査員がダンスレッスンを受ける過程で現実に見聞した事実を報告したものであること、調査員は、事実を見聞するに際し、他人に危害を加えたり、自由意思を抑圧するなどの手段をとることはなかったこと等の事実が認められ、これら調査の経緯・態様に加え、調査当時、被告らが原告の著作権を侵害している蓋然性が高かったことをも考慮すれば、本件報告書を違法収集証拠としてその証拠能力を否定することはできないというべきであると判断した。

　名古屋地裁のこの判断は、わが国の法に照らして当然のものではあるが、著作権保護の実効性を確保するという観点からすると、重要な判断ということができる。

　このように実態調査報告書の証拠能力を肯定したうえで、④の点につき、同報告書の記載内容の一部に誤りが存することを理由に、その全体の信用性がないとはいえないとして、実態調査報告書の実質的証拠力（信用性）に関する被告らの主張をも排斥した。

　しかし、名古屋地裁は、実態調査の結果判明した侵害曲数等について報告書に記載されている内容が実態調査の時点からどの程度の期間遡って妥当するものと考えてよいかという事実認定の問題を取り上げ、社交ダンス教授所においては、ダンス教師の数やその人柄等によって受講生の数ひいては演奏曲数が変動する可能性があると考えられるとして、平成13年9月から平成14年2月にかけて行われた1回限りの調査結果をもって過去数年の演奏曲数を推認することは同一の人的関係が存することの立証がない限りできないというべきであるとの立場を採り、実態調査報告書に基づく演奏曲数は調査日の前後1、2年の範囲内でのみ妥当すると判断した。さらに、著作権法114条の4（現行法114条の5）の規定を援用して、本件訴訟の提起時から遡って3年前の時点（平成11年6月1日）までの演奏曲数を実態調査報告書に基づいて算定した。

　そして、名古屋地裁は、被告らが不法行為に基づく損害賠償債務につき3年の消滅時効を援用したことを受け、本件訴訟の提起時から遡って3年を超える時期の不当利得返還債務につき、上記の同法114条の4の規定が不当利得の利得額の

認定を適用対象とするものではないとの理由で、結局、本件訴訟の提起時から遡って3年前から10年前までの7年間の被告らの利得額を立証する証拠がないとして、不当利得返還請求をすべて棄却した。

 (c) 名古屋高判平16・3・4判時1870号123頁（上告不受理決定により確定）の判断

　JASRACと被告らの双方が控訴したところ、名古屋高裁は、JASRACの控訴を容れて、不当利得返還請求を棄却した部分を変更してこれを認容し、被告らの控訴を棄却した。

　名古屋高裁は、上記（a）の①、②、③の各点につき、ほぼ名古屋地裁の判断を引用して、これらを是認した。被告らはこの名古屋高裁の判断に対して上告受理の申立てをしたが、名古屋高裁判決は、最高裁の不受理決定によって確定し、そこにおける法律判断は事実上現在の裁判実務をリードする役割を果たしており、判例的価値を有する重要な判決ということができる。

　次に、名古屋高裁は、名古屋地裁の上記（a）の④の不当利得額の認定判断部分を破棄して、以下の判断を示した。すなわち、（ア）JASRACが昭和52年8月に実施した被告らの一部の者の施設を含む実態調査の結果によると、平成13年9月ころよりも管理著作物の利用曲数が多かったこと、（イ）社交ダンス教授所における利用曲数に、受講生のダンスの実力の違いによって顕著な差が生ずることはないこと、（ウ）同一フロアに複数の受講生がいる場合においても一時に演奏することができるのは1曲であるから、受講生の増減が利用曲数の増減に直接の影響を及ぼすことがないこと、（エ）受講生の数が昭和59年から映画「Shall we ダンス？」のヒットした平成8年まで漸増したが、その後減少傾向にあること、などの間接事実を認定し、これらの事実を総合勘案すれば、被告らには不法行為に基づく使用料相当額と同額の利得を受けたものと認められると判断し、本件訴訟の提起時から遡って3年前から10年前までの7年間（平成4年6月1日から平成11年5月31日まで）につき、JASRACのした不当利得返還請求を認容した。

　名古屋高裁のこの判断は、複数の間接事実を認定したうえで、本件訴訟の提起前にした1回の実態調査の結果に基づき、訴訟提起前10年間の損害額ないし損失額（利得額）を認定することが経験則に合致するとしたものである。この判断部分は、事実認定の手法に係るものであって法律問題を解決したものではないため、派手さはないが、事実審裁判の実務および著作権管理の実務上、参考になる

ところが大きい。

　事実審裁判の実務の観点からすると、名古屋地裁判決は、被告らが不当利得していることを肯定し、かつ平成 11 年 6 月 1 日における使用料相当損害金額を認定しながら、根拠の明確でない社交ダンス教授所業界における経験則らしきもの（ダンス教師の数やその人柄等によって受講生の数が変動し、それによって演奏曲数が変動する可能性があるというもの）を理由にして、使用料相当損害金額を認定した前日である同年 5 月 31 日以前の損失額（利得額）は全く認定することができないとしたものであり、事実認定が自由心証に係るものであることを前提としても、もともと疑問の余地の大きいものであった。最判昭 39・6・26 民集 18 巻 5 号 954 頁は、不法行為に基づく損害の発生を認めながら、損害額認定の証拠がないとして漫然と請求を棄却した原判決を、釈明権の行使を怠り、審理不尽の違法を犯すものであるとして破棄したのであるが、名古屋地裁判決はそこで問題とされた原判決を想起させるものでもある。

　また、著作権管理の実務の観点からすると、社交ダンス教授所の経営実態（すなわち、密室性の高さ）にかんがみ、著作権侵害の実態調査の遂行の困難性はカラオケスナック等と比較して格段に大きいから、名古屋高裁の認定手法はその困難性を幾分か緩和するものとして意味のあるものということができる。しかし、名古屋高裁も、JASRAC が同事件における請求期間に先立つ時期に実施した実態調査の結果を重要な間接事実として認定していることを見落としてはならない。管理著作物の利用につき自発的に許諾を求めるという遵法精神のある者ばかりでなく、動かぬ証拠を示さない限り言を左右にして著作権侵害を繰り返す者が存在することも、残念ながら現実である。資金と人員に制約があるため、著作権侵害者に対する法的措置を一挙に大量に実施するというわけにいかないのであるが、著作権者としては、少なくとも、実態調査の実施後速やかに法的措置をとること、事実審裁判所のする損害認定を安定させるために複数回の実態調査（証拠収集）を実施すること、を心がけるべきである。

　(d)　名古屋高判後の社交ダンス教授所における著作権管理の進展

　JASRAC と被告らは、名古屋高裁判決確定後の平成 17 年 3 月、互譲したうえ、被告らにおいて過去の著作権使用料相当損害金を清算し、将来に向かって管理著作物利用許諾契約を締結することを内容とする訴訟外の和解契約を成立させた。

　その後、社交ダンス教授所の経営者の間に名古屋高裁判決の内容が浸透するにつれ、同経営者らの組織する団体内において管理著作物利用の適法化を推進すべ

きであるとの動きが強まり、JASRAC との間でその対策が協議された。関係者間の協議の結果、平成 18 年 3 月、JASRAC と社団法人全日本ダンス協会連合会（以下「全ダ連」という）および有限責任中間法人日本ダンス技術検定機構（以下「検定機構」という）との間で、いわゆる団体契約が締結されるに至った。その主要な内容は、（ア）全ダ連または検定機構が委任を受けた社交ダンス教授所のために JASRAC との間で管理著作物利用許諾契約を締結する、（イ）全ダ連または検定機構は、それぞれ委任を受けた社交ダンス教授所と連帯して、JASRAC に対して著作権使用料を支払う、（ウ）著作権使用料は、年間使用料を全ダ連または検定機構が取りまとめて支払うこととするところ、年間使用料の金額は使用料規程別表 8 の 1 の金額から一定の割引をした金額とする、（エ）全ダ連または検定機構は、社交ダンス教授所における管理著作物の利用状況等の調査に協力する等である。

この団体契約が成立したことが大きく貢献して、社交ダンス教授所における著作権管理は顕著に進展し、団体契約締結前の平成 18 年 1 月当時の管理率（管理著作物が適法に利用されている割合）が 47.2％ にとどまっていたのに対し、平成 20 年 4 月現在の管理率はその倍近くの 88.7％ に上った。

社交ダンス教授所事件は、司法救済を求めた私人の活動が、あるべき法の実現に重要な役割を果たした実例ということができる。

(3) デサフィナード事件
（a）事案の概要

社交ダンス教授所事件は、JASRAC から損害賠償等の請求訴訟を提起された被告らが訴訟における防御として実態調査報告書の証拠能力と実質的証拠力（信用性）とを争ったものである。ところが、平成 17 年 7 月、著作権侵害者である「レストラン・カフェ・デサフィナード」という名称の飲食店の経営者（以下「A」という）は、社交ダンス教授所事件の被告らの対応を超えて、JASRAC の委託した著作権侵害の実態調査につき、当日の演奏会は部外者の立入りを認めていないものであるから、店舗内への立入りは刑法 130 条の住居侵入罪に当たる違法なものであると主張して、JASRAC に対して損害賠償請求訴訟を提起するに至った。

A は、上記の主張に加えて、一般客の入店を断ってした演奏会であるから、著作権法 22 条にいう「公の演奏」に当たらない、入場無料のプライベートな演

奏会であるから、同法38条にいう「営利を目的とせず、かつ、料金を受けない場合」に当たるなどと、社交ダンス教授所事件の被告らと同趣旨の主張をした。

(b) 和歌山地判平19・8・22および大阪高判平20・9・17判例集未登載（上告棄却決定、不受理決定により確定）の判断

和歌山地裁が、実態調査に当たった調査員2人はAから承諾を得て入店したものと認められるとして、Aの請求を棄却したところ、Aは、この判断を不服として控訴した。

大阪高裁は、本件演奏会につき、席を予約した客だけが入場することのできる予約制のものであったものの、特別の入場資格や資格制限を定めてはおらず、1人2000円の料金を支払った者には入場を許諾する趣旨のものであったところ、実態調査に当たった調査員2人は、ほぼ満員の状況であった本件店舗にA自身から椅子を用意されて着席するなどしたのであるから、調査員の入店が不法行為に当たるというAの主張には理由がないと判断した。

また、Aは、JASRACの委託を受けた調査員であることを知っていれば承諾しなかったと主張して、自らの承諾の有効性を争った。大阪高裁は、JASRACが管理著作物の利用実態を調査・把握する必要上、調査員を店舗に客として入店させ、演奏実態を記録する自由を有していることは明らかであって、これを違法とはいえないとしたうえ、Aの主張する錯誤は、事実行為としての入店や実態調査の違法をもたらすものではないとした。

そして、無料の演奏会であったのにAの従業員から領収証の交付を受けた調査員の行為が詐欺行為であるとのAの主張についても、大阪高裁は、無料であったのに有料と偽ってAの従業員から領収証の交付を受けたとは認められないとして、領収証の交付を受けたことが不法行為であるとのAの主張は理由がないと判断した。

なお、大阪高裁は、著作権法22条にいう「公の演奏」に当たらない、同法38条にいう「非営利目的の上演等」に当たるとのAの主張も、上記のとおりの認定事実に照らして採用することができないとして排斥した。

(4) 将来への示唆

前述のとおり、著作権侵害行為は密室において実行されるという特徴があるのであるが、社交ダンス教授所事件とデサフィナード事件を検討すると、著作権侵害者は、密室性を利用して侵害行為を実行するばかりでなく、密室の管理権を有

することを盾にして、著作権者による侵害行為の実態調査をいかにして遮断するか、実態調査を遮断することができなかった場合には、その調査結果を訴訟上の証拠とされることをいかにして回避するかに腐心していることを理解することができる。

　犯罪行為について強制捜査権を有する検察や警察と異なり、著作権者には強制捜査権がないのであるから、著作権者は、この点を肝に銘じて、慎重な上にも慎重に侵害行為の実態調査に当たることが要請される。勇み足をした結果、裁判所によって、実態調査に違法性があるとの判断がされるようなことになると、著作権者の被る損失は計り知れない。

　すなわち、上でみたように、ダンス教授所自らが受講生と認めた調査員、飲食店自らが入店を承諾して席を用意した調査員であっても、後に訴訟においてその時の著作権侵害行為が問題になった場合には、著作権侵害者は、調査員の入室や入店を住居侵入であるとして争い、自らの従業員が調査員に交付した領収証ですら詐取されたものであるとして争い、調査員の作成した調査報告書に証拠能力がないとして証拠調べの対象とすることを回避しようとする。著作権者はそうした現実があることを認識したうえで、証拠収集に当たる必要がある。

　著作権者の権利の実現には、何層にも積み重ねられた障害を越えなければならないのである。

4　利用主体論の発展
――著作物の利用拡大と権利の実効性の確保――

(1)　著作物の利用量および利用形態の著しい拡大

　昭和50年代にわが国にカラオケが出現し、昭和62年4月にJASRACによるカラオケ管理が開始されるとともに、日本全国の津々浦々にまでカラオケスナックやカラオケボックスの店舗が行き渡って、カラオケが日本国民の娯楽の不可欠の一部となり、また、アメリカ合衆国の軍事目的に端を発したインターネットが平成10年代には、民生用のものとして世界的な規模で発展し、各家庭にまで普及し情報交換の一大媒体の地位を占めるに至って、著作物（なかんずく音楽著作物）の利用量および利用形態は著しく拡大した。

　著作物の利用量と利用形態とが拡大することは、一般的には文化の発展を促す要因としてはたらくとともに、そのような利用から対価を得ることによって著作

権者の利益の増進にも寄与することが期待される。しかし、日本全国の津々浦々に行き渡ったカラオケ店舗や各家庭にまで普及したインターネット上での著作物利用は、大局的にみれば匿名の世界での著作物利用の様相を呈することによって、著作権侵害の誘因となり、現実にも莫大な規模での著作権侵害が発生した。

ここに、著作権の実効性を確保することを目指して利用主体論を発展させるべき契機が存する。

(2) 規範的利用主体論——クラブ・キャッツアイ事件最高裁判決
(a) 規範的利用主体論誕生の背景

昭和47年ころ、元来プロ歌手の伴奏用テープとして用いられていたカラオケテープの伴奏によって客に歌唱させるスナックが出現したが、昭和51年に業務用カラオケ装置の製造販売が始まるに至って、日本全国にいわゆるカラオケスナックが急増した。このようなカラオケの普及とともに、カラオケスナックにおいてカラオケ装置によって伴奏音楽を再生演奏しながら、客が管理楽曲を歌唱するかたちで演奏する場合に、スナックの経営者が客による歌唱につき著作権(演奏権)侵害の主体として不法行為責任を負うかどうかが問題となった。

カラオケ装置をスナックに設置しているのが当該スナックの経営者であるから、カラオケ装置による伴奏音楽の演奏の主体がスナックの経営者であることは異論のないところであった。

しかし、問題となった昭和55年当時は、著作権法附則14条が生きており、適法に録音された音楽の著作物の再生につき、放送または有線放送に該当するものおよび「営利を目的として音楽の著作物を使用する事業で政令で定めるもの」においてされるものを除き、当分の間、旧著作権法下の制度を維持することとし、演奏権が及ぶことを制限していた。そして、著作権法施行令附則3条は、旧著作権法の規定が適用されないものとして、「喫茶店その他客に飲食させる営業で、客に音楽を鑑賞させることを営業の内容とする旨を広告し、又は客に音楽を鑑賞させるための特別の設備を設けているもの」を含む3種の事業を定めていた。

現行著作権法は、ベルヌ条約ブラッセル改正条約に加入するため、演奏権につき22条を設けたが、法改正による急激な変動を避け、昭和45年当時のわが国の小規模経営の喫茶店等で行われていたレコード演奏を従前どおりに行い得るようにするため、著作権法附則14条の経過規定を定めた。そして、施行令附則3条において、上記のように演奏権が制限されない(すなわち、法の原則が適用され

る）事業を列挙した—5。

　したがって、カラオケスナックが施行令附則 3 条に定める事業に当たるのであれば、カラオケ装置による伴奏音楽の演奏をもって、スナックの経営者の演奏権侵害を根拠付けることができる。ところが、当時のカラオケ装置は、客の歌唱を補助するために楽曲のメロディを再生するという機能を有するにとどまり、「客に音楽を鑑賞させるための特別の設備」に当たるとはいい難いところがあった。そこで、JASRAC は、客の歌唱に着目してスナックの経営者の利用主体性を主張するという方法を選択したようである—6。

　規範的利用主体論は、カラオケスナックにおける著作権管理の実践の中で誕生したものであり、以下に詳述するとおり、その考え方の基本は普遍性のあるものではあるが、条約の要求する著作権保護のレベルに追いついていなかったわが国の著作権法がその出発点になっていることも、確認しておく必要がある。なお、著作権法附則 14 条は、平成 11 年の法改正により、29 年を経てようやく撤廃された（その経緯については、本書の第 1 章 17～18 頁参照）。

(b)　クラブ・キャッツアイ事件最高裁判決の登場

　最判昭 63・3・15 民集 42 巻 3 号 199 頁は、判決の舞台になったカラオケスナックの店名をとって一般に「クラブ・キャッツアイ事件最高裁判決」と呼ばれる。

　クラブ・キャッツアイの経営者 A は、昭和 55 年 11 月 1 日以降、それまでのピアノ等の生演奏をさせるという営業形態から、店内にカラオケ装置を設置し、JASRAC の管理著作物を伴奏のために再生して店の従業員や客に歌唱させる形態に変更した。JASRAC は、店の従業員による歌唱のみならず客による歌唱についても、その演奏（著作権法 2 条 1 項 16 号）の主体は同店の経営者 A であり、営利目的の公の演奏であるとして、演奏権侵害の不法行為を理由として、同日から A が同店の営業をやめた昭和 58 年 4 月 2 日までの損害賠償を請求した。

　同店の経営者 A は、次の 2 点を主張して争った。

①カラオケ伴奏による客の歌唱は、当該客が楽しむためのものであって、公衆に直接聞かせることを目的とするものではないから、店の経営者による営利目的の演奏とはいえない。

5—著作権法附則 14 条が生きていた時代の演奏権の保護に関する法の構造につき、田中豊「カラオケ歌唱室と著作権法」コピライト 431 号（1997 年）26 頁を参照。

6—法曹会編『最高裁判所判例解説民事篇　昭和 63 年度』（法曹会）159～160 頁［水野武］。

②カラオケについては、伴奏音楽録音の段階で著作権使用料を支払っているから、歌唱について使用料を徴収するのは二重取りになる。

最高裁は、次のとおり、Ａの主張をいずれも理由がないとして排斥した。

まず、①の点につき、店の従業員による歌唱はもちろん、客による歌唱も、著作権法上の規律の観点からは、店の経営者Ａによる歌唱と同視し得るものであるとし、歌唱という形態による当該音楽著作物の利用主体は店の経営者Ａであると判断した。そして、その理由として、（ⅰ）客は、店の経営者Ａと無関係に歌唱しているわけではなく、Ａの従業員による歌唱の勧誘、Ａの備え置いたカラオケテープの範囲内での選曲、Ａの設置したカラオケ装置の従業員による操作を通じて、Ａの管理の下に歌唱しているものと解されること、および（ⅱ）Ａは、客の歌唱をも店の営業政策の一環として取り入れ、これを利用していわゆるカラオケスナックとしての雰囲気を醸成し、かかる雰囲気を好む客の来集を図って営業上の利益を増大させることを意図していたこと、のふたつの要素を指摘し

---

column

カラオケＧメン

　カラオケ社交場やカラオケ歌唱室に赴いて、当該施設の経営者に、JASRACの管理著作物を営業に利用するには許諾を受けることが必要であり、無許諾のまま利用すれば著作権侵害として刑事罰を受けたり、民事上の差止めや損害賠償請求を受けるおそれがあることなどを説明し、音楽著作物利用許諾契約を締結するように勧めて交渉に当たり、無許諾利用（要するに著作権侵害）についての実態調査を担当するJASRAC職員がいる。彼らを、テレビ、新聞、雑誌等は、「カラオケＧメン」と呼ぶ。もともとは、キャバレーやクラブに赴き、生演奏について同様の業務を担当していた職員が「音楽Ｇメン」と呼ばれていたが、カラオケ全盛期に入り、「カラオケＧメン」の呼称が一般的になった。日本全国のカラオケ適法利用率は、平成５年３月末の50％台（カラオケ社交場54.6％、カラオケ歌唱室58.5％）から平成21年３月末の90％台（カラオケ社交場90.5％、カラオケ歌唱室96.1％）へと著しく向上したが、その陰には、カラオケ店舗の経営者から塩をまかれたり、時には暴行を受けたりといった苦難にもめげずに地道な努力を継続した「カラオケＧメン」の存在があることを忘れてはならない。

た。そして、最高裁は、店の経営者 A が JASRAC の許諾を得ないで従業員や客にカラオケ伴奏により管理著作物である楽曲を歌唱させることは、当該音楽著作物についての著作権の一支分権である演奏権を侵害するものというべきであり、当該演奏の主体として演奏権侵害の不法行為責任を免れないとの結論を導いた。

次に、②の点につき、カラオケテープの製作に当たり、著作権者に対して使用料が支払われているとしても、それは、音楽著作物の複製（録音）のための使用料であるから、カラオケテープの再生自体が適法に録音された音楽著作物の演奏の再生として自由になし得るからといって、カラオケテープの再生とは別の音楽著作物の利用形態であるカラオケ伴奏による客等の歌唱についてまで、本来歌唱に対して付随的役割を有するにすぎないカラオケ伴奏とともにするという理由のみによって、著作権者の許諾なく自由になし得るものと解することはできないと判断した。

なお、①の点につき、伊藤正己裁判官は、上記の多数意見の結論には賛成しながら、その理由付けに同調できないとして、以下のような意見を付した。

すなわち、伊藤裁判官は、多数意見の立場を、客は店の経営者 A との間の雇用や請負等の契約に基づき、あるいは A に対する何らかの義務として歌唱しているわけではなく、歌唱するかしないかは全く客の自由に任されているから、客による歌唱と従業員による歌唱とは区別して考えるべきであり、これを店の経営者 A による歌唱と同視するのは擬制的にすぎて相当でないと批判する。そのうえで、スナック等にカラオケ装置を設置することは、前記 (a) の施行令附則 3 条 1 号にいう「喫茶店その他客に飲食させる営業で、客に音楽を鑑賞させるための特別の設備を設けているもの」そのものには当たらないとしても、これに準ずるものとして、著作権法附則 14 条の適用を受けないから、カラオケ装置による伴奏音楽の再生自体を著作権侵害ととらえるのが相当であると論ずる。

(c) クラブ・キャッツアイ事件最高裁判決の意義

クラブ・キャッツアイ事件最高裁判決は、物理的に観察した（肉眼で見、耳で聴いた）場合には楽曲を歌唱しているとはいえない者をもって、著作権法上の規律の観点からして音楽著作物の利用主体とみるのを相当とする一事例を明らかにした事例判例である。すなわち、同最高裁判決は、著作物の利用主体をどのような判断枠組みによって決するかについての法理を明らかにした法理判例ではない。したがって、この判決自体の射程は、カラオケスナックにおけるカラオケ伴奏による客の歌唱の実際についての原審の確定した事実関係の範囲で及ぶものにすぎ

ないから、判例としての射程距離は長いものではない。

それにもかかわらず、著作物の利用主体性に関する判例法理を検討し理解するために常にこの判決に立ち戻ることになるのは、原審の確定した具体的事実関係を前にして、客の歌唱に係る音楽著作物の利用主体が店の経営者Aであるとの結論を導くためのバックボーンとなる論理に存する普遍性ないし説得力が大きいがゆえである。

そこで、同判決が店の経営者Aをもって客の歌唱に係る音楽著作物の利用主体であるとの規範的評価を導くために重要な意味があると考えている要素を抽出してみると、前記（b）のとおり、(i) 客の歌唱に対するスナック経営者による管理・支配、および (ii) 客の歌唱に対するスナック経営者への「営業上の利益の帰属」のふたつの要素であることが明らかである。すなわち、クラブ・キャッツアイ事件最高裁判決は、これらふたつの要素の相関関係（総合評価）において音楽著作物の利用主体を規範的に把握するという判断枠組みを背後に有しつつ、目前の事件についての事例判断をしたのである−7。

次に、要素 (i)、(ii) の内容とその意味するところを検討してみよう。

要素 (i)（管理・支配）についてみると、同判決は、(ア) 店の従業員による歌唱の勧誘、(イ) 店の経営者Aの備え置いたカラオケテープの範囲内での選曲、(ウ) 店の経営者Aの設置したカラオケ装置の従業員による操作の3点を、客が「Aと無関係に歌唱しているわけではなく」、「店の経営者Aの管理のもとに歌唱しているもの」と解される具体的事実として挙げる。すなわち、客がカラオケ伴奏による歌唱をするかどうか、どの曲を歌唱するか等が客の自由に任せられていて、カラオケ伴奏による歌唱を全くしない客も存するというカラオケスナックにおける音楽著作物利用の実態を前提として、カラオケスナックの客が「店の経営者と無関係に歌唱しているのかどうか」という観点から、要素 (i)（管理・支配）の内容と程度とを検討している。すなわち、客の自由意思が介在することは、店の経営者の管理・支配を肯定するうえで障害になることがないことを明言して

7—この規範的利用主体論は、最高裁において一夜にして形成されたものではなく、名古屋高決昭35・4・27下民集11巻4号940頁、判時224号15頁（中部観光事件）を嚆矢とし、その後大阪高判昭45・4・30無体例集2巻1号252頁、判時606号40頁（ナニワ観光事件）、東京地判昭54・8・31無体例集11巻2号439頁、判時956号83頁（ビートル・フィーバー事件）、広島地福山支判昭61・8・27判時1221号120頁（くらぶ明日香事件）等と続いた下級審裁判例の蓄積の上に形成されたものである。

いるから、店の経営者による客の歌唱に対する個別具体的な管理を要すると考えていないことは理解することができる—8 が、どの程度にまで間接的で弱い管理をもって足りるのかは明らかではない。事例判例でもあり、この点は将来の判例にゆだねることとしたのであろう。

要素（ii）（利益の帰属）についてみると、同判決は、店の経営者 A が、（ア）客の歌唱をも店の営業政策の一環として取り入れていたこと、（イ）客の歌唱を利用して店の雰囲気を醸成し、客の来集を図って営業上の利益を増大させることを意図していたことの 2 点を挙げる。同判決は、店の経営者にきわめて一般的な利益が帰属すればよいとの立場（すなわち、「利益の増大を意図する」というもので足りるとの立場）であり、客の歌唱と店の売上げ（または純利益）の増大との間に直接的・現実的関係が存することが必要であるとの立場に立つものでないことが明らかである。これは、後述する自動車損害賠償保障法 3 条の運行供用者該当性の判断要素である運行利益につき、直接的経済的利益を要求するものでなく、より広い意味での利益で足りると解されていることと平仄が一致する。

これら要素（i）と（ii）の重要性の度合いであるが、音楽著作物の利用主体の外延を画するという目的での判断枠組みであることにかんがみ、本質的なものは要素（i）ということになる。将来、要素（ii）の全く存在しない事案が出現したときに、要素（i）に当たる具体的事実の集積のみによって、または要素（i）と他の要素（iii）に当たる具体的事実の集積によって、利用主体性ありとの規範的評価を導くことがあってもおかしくはない—9。そのような事態は、規範的要件の本質に根ざすものということができる。

8— これに対し、伊藤裁判官は、客の自由意思によって歌唱されていることを理由に、「営業主たる A が主体的に音楽著作物の利用にかかわっている」とはいえないと述べる。伊藤裁判官の意見は、店の従業員の歌唱に対する経営者の管理・支配と同程度に強い管理・支配がなければ、客による歌唱を店の経営者による歌唱と同視することができないというものであるが、この意見は、それ自体に意味があるというよりも、この意見と対照させることによって、法廷意見の立場を理解する一助となる点に意味がある。

9— 著作権研究所寄与侵害・間接侵害委員会『寄与侵害・間接侵害に関する研究』「第 2 章 我が国の裁判例の分析を中心に」（社団法人著作権情報センター、2001 年）48 頁［田中豊］において、この点の指摘をしておいた。その後、東京地判平 15・1・29 判時 1810 号 29 頁（ファイルローグ事件：中間判決）は、要素（i）、（ii）に「被告の行為の内容と性質」という要素を加え、これらの要素を総合して、P2P の技術によりインターネット上でユーザ間で直接音楽ファイルの交換をすることを可能にするサービスを提供した日本 MMO 社を著作権侵害の主体であると判断した。

後に詳しく述べるとおり、クラブ・キャッツアイ事件最高裁判決は、背後に有していた判断枠組みの有用性ゆえに、同判決が直接に対象とした事例の範囲を超えて、カラオケボックスにおける音楽著作物の利用はもとよりインターネット上の音楽ファイルの交換利用についてまで応用され、多くの紛争を解決することになった。そして、これは、当然のなりゆきであったといってよい。なぜなら、音楽著作物の利用主体をこのようなふたつの要素の相関関係（総合評価）において規範的に把握するという判断枠組みは、何もカラオケが問題となる場面での利用主体の判断に限られるような特殊なものではなく、わが国においても諸外国においてもむしろ種々の場面で広く使用される一般的な判断手法であるからである。

わが国におけるわかりやすい例としては、いわゆる運行供用者の判断枠組みを挙げることができる。すなわち、最高裁は、一連の判例において、自動車損害賠償保障法3条にいう「自己のために自動車を運行の用に供する者」に当たるかどうかにつき、運行支配と運行利益の帰属のふたつの要素の相関関係（総合評価）において規範的に判断しており、この判断枠組みは確定判例になっている−10。

また、アメリカ合衆国の不法行為法には、代位責任（Vicarious Liability）というコモン・ロー上の法理があり、著作権侵害の分野において活用されている。問題とされている者が直接侵害者の行為をコントロールする権限と能力（right and ability to control）を有していること、およびその者が直接侵害行為から経済的利益（financial benefit）を得ていることの2要件の充足の有無によって、差止めに服するまたは損害賠償義務の責任を負うかどうかを判断するというものである。後記5で取り上げる有名なナップスター事件決定においても、寄与侵害の法理と並んで代位責任の法理が適用され、ナップスター社に代位責任ありとされ、侵害差止めの仮処分が認容された−11。アメリカ合衆国における代位責任の法理は、著作権侵害の分野においてのみ発展したものではなく、セクシュアル・ハラスメントに関して使用者の責任が問われる場面等においても使われるものであって、

10—最判昭43・9・24判時539号40頁、最判昭46・1・26民集25巻1号102頁、最判昭46・7・1民集25巻5号727頁、最判昭46・11・9民集25巻8号1160頁、最判昭46・11・16民集25巻8号1209頁など。

11—Religious Technology Center v. Netcom On-Line Communication Service Inc., 907 F. Supp. 1361 (N. D. Cal. 1995), A & M Records, et al. v. Napster, Inc., No. 00-164001 (9th Cir. Feb. 12, 2001) など。代位責任に関するアメリカ合衆国の裁判例につき、田中豊「著作権侵害とこれに関与する者の責任」コピライト485号（2001年）7頁を参照。

裾野の広い考え方である—12。

このように、著作物の利用主体性をその利用についての管理・支配と利益の帰属のふたつの要素の相関関係（総合評価）において規範的に把握するという判断枠組みは、直接には著作権侵害の分野においてのものであるが、もともとこの分野においてのみ妥当するものでも、ましてカラオケ関連の分野においてのみ妥当するものでもなく、上述のとおりの普遍性のあるものである。したがって、この判断枠組みを「カラオケ法理」と呼称するのは、表面的にすぎてこの判断枠組みの意味を矮小化させるおそれがあり、適切ではない。

法廷意見の判断枠組みと伊藤裁判官の意見とは、論理的に排他的な関係に立つものではない。しかし、演奏権侵害を客の歌唱の局面でとらえる場合には歌詞と楽曲の双方に権利侵害が生ずるのに対し、伴奏音楽の再生の局面でとらえる場合には楽曲のみに権利侵害が生ずることになることを考慮すると、あえてふたつのアプローチに優劣をつけるとすれば、法廷意見の判断枠組みの方がカラオケによる音楽著作物利用の実態をよりよく反映したものということができる—13。

また、伊藤裁判官は、カラオケスナックにおける客による歌唱を店の経営者による歌唱と同視するという法廷意見の結論について「擬制的にすぎる」との感想を述べるが、その後の同判決についての論評等において、法廷意見の判断枠組み自体を批判する趣旨で「擬制的」という言葉に接することがある。しかし、前述したとおり、著作物の利用主体性をその利用についての管理・支配と利益の帰属のふたつの要素の相関関係（総合評価）において規範的に把握するという判断枠組みには、わが国のまたは諸外国の法解釈として何ら不自然なものはない。わが国のまたは諸外国の数多くの裁判例において同様の判断枠組みによって具体的な紛争が解決されてきている実績に照らしても、適切かつ有用な擬制であるということができる。擬制それ自体に問題があるのではなく、問題があるとすれば、擬制の設定の仕方またはそれによる結論の利用の仕方のいずれかにあるのであるから、具体的にどこに問題があるのかを明らかにしなければ、「擬制的」というだ

12—セクシュアル・ハラスメントに関するアメリカ合衆国の裁判例につき、田中豊「セクシュアル・ハラスメントと使用者の責任」藤倉皓一郎・小杉丈夫編『衆議のかたち』（東京大学出版会、2007年）168頁、を参照。

13—田中・前掲注5、27頁を参照。また、井上由里子「カラオケによる歌唱——クラブ・キャッツアイ事件」著作権判例百選（第2版）17頁（有斐閣、1994年）は、飲食物の提供の有無といった実質的根拠とは無関係な要件で救済を否定されることがない分、現行法の解釈としては法廷意見の構成に軍配が上がるという。

(d) その後の下級審裁判例の展開

クラブ・キャッツアイ事件最高裁判決の言渡し後、夥しい数の下級審裁判例が続いたのであるが、それらを分類すると次のふたつに整理することができる。

第一は、事案が同一であり、同判決の射程範囲内にあるために同様の判断をしたものである。これに属するものとしては、大阪高判平9・2・27知的裁集29巻1号213頁、判時1624号131頁（魅留来事件：控訴審。この事件の一審判決として大阪地判平6・3・17知的裁集29巻1号230頁、判時1516号116頁が、刑事事件判決として大阪地判平6・4・12判時1496号38頁がある）を挙げることができる—15。

第二は、事案を異にし、同判決の射程範囲内にはないが、前記（c）のとおりの同判決の判断枠組みを用いて結論を導いたものである。こちらに属するものの数が圧倒的に多い。

その代表的なものとして、東京高判平11・7・13判時1696号137頁（ビッグエコー事件：控訴審。最高裁の上告棄却および不受理決定によって確定。この事件の一審判決は東京地判平10・8・27知的裁集30巻3号478頁、判タ984号259頁）を挙げることができる。これは、カラオケボックスにおけるカラオケ装置による伴奏音楽の演奏および客の歌唱という形態での管理著作物の利用主体を、カラオケボックスの経営者ということができるかどうかが争われた事件である。東京高裁は、クラブ・キャッツアイ事件最高裁判決の規範的利用主体論に依拠して、伴奏音楽の演奏および客の歌唱のいずれについても、音楽著作物の利用主体はカラオケボックスの経営者であると判断した。そして、音楽著作物の利用主体がカラオケボックスの経営者であるとの判断を前提にして、さらにカラオケボックスの個々の部屋における演奏が著作権法22条の「公の演奏」に当たるという結論を導いた—16。

ここにおいて、規範的利用主体論が「公の演奏」に当たるかどうかを決するためにも有用な道具であることが明らかになった。すなわち、カラオケボックスの

14—「擬制」であるとの議論の無意味さを鋭く指摘するものとして、三輪芳朗「消費者契約法」経済学論集69巻4号（東京大学経済学会、2004年）13、28頁を参照。

15—他にこれに属するものとして、高松地判平3・1・29判タ753号217頁（まはらじゃ事件）を挙げることができる。

16—ビッグエコー事件判決に先立って、大阪地決平9・12・12判時1625号101頁のカラオケボックス経営者に対する仮処分の認容決定があり、決定理由中で同様の判断をしていた。

個々の部屋にいる客が特定少数の場合（極端には、たった1人である場合）であっても、音楽著作物の利用主体であるカラオケボックスの経営者との関係では、そこにいる客は不特定の者であるからである。この説明方法は、法的な論理を積み重ねたものであって、技巧的に感じられるかもしれないが、これを、「カラオケボックスの経営者は、伴奏音楽を再生し、客に歌唱させるという形態で音楽著作物を利用し、来集する不特定の客に聞かせる営業をしている」というように、カラオケボックスの経営形態に即して平明に説明し直してもよい。これらふたつの説明は、実質において異なるところはない。なお、クラブ・キャッツアイ事件最高裁判決は、カラオケスナックの客や従業員の歌唱が公衆たる他の客に直接聞かせることを目的とするものであることを理由にして、「公の演奏」に当たるとの結論を導いたのであるが、現に歌唱している客とその時点で店内にいる他の客との関係において「公の演奏」に当たるかどうかを把握しようとするこの説明方法は、不分明なものを含んでおり、過渡期的なものと評価することができ、現在ではすでに克服されたものといってよかろう。

他に、第二の類型に当たるものとして、東京地判平 10・11・20 知的裁集 30 巻 4 号 841 頁（ベジャール振付事件）、大阪高判平 10・12・21 知的裁集 30 巻 4 号 981 頁（ネオ・ジオ事件：控訴審。最高裁の上告棄却および不受理決定によって確定。この事件の一審判決は大阪地判平 9・7・17 知的裁集 29 巻 3 号 703 頁、判タ 973 号 203 頁）、東京地判平 12・5・16 判時 1751 号 128 頁（スターデジオ事件）等を挙げることができる。なお、インターネット関連の裁判例については、後に詳述する。

(3) 権利侵害の道具の提供者についての共同不法行為論の展開
(a) 権利侵害の道具の提供者の負うべき注意義務

規範的利用主体論によっても著作物の利用主体とはいえないが、著作権侵害のために必須の道具を提供するという類型の行為をする者が存在する。そこで、著作権侵害にそのような関与をする者に対し、不法行為に基づく損害賠償請求をすることができるかどうかが問題になる。

著作権侵害の道具の提供者に対して損害賠償請求をすることができるというのであれば、侵害主体に対する法的責任の追及によっても損害の回復が事実上見込めない場合に、道具の提供者を相手とすることによって損害の回復を実現する機会があるばかりか、道具の提供者が当該提供行為を自らのビジネスに組み込んでいるという場合には、道具の提供者を相手として交渉することによって将来の著

作権侵害の発生をなくす、または減少させるためのスキームをビジネスの中で構築することも考えられる。この問題が司法判断の対象となるに至ったのも必然といってよい。

著作権侵害の道具の提供者の不法行為責任の有無を検討するに当たって最大の問題点は、道具の提供者の注意義務の点にあった。すなわち、道具の提供者は、そもそも、侵害者への道具の提供につき、著作権者に対して何らかの注意義務を負うのかどうか、負うとしてどのような内容の注意義務を負うのか、そのような注意義務を負う根拠は何かという問題である。

(b) 魅留来事件控訴審判決からビデオメイツ事件最高裁判決へ

著作権侵害の道具の提供者の不法行為責任が問題となったのも、カラオケの普及がきっかけとなった。すなわち、カラオケスナックやカラオケボックス等のカラオケ店舗に対してカラオケ装置をリースするという業態が一般化するに至ったが、音楽著作物の存在を営業の基礎とするカラオケ装置のリース業者も著作権侵害の発生とその防止に一定の役割を果たすべきではないかというのが発想の出発点である。

この点を最初に取り上げたのが前掲の魅留来事件である。魅留来事件控訴審判決（大阪高判平9・2・27）は、リース業者がリース先のカラオケスナックの経営者が著作権侵害に出ることを認識しながらこれを認容しつつカラオケ装置を提供していたというケースであったため、故意による幇助の不法行為責任を負うと判断した。そのうえで、大阪高裁は、リース業者がリース先店舗での著作権侵害を認識していなかったものとした場合の仮定的判断として、リース契約締結時にリース先店舗の経営者に対して JASRAC との間の著作物使用許諾契約の締結を周知させるべき注意義務、リース契約締結後にも随時著作物使用許諾契約の締結の有無を確認すべき注意義務、およびリース先店舗の経営者が著作物使用許諾契約を締結しない場合に、リース契約を解消してカラオケ装置の引揚げに努めるべき注意義務を一般的に負うとした。

これに対し、東京高判平11・11・29民集55巻2号266頁（ビデオメイツ事件：控訴審）は、リース業者にはリース先店舗で著作権侵害が起こらないように配慮すべき一般的な義務はあるとしたものの、業務用カラオケ装置であってもそれが著作権侵害に使用される危険がきわめて高いとはいえないし、リース業者は、リース先店舗の経営者が著作物使用許諾契約の締結をすべき法的義務を知れば、これに従って適法に行動するものと信頼してよいから、リース先店舗の経営者に

対し、原則として同許諾契約締結の必要性を告知することで足りるとし、リース業者には、カラオケ装置の引渡しに先立って、同許諾契約締結の有無を確認すべき注意義務があるとはいえないとした。

JASRACのした上告受理の申立てに応えたのが最判平13・3・2民集55巻2号185頁（ビデオメイツ事件：上告審）である。最高裁は、カラオケ装置のリース業者が以下の内容の注意義務を負うとし、この判断に従って、上記の東京高裁判決を破棄自判した。

① リース契約の締結時に、リース先店舗の経営者に対し、著作権者から利用許諾を得てカラオケ装置の使用を開始すべき旨を告知すべき義務。

② カラオケ装置のリース先店舗の経営者に対する引渡しに先立って、同経営者が著作権者から利用許諾を得ていることまたは許諾を得るべく契約の申込みをしていることを確認すべき義務。

ビデオメイツ事件最高裁判決の意義は、東京高裁の否定した②の義務を肯定したところにあるから、東京高裁の判断と対照させて、最高裁がカラオケ装置のリース業者に②の義務を認めることとした実質的な理由を検討しておこう。

最高裁は、条理上、カラオケ装置のリース業者が②の注意義務を負うとする理由として、以下の5つを挙げる。すなわち、(i) カラオケ装置は、上映・演奏される音楽著作物の著作権者の許諾がない限り、一般的にリース先店舗の経営者による著作権侵害を生じさせる蓋然性の高い装置であること、(ii) 著作権侵害は、民事法上の責任を発生させるだけでなく、刑罰法規に触れる犯罪行為であること、(iii) リース業者は、著作権侵害の蓋然性の高いカラオケ装置を賃貸することによって営業上の利益を得ていること、(iv) 一般にリース先店舗の経営者が著作物使用許諾契約を締結する率が必ずしも高くないことが公知の事実であって、リース業者としては、リース契約の相手方が著作物使用許諾契約を締結しまたはその申込みをしたことが確認できない限り、著作権侵害が行われる蓋然性を予見すべきであること、(v) リース業者は、著作物使用許諾契約を締結しまたはその申込みをしたかどうかを容易に確認することができ、これによって著作権侵害回避のための措置を講ずることが可能であること、である。

この5つのうち重要度の高い要素は、(i) と (iv) である。(ii) は、著作権侵害という行為の重大性をいうものであって、カラオケ装置のリース業者に一定の注意義務を負わせる必要性を示すものであるが、著作権侵害の結果を回避すべき義務を検討するうえでの当然の前提というべきものである。(iii) は、一定の注

意義務を負わせることが関係当事者の利益のバランス上相当であることを示すものであり、(v) は、カラオケ装置のリース業者にそのような注意義務に従った行動をとることに困難がないことを示すものである。いずれも、条理上注意義務が発生するとすべきかどうかを決するに当たって勘案すべきであるとされるものであり、学説上も異論のないところであるといってよい−17。

（i）の点は、当該道具の危険性の性質と程度に係るものであるところ、この点の認識は、東京高裁のそれと顕著な対照を示している。すなわち、東京高裁は、「一般的にカラオケ装置がJASRACの著作権を侵害する危険があるとはいえても、その危険が極めて高いことまで認めるに足りる証拠はない」としたのであるが、最高裁は、カラオケ装置の場合には、JASRACの許諾を得ないまま使用を開始したときは、使用を開始した瞬間から終了させる時点まで時々刻々に著作権侵害が継続されることになるという当該道具の危険性の性質と程度についての実態を直視した判断をしている。著作権侵害に供される道具とはいっても、この点においてカラオケ装置とコピー機器とは顕著に異なるのである。

（iv）の点は、他の法主体を信頼して行動すれば足りる客観的基盤が存するかどうかという問題であるが、この点の認識もまた、東京高裁のそれと顕著な対照を示している。すなわち、東京高裁は、「リース業者としては、……通常は、該経営者が、かかる法的義務に従い、JASRACとの使用許諾契約を締結するものと考えて差し支えない」としたのであるが、最高裁は、リース先店舗の経営者が著作物使用許諾契約を締結する率が必ずしも高くないという公知の事実に照らし、リース先店舗の経営者が適法な行動をするものと信頼してよい客観的基盤が存在しないことを指摘して、東京高裁の判断を破棄する理由としている−18。これは、いわゆる「信頼の権利」に依拠した主張をする場合には、そのように信頼してよい客観的基盤が存在することが前提になることをいうものであり、当然のことと

17—条理上一定の注意義務が発生するとすべきであるかどうかについての考慮要素につき、詳細は田中・前掲注9、40頁以下を参照。
18—ドイツの連邦控訴審も、AOLミディフォーラム事件判決（2001.3.8）において、音楽ジャンル別に構成されたミディファイル向けサイトにつき、当該サイトの会員による著作権侵害の結果発生は、このような特徴を有するサイト開設の典型的なものであり、サイトの運営者が会員に対し、著作権のはたらかないファイルしかアップロードしてはならないという警告をしていても、インターネットにおける匿名性からして、会員がその警告に従うものと信頼することはできないとして、ミディフォーラム開設者の著作権侵害の責任を認める判決をした。ビデオメイツ事件最高裁判決の本文（i）と（iv）の要素についての判断と同旨をいうものであり、興味深い。

はいえ、高裁レベルにおける誤った判断を正したものとして、著作権侵害の分野にとどまらない意味を有する—19。

(c) **魅留来事件控訴審判決後のカラオケ管理の進展**

JASRAC は、魅留来事件控訴審判決の内容を踏まえ、カラオケ装置のリース業者で組織する全国カラオケ事業者協会（JKA）との間で、社交場等における管理著作物の適法利用を推進するための方策についての協議を活発化させ、平成 9 年 10 月 28 日、「カラオケ利用の適正化事業に関する協定書」に調印した。

そのうえで、JASRAC は、JKA の主催する著作権講習会に参加して、JKA 加盟のリース業者に対してリース先店舗における管理著作物の適法利用の推進に関する説明をしたり、個別のリース業者に対して説明文書を送付したりするなど、リース業者の自主的協力を促す広報活動を積極的に展開した。その結果、JASRAC は、個別のリース業者との間で、逐次、「カラオケ利用に係る許諾契約締結業務の協力に関する協定書」を取り交わしている。同協定書において、リース業者は、リース契約書にカラオケ装置を営業に利用するには JASRAC との間の音楽著作物利用許諾契約の締結が必要である旨明記すること、リース先店舗との間で初めてカラオケ装置のリース契約を締結する場合には、リース先店舗が JASRAC に対して利用許諾契約の申込書を提出したことを確認したうえですること等を約している。同協定書上のこれらの定めは、魅留来事件控訴審判決やビデオメイツ事件最高裁判決において認められたリース業者の負う注意義務を、リース業務の実際を考慮して円滑に履行することができるように整序したものである。

平成 21 年 2 月 20 日現在、同協定書の調印に至っているリース業者数は 505 に上っており、そのリース先店舗は全体の約 70% を占める。司法救済と組み合わせてのこのような交渉による堅実な努力の積み重ねが、カラオケ管理率 90% 超という今日の結果をもたらしたといって過言でない。

19—「信頼の権利」をめぐるアメリカ合衆国での議論につき、釜田薫子『米国の株主代表訴訟と企業統治』（中央経済社、2001 年）210～224 頁、を参照。また、具体的事案を前提として取締役に信頼の権利がはたらかないとしたものとして、東京地判平 14・4・25 判時 1793 号 140 頁（長銀初島事件）がある。

(4) 権利侵害の道具の提供者に対する差止請求の可否

(a) ヒットワン事件判決の内容

ビデオメイツ事件における問題は、著作権侵害の道具の提供者であるカラオケリース業者が著作権侵害を直接にする者とともに不法行為責任を負うかどうかという点にあったが、ヒットワン事件においては、カラオケリース業者が著作権侵害の道具の提供者として著作権者による差止請求に服するかどうかが問題になった。法律の条文解釈としては、著作権侵害の幇助行為をする者が著作権法112条1項の規定にいう「著作権を侵害する者又は侵害するおそれがある者」に当たる場合があるかどうかという問題である。

平成10年ころには、通信回線を用いて楽曲データの配信をする通信カラオケがカラオケリース業界の主流になっていた。そして、このシステムにおいてカラオケ店舗での楽曲データ利用が可能になるのは、リース業者の指示によって通信回線が開通しカラオケ装置が稼動可能な状態になった時であり、また、リース先店舗に債務不履行等の事実が発生したときには、リース業者は楽曲データをロックする旨の信号を送る措置をとることによって容易に当該店舗における演奏・上映を停止させることができる。

JASRACは、リース業者株式会社ヒットワン（H）に対する本案訴訟提起前の証拠保全手続きにおいて実施された検証によって、JASRACから管理著作物の利用につき許諾を得ていない飲食店93店舗（本件各店舗）に対してHが通信カラオケ装置をリースしていることが判明したため、Hを被告として、本件各店舗における管理著作物の楽曲データの使用を禁止する措置をとるよう求める訴えを提起した。

大阪地判平15・2・13判時1842号120頁（ヒットワン事件）は、以下のとおり、著作権法112条1項にいう「著作権を侵害する者又は侵害するおそれがある者」についての解釈論を明らかにしたうえで、Hがこれに当たるとして、上記のJASRACの請求を認容した。

すなわち、大阪地裁は、第一に、「（著作権）侵害行為の主体たる者でなく、侵害の幇助行為を現に行う者であっても、①幇助者による幇助行為の内容・性質、②現に行われている著作権侵害行為に対する幇助者の管理・支配の程度、③幇助者の利益と著作権侵害行為との結び付き等を総合して観察したときに、幇助者の行為が当該著作権侵害行為に密接な関わりを有し、当該幇助者が幇助行為を中止する条理上の義務があり、かつ当該幇助行為を中止して著作権侵害の事態を除去

できるような場合には、当該幇助行為を行う者は侵害主体に準じるものと評価できるから、同法112条1項の『著作権を侵害する者又は侵害するおそれがある者』に当たるものと解するのが相当である」と判断した。

そのうえで、大阪地裁は、Hにつき、①本件各店舗において管理著作物を演奏・上映するのに必要不可欠な道具である通信カラオケ装置を提供していること、②本件各店舗に通信カラオケ装置をリースするに際し、管理著作物の使用許諾契約の締結または申込みの有無を確認すべき条理上の注意義務を怠り、そのような確認をしないで通信カラオケ装置を引き渡したのであり、その後、現に本件各店舗の経営者が著作権侵害行為を行っていることを知りながら、これら経営者に許諾を受けることを促し、それがされない場合にはリース契約を解除してカラオケ装置の（稼動）停止の措置をとる等の条理上の注意義務に反して放置していること、③同カラオケ装置につき、作動可能にするか作動不能にするかを決める制御手段を有していること、④Hの得るリース料は、本件各店舗における管理著作物の演奏・上映行為と密接な結び付きのある利益といえることからすると、本件各店舗における著作権侵害行為の侵害主体に準じる立場にあると評価できる幇助行為を行う者であると判断し、Hに対し、カラオケ楽曲データの使用禁止措置をとるよう命じた。

(b)　ヒットワン事件判決の意義

ヒットワン事件判決は、著作権侵害の道具の提供者が規範的利用主体論によっても侵害行為の主体ではなく幇助者に当たるとされる場合において、当該提供者の現にしている行為についての差止請求を認容し得るときがあることを明らかにしたものである。

そして、ヒットワン事件判決の意義は、そのような結論をとったことのみならず、そのような結論をとることを相当とする法的根拠を詳らかにしたところにある。

すなわち、ヒットワン事件判決は、(ア)著作権法112条1項の差止請求の制度は、著作権等が著作物を独占的に支配できる権利であることから、この独占的支配を確保する手段として妨害排除権能を認めるというものであり、物権的請求権と同趣旨のものであるところ、物権的請求権（妨害排除請求権・妨害予防請求権）の行使として差止めを求め得る相手方は必ずしも侵害行為を主体として行う者に限られるわけではなく、幇助行為者も含まれると解されること、(イ)同法112条1項の規定の文理上、そのように解することに特段の支障がないこと、

(ウ) 現に侵害行為が継続しているのに、幇助者に対し、事後的に不法行為による損害賠償責任を認めるだけでは、権利者の保護に欠けること、(エ) そのように解することによって著作物の利用にかかわる第三者一般に不測の損害を及ぼすおそれもないことを指摘したうえ、さらに念を入れて、特許法101条は特許権侵害に関する幇助・教唆的行為のうち特許権侵害とみなす行為についての規定ということができるところ、著作権法113条には幇助・教唆的行為を含んではいないから、著作権法は幇助・教唆的行為をする者に対する差止請求を認めていないとの解釈論を取り上げ、(オ) この点はそれ自体として著作権法の解釈論として必然的なものではないうえ、特許法の同規定は直接の侵害行為の有無にかかわらず侵害行為とみなすものであるところ、前記 (a) の大阪地裁の解釈論は、現に著作権侵害行為が行われている場合において、幇助行為者のうち侵害行為に対する支配・管理の程度等に照らして侵害主体に準じる者と評価して差止請求に服すべき者を認めるべきであるかどうかを論ずるものであって、特許法の規定とはその適用場面を異にする問題であるから、特許法101条に該当する規定が著作権法に存在しないことは妨げにはならない旨付言した―20。

この大阪地裁判決は、著作権侵害の実状を踏まえ、関係当事者の利害にも目配りをしたうえで、侵害主体に当たるかどうかによって差止請求に服すべきかどうかを決するという論拠の判然としない素朴な二元論を、詳細な法的根拠を挙げて排斥したものであり、周到な判決として高く評価することができる。

(c) ヒットワン事件判決後の展開

ヒットワン事件判決の1年後、東京地判平16・3・11判時1893号131頁 (2ちゃんねる小学館事件:第一審) は、ヒットワン事件判決と全く逆の結論をとり、漫画の著作権を有する小学館と漫画家が「2ちゃんねる」という名称の電子掲示板の運営者に対してした著作権侵害記事の送信可能化と自動公衆送信の差止請求を棄却した。しかし、東京高判平17・3・3判時1893号126頁 (2ちゃんねる小学館事件:控訴審) は、平成14年5月9日以前に開始されその後2年間にもわた

20―幇助者であっても差止請求を認めるべき場合があると論ずるものでヒットワン事件判決に先立って発表されていたものとして、田中・前掲注11、9頁、山本隆司「プロバイダ責任制限法の機能と問題点」コピライト495号 (2002年) 2頁、作花文雄「民法法理と著作権制限の体系及び構造――著作物利用・著作権侵害に係る行為・行為者・行為地」コピライト500号 (2002年) 16頁、牧野利秋「ファイル・ローグ事件仮処分決定と複数関与者による著作権侵害」NBL750号18頁、同751号45頁 (2002年) がある。

って著作権（公衆送信権）侵害が継続された本件においては、電子掲示板の運営者をもって著作権侵害の主体であるというべきであるとして、差止請求を棄却した東京地裁判決を誤りとして取り消し、差止請求を認容した−21。

その後、大阪地判平17・10・24判時1911号65頁（選撮見録事件：第一審）は、放送事業者が「選撮見録」という商品名で集合住宅向けのハードディスクビデオレコーダーシステム（1週間分のテレビ番組を録画可能にする商品）を販売する業者を被告として、著作隣接権（複製権、送信可能化権）の侵害を理由として、同商品の販売差止め等を求めた事件において、同販売業者を著作権法112条1項にいう「著作権を侵害する者又は侵害するおそれがある者」と同視することができるとして、同項を類推適用して、同商品の販売差止請求を認容した。これに対し、大阪高判平19・6・14判時1991号122頁（選撮見録事件控訴審判決）は、同販売業者が侵害行為の主体に当たるから差止請求に服すると判断し、大阪地裁のとった著作権法112条1項の類推適用という理論構成についての判断を回避した。

5 インターネット上の権利侵害とその対応

(1) インターネット環境の投げかける問題

最近十数年間の情報流通技術の発展には、目を見張るものがある。そのふたつの特徴は、情報のデジタル化とネットワーク化にある。デジタル化の属性として、（ア）情報の複製・改変が容易、（イ）複製による劣化が少ない、（ウ）複製のためのコストが小さいという3点が、また、ネットワーク化の属性として、（ア）情報の大量流通が可能、（イ）空間的移動が容易、（ウ）匿名性が高いという3点が、それぞれ挙げられる。

このようなデジタル化とネットワーク化の進展は、一方で、誰もが容易に情報の発信者となることができることにより、情報流通の双方向化ないし多方向化を促すとともに、音楽・映像等の著作権または著作隣接権の対象となるコンテンツ

21—2ちゃんねる小学館事件第一審判決の法律判断における誤りにつき、田中豊「著作権の間接侵害――実効的司法救済の試み」コピライト520号（2004年）8頁を参照。また、人格権としての名誉権に基づき、電子掲示板の管理者に対する差止め（発言削除義務）を認めたものとして、東京高判平14・12・25判時1816号52頁（2ちゃんねる動物病院事件：控訴審）、東京地判平14・6・26判時1810号78頁（2ちゃんねる動物病院事件：第一審）がある。

に係るビジネスを活発にし、知的創作活動の成果を多くの市民が享受することのできるという正の面を生み出している。しかし、他方で、誰もが容易に他人の権利（著作権のみならず、名誉やプライバシーを含む人格権等）を侵害することができることおよび匿名性が高いことを悪用して、多様な形態による莫大な量の権利侵害行為が蔓延するに至っている。

　本書の対象である著作権についてみると、日米両国において、まず、音楽の電子ファイルのインターネット上での違法交換という侵害行為が出現し、著作権者はこれへの対応を余儀なくされることとなった。

(2)　米国のナップスター事件決定から日本のファイルローグ事件判決へ
(a)　ナップスター事件連邦控訴裁判所決定

　ナップスター社（N）は、米国において、インターネットでのピアツーピア（P2P）技術を用いてユーザー間で直接音楽の電子ファイルを交換することを可能にするサービスの提供を始めた。Nの開始したサービスは、ユーザーに電子ファイルの交換を可能にするソフトウェアを配布し、当該ソフトウェアの配布を受けたユーザーを会員として囲い込み、会員であるユーザーのパソコンに蔵置されている音楽ファイル情報のインデックスを自らの中央サーバを経由して提供するというものであった。

　レコード会社、音楽出版社等がNに対し、音楽著作権侵害差止めの仮処分を起こしたが、これがナップスター事件と呼ばれるものである。米国第9巡回区連邦控訴裁判所は、平成13年2月12日、①著作権の対象である音楽ファイルを無料で交換するユーザーの行為は、複製権と頒布権の直接侵害行為であって、フェアユースに当たらないとし、②Nは音楽ファイルの無料交換を可能にするサイトと施設とを提供しているから、直接侵害についての実質的な寄与（material contribution）という寄与侵害の客観的要件を充足するし、特定の侵害物である音楽ファイルの提供を現実に認識しているから故意の寄与侵害者であって、寄与侵害の主観的要件も充足するとして、寄与侵害の責任を負うことを認め、かつ、③Nには、侵害物を探索する能力があり、システムに対するユーザーのアクセスを停止する権限もあるから、代位責任の管理・支配（right and ability to control）の要件を充足するし、侵害物を取得することができることがユーザーを増やす呼び水になっており、Nの将来の収入は登録ユーザーが増えることに依存しているから経済的利益（financial benefit）の要件も充足するとして、代位責任を負う

ことを認めた–22。

(b) ファイルローグ事件判決

Nのサービスとほぼ同じサービスを日本で始めたのが有限会社日本MMO（M）である。MのサービスがNのそれと異なるのは、Mのサービスが音楽ファイルのみを対象とするものではない点である。しかし、MP3（MPEG1 オーディオレイヤー3）形式で複製した電子ファイルについてみると、96.7％という圧倒的多数が管理著作物を複製したファイルで占められていることが判明した。そこで、JASRACは、複製権、送信可能化権、自動公衆送信権を侵害するとして、Mに対し管理著作物を複製したMP3ファイルを送受信の対象とすることの差止めを、Mとその代表者に対し著作権侵害の不法行為に基づく損害賠償を求めて訴えを提起した。

東京地判平15・1・29判時1810号29頁（ファイルローグ事件：中間判決）は、上記のふたつの請求について各責任原因の判断を示したものであり、その終局判決が東京地判平15・12・17判時1845号36頁（ファイルローグ事件：第一審終局判決）–23である。

Mは、差止請求につき、①MP3ファイルの送受信を実際に行っているユーザーの行為を管理していないし、本件サービスの運営により利益を上げる意図を有してもいないから、Mが侵害行為の主体とはいえないと主張して争い、損害賠償請求につき、②本件には特定電気通信役務提供者の損害賠償責任の制限および発信者情報の開示に関する法律（プロバイダ責任制限法）が適用されるところ、プロバイダが責任を負う要件である同法3条1項所定の各要件を充足していないから、Mは責任を負わないなどと主張して争った。

ファイルローグ事件第一審中間判決は、上記①の点の前提として、まず、本件サービスのユーザーがJASRACの許諾を得ることなく管理著作物を複製した

22—A & M Records, et al. v. Napster, Inc., No. 00-164001 (9th Cir. Feb. 12, 2001)。カリフォルニア北部地区連邦地方裁判所が平成12年7月26日にした決定を一部破棄して事件を同連邦地方裁判所に差し戻したものであるが、判断の大筋に相違はないといってよい。

23—ファイルローグ事件第一審終局判決についての控訴審判決は、東京高判平17・3・31（判例集未登載）である。この控訴審判決は、同第一審終局判決と判断の大筋に相違はないといってよい。なお、これら本案判決に先行して、JASRACのM社に対する差止めの仮処分を認容した決定として、東京地決平14・4・11判時1780号25頁（ファイルローグ仮処分事件決定）がある。

MP3ファイルを自らのパソコンの共有フォルダに蔵置してMのサーバに接続すれば、当該管理著作物につき送信可能化権侵害、自動公衆送信権侵害（著作権法23条1項）を構成する旨判断した。そのうえで、Mをこれら侵害行為の主体といってよいかどうかは、(ア) 本件サービスの内容と性質、(イ) ユーザーの行為に対するMの管理・支配の程度、(ウ) ユーザーの行為によってMに生ずる利益の状況、の3要素を総合考慮した規範的評価により決すべきであるとし、各要素につき、以下のとおり認定判断した。

(ア)の要素につき、ファイル情報の取得を含む一切のサービスをM自らが直接的かつ主体的に行っており、ユーザーはMのこれらの行為によって初めてパソコンの共有フォルダに蔵置した電子ファイルを他のユーザーに送信することができること、本件サービスを利用すれば、市販のレコードとほぼ同一の内容のMP3ファイルを無料でしかも容易に取得できること、現にMのサーバが送受信の対象としているMP3ファイルの約96.7%が市販のレコードを複製した電子ファイルであること等の事実を認定のうえ、本件サービスのMP3ファイルの交換に係る部分は、ユーザーをして、市販のレコードを複製したMP3ファイルを自動公衆送信および送信可能化させるためのサービスという性質を有すると判断した。

(イ)の要素につき、電子ファイルを自動公衆送信するにも受信するにも、ユーザーにおいてM提供に係るクライアントソフトを自己のパソコンにインストールすることが必要不可欠であること、M提供に係る検索機能がなければ、電子ファイルの送受信は事実上不可能であるから、本件サービスにおける自動公衆送信および送信可能化にとって同検索機能が必要不可欠であること、送信者であるユーザーはMの設定したルールに則って自己のパソコンの共有フォルダに蔵置する電子ファイルにファイル名を付していること、受信者であるユーザーはM提供に係るクライアントソフトの画面上の簡単な操作によって希望する電子ファイルを受信することができる等受信者のための利便性・環境整備が図られていること等の事実を認定のうえ、ユーザーの送信可能化行為および自動公衆送信行為はMの管理の下に行われていると判断した。そして、送信の対象となる電子ファイルの選択が専らユーザーによってされることは、Mの管理下にあるとの認定判断を左右するものではないと付言した。

(ウ)の要素につき、本件サービスにおいてより多くのMP3ファイルの送信可能化行為をさせることは、本件サービスを将来有料化したときの顧客数の増加

につながり、Mの利益に資すること、本件サービスが広告媒体としての価値を有すること等の事実を認定のうえ、ユーザーに送信可能化行為および自動公衆送信行為をさせることはMの営業上の利益を増大させる行為であると判断した。

そして、これら3つの要素を総合考慮するときは、Mが管理著作物の自動公衆送信および送信可能化を行っているものと評価することができ、JASRACの有する自動公衆送信権および送信可能化権の侵害の主体であるとするのが相当であると結論した。

次に、ファイルローグ事件第一審中間判決は、Mの損害賠償責任につき、Mは本件サービスの運営開始直後に本件サービスによって他人の音楽著作権が侵害されていることを認識し得たのに、何らの侵害防止の有効な措置を採らなかったのであるから過失が認められ、MはMの代表者の個人会社であって、Mの活動はMの代表者の活動と同視できるから、Mの代表者にも過失が認められるとし、MとMの代表者の不法行為は共同不法行為となり、MとMの代表者とは不真正連帯債務として損害賠償債務を負うと判断した。

そして、上記②の点につき、本件におけるMの行為はプロバイダ責任制限法の施行前の行為であり、その適用の有無自体が問題になるところ、適用になるものと仮定してみても、Mはプロバイダ責任制限法2条4号の「記録媒体に情報を記録した者」に当たり「発信者」であるから、同法3条1項本文による責任制限の対象者とはならず、いずれにしてもMの主張には理由がないと判断した。

ファイルローグ事件第一審中間判決は、クラブ・キャッツアイ事件最高裁判決が判断枠組みとして採用し、ビデオメイツ事件最高裁判決が再度確認した規範的利用主体論に依拠しつつ、それまでの「管理・支配の程度」と「利益の帰属」というふたつの要素のうちの「管理・支配の程度」の要素の前提として認定していた事実関係の一部を「問題とされている者の行為の内容と性質」という表題を付して取り出したものである。インターネット上での電子ファイル交換サービスという事案に照らして、本件サービスの内容と性質を前提事実として認定しておいた方が「管理・支配の程度」の要素の認定判断がわかりやすいであろうとの考慮によるものであろう。しかし、議論の混乱を避けるためには、これが「管理・支配の程度」と「利益の帰属」というふたつの要素とはレベルの違うものであることを理解しておくことが肝要である。いずれにせよ、規範的利用主体論により、Mを利用主体であると分類することによって差止めに服するという結論を導いたものであって、両最高裁判決の延長線上に位置するものである。

ファイルローグ事件第一審終局判決は、損害賠償額の認定判断のみが同中間判決からの新規部分である。インターネット上での著作権侵害の初めての事件において、3000万円という実質的な金額を損害賠償として認容したものとして意義がある。

その損害賠償額の認定判断の手順は、①損害額はJASRACの使用料規程を参酌して算定するのが合理的であるところ、使用料規程にいう「同時に送信可能化する曲数」とは、本件において「送信可能化されていた電子ファイルの数」をいうものと解すべきである、②使用料規程をそのまま適用して計算すると、平成13年11月1日から平成14年4月16日までの約半年間の使用料額は約2億8000万円に上るが、これは1ファイル当たりの月間ダウンロード回数が90.9回程度である場合の金額であるところ、当時のブロードバンド化の程度、通信速度等を勘案すると、1ファイル当たりの月間ダウンロード回数は9回程度であると認められる、そこで、③当時の著作権法114条の4（現行著作権法114条の5）を適用して、損害賠償額を3000万円と認定する、というものである。

(3) MYUTA事件判決

インターネット上でのサービスにつき、裁判上取り上げられた次の事件は、CD等の楽曲を自己の携帯電話で聴くことができるようにするための音楽データのストーレッジサービスの提供が音楽著作物の著作権者の複製権および自動公衆送信権を侵害するかどうかが争われたものである。サービスの名称をとってMYUTA事件と呼ばれるが、東京地判平19・5・25判時1979号100頁—24がその判決である。

MYUTA事件の特色は、著作権侵害を防止する有効な措置を採らないままファイル交換サービスを開始したファイルローグ事件におけるMとは異なり、イメージシティ株式会社（I）が、自らの企図する音楽データのストーレッジサービスを開始するのに先立って、これが適法なビジネスモデルであるのかどうかについての裁判所の判断を仰ぐため、JASRACに対し、著作権に基づく差止請求権を有しないことを確認するという形態の訴訟を提起したところにある。Iのこのような姿勢は、違法なビジネスモデルによるサービスを開始して著作権者に損害を被らせたうえで、既成事実を押し付けようとする者が多い中で、コンプライ

24—MYUTA事件判決は、敗訴した原告（本文中のI）による控訴がなく、確定した。

アンスの観点から高く評価することができる。

　本件サービスは、Iの作成提供に係る「MYUTA 専用 MUSIC　UPLOADER」（本件ユーザーソフト）を用いて、ユーザーが自己のパソコンで CD 等の音源データを携帯電話用ファイル（AVI ファイル→3G2 ファイル）に変換し蔵置する→ユーザーがインターネット経由で同携帯電話用ファイル（3G2 ファイル）を I の運用する「MYUTA サーバ」（本件サーバ）のストーレッジ領域にアップロードして蔵置する→ユーザーが任意の時期に自己の携帯電話に 3G2 ファイルをダウンロードして携帯電話で楽曲を再生するという手順によるものである。

　ここでの主要な問題は、①本件サーバにおける 3G2 ファイルの複製行為の主体は I かどうか、②本件サーバからユーザーの携帯電話への 3G2 ファイルの送信行為（ダウンロード）の主体は I かどうか、およびこの送信行為は自動公衆送信行為といえるかどうかにあった。I は、ユーザーのパソコン、I の運用する本件サーバのストーレッジ領域およびユーザーの携帯電話が紐付けされていて、他のユーザーからの接続が許可されない構造になっていることを理由に、上記複製行為および送信行為の主体はユーザーであり I ではないと主張した。

　MYUTA 事件判決は、上記①の点につき、3G2 ファイルの蔵置・携帯電話への送信等に中心的役割を果たす本件サーバは、I が所有し、その支配下に設置して管理してきたこと、I の作成提供に係る本件ユーザーソフトが本件サービスを利用するのに必要不可欠であるところ、本件ユーザーソフトは、本件サーバとインターネット回線により連動している状態で本件サーバの認証を受けなければ作動しないこと、本件サーバにおける音源データの蔵置に不可欠な本件ユーザーソフトの仕様やストーレッジ領域での保存に必要な条件は I によってあらかじめ決定されており、複製行為が専ら I の管理下にある本件サーバにおいて行われること等の事実を認定のうえ、本件サーバにおける 3G2 ファイルの複製行為の主体は I であり、ユーザーではないと判断した。

　さらに、上記②の点につき、本件サーバからユーザーの携帯電話に向けて 3G2 ファイルを送信する行為は、本件サービスに不可欠の最終プロセスと位置付けることができること、上記のとおりの本件サーバの支配・管理の実状と送信において本件ユーザーソフトの果たす役割等の事実によると、本件サーバにおける 3G2 ファイルの送信行為の主体は I であり、ユーザーではないと判断した。

　そのうえで、送信行為の主体である I にとって、会員登録をしさえすれば誰でも本件サービスを利用することのできるユーザーは不特定の者というべきである

から、本件サーバからユーザーの携帯電話への3G2ファイルの送信は、公衆たるユーザーの求めに応じ、ユーザーによって直接受信されることを目的として自動的に行われるものであって、自動公衆送信（著作権法2条1項9号の4）に当たると判断した。

MYUTA事件判決は、音楽に特化した携帯電話向けストーレッジサービスというビジネスモデルにつき、音楽著作物の著作権者との間で使用許諾契約を締結し、音楽著作物の使用料を支払ってすべきものであることを明らかにしたものである。本件において問題とされた行為は、インターネット回線を経由したストーレッジサービスという点で目新しいものであるが、客が購入したか貸与を受けたかして保有するCD等を業としてダビング（複製）する行為と法的に区別することができない。司法における結論としては当然のものであるが、ビジネス開始に先立って司法判断がされたことに意義がある。

なお、MYUTA事件判決は、複製行為および公衆送信行為の主体の認定判断において、専ら「管理・支配の程度」の要素を検討して結論を導いている。これは、「管理・支配の程度」の要素が「利益の帰属」の要素と比較すると本質的であって、重要なものであるとの立場を前提とするものと理解してよかろう。ただし、「利益の帰属」の要素は、Iの上記のビジネスモデルからすると当然に認定することのできるものではある。

(4) MGM事件アメリカ合衆国連邦最高裁判決

ナップスター事件におけるNは、P2Pの技術によってユーザー間で直接電子ファイルの交換をすることができるようにするソフトウェアをユーザーに配布するのみならず、それらのユーザーを会員とし、会員の有する電子ファイル情報のインデックスを作成し中央サーバを経由して提供するという継続的な関与をしていた。Nのサービスが違法であるとされるや、グロクスター社（G）とストリームキャスト社（S）は、ユーザー間の電子ファイルの交換のためにインデックスを作成交付するといった継続的な関与はせずに、ユーザーに対して電子ファイル交換用のソフトウェア（FastTrack、Morpheusと呼ばれるもの。本件各ソフトウェア）を配布するだけのサービスを始めた。

著作権者が本件各ソフトウェアの配布差止めと損害賠償とを求めて訴えを提起したところ、ナップスター事件決定をしたのと同じ第9巡回区連邦控訴裁判所は、本件各ソフトウェアが実質的に非侵害使用が可能な商品（a commercial product capable of substantial noninfringing uses）であることを前提として、GおよびSは寄与侵害と代位侵害のいずれの責任を負うこともないとのサマリージャッジメントを下した。

しかし、連邦最高裁判所は、ある装置を配布した者が著作権侵害を推奨することに向けた言動をしたことを証明する証拠がある場合には、ソニー事件判決の採用した主要商品ルール（staple-article rule）によって免責が認められることはなく、第三者のした権利侵害行為の責任を負うと判断し、推奨ルール（inducement rule）を採用することを宣明した−25。

このMGM事件連邦最高裁判決は、分散型P2Pソフトウェアの配布者の責任を完全に免責するという結果になる第9巡回区連邦控訴裁判所の判決の落ち着きの悪さを正面から問題にし、技術の構造を変えることによって著作権侵害の二次的責任を免れることを許さないとすることによって、著作権の実効的保障という価値と技術革新という価値とのバランスをとるべく腐心したものと評価することができる。しかし、推奨ルールの適用場面が広いとはいえないこともあり、ある技術を用いた商品を配布したことを理由に著作権侵害の二次的責任を負うかどうかを明確に予測し得ない状況が続いている。

6 おわりに

著作権侵害に対する司法手続による救済の歴史を振り返ってみると、著作権者が現在置かれている状況を理解することができる。すなわち、知の時代といわれる21世紀における知的財産権の一翼を成す重要な権利として広く国民の間に認知されるに至り、カラオケまたは社交ダンス教授所の管理率の上昇に代表されるように著作物の適法利用が拡大した分野が存する一方で、密室性に隠れて実行される在来型手法による侵害と匿名性に隠れて実行される先端技術を用いた侵害とに曝されており、しかも後者の侵害は用いられる技術の先端性のゆえにその量が莫大なものになっているという現実である。

特に、困難な問題を提起するのは、建前としては適法利用がされ得る装置やサ

25—Metro-Goldwyn-Mayer Studios Inc. v. Grokster, Ltd., 545 U.S. 913 (2005). MGM事件連邦最高裁判決の詳細については、田中豊「ピア・ツー・ピア・ソフトウェアの配布と著作権侵害」法律のひろば59巻4号（2006年）50頁を参照。

ービスであっても、他方で著作権侵害の道具としても利用されるという場合である-26。立法による解決策としては、このような装置やサービスに対して著作権がはたらくかどうかという二分論的発想から離れて、補償金を課することによって著作権をクリアするといった方法もあり得る。また、いわゆる間接侵害とされる行為につき、立法的に明確にするのもひとつの方法である。

　しかし、どの法分野においても同様であるが、世の中に生起する紛争を立法によってなくすことはできないし、技術や思想の変化・進展の絶え間ない現代、紛争の解決の行方を末永く予測可能とするような都合のよい立法ができるわけもない。自らの権利の実効性を保障するのは、そのために勤勉な私人の力をおいてない-27。司法救済の重要性とそこにおける判例形成の重要性は、いくら強調しても強調しすぎることはない。

26— この点についての私見の概要は、Y. Tanaka, Copyright Infringement in the Internet Environment, 35-6 Patents & Licensing 14 (2005) を参照。

27— 田中英夫・竹内昭夫『法の実現における私人の役割』（東京大学出版会、1987年。ただし、初出は1971年から1972年まで）。

第6章

国際条約と
日本国著作権法

岡本　薫

　国際条約と著作権保護の関係については、「著作権保護は条約上の義務だ」という誤解が未だに蔓延しているが、実は「自国の著作物等」の保護は条約の義務には含まれていない。この章では、この重要ポイントから出発して、JASRACから示されたJASRACの「目標」を前提とし、それらを達成するための「手段」について提言を行う。

JASRAC の仕事と国際条約との関係について、あるいはもっと広く、日本国内における著作権保護全体と国際条約との関係について論じるべき重要ポイントは、次の一点のみである。

> 著作権関係条約は「自国のものの保護」を義務づけていない

つまり、国際的な視野をもって著作権保護や JASRAC の仕事について語るときには、まず次のことに注意する必要がある。
① 「日本の著作権法」が「日本の著作物等の保護」を法定しているのは、あくまでも「日本独自の国内政策」としての「国会の判断」の結果にすぎない。
② 条約上の義務としては、「日本の著作権法」は、「外国（条約締約国）の著作物等」の保護だけを規定すれば足りる。
③ JASRAC の仕事のうち、「日本の著作物の著作権管理」は、条約とは無関係である。
④ JASRAC の仕事のうち、「国際条約の規定」と関係しているのは、「外国（条約締約国）の著作物の著作権管理」に関する部分のみである。

これらについて、また、JASRAC への提言について述べる前に、この章に係る基本的なことを整理しておきたい。本書の各章はそれぞれの執筆者のスタンスで書かれているため、（おそらく他の章とはいくぶん異なっていると思われる）この章について、基本的な背景を読者に知っておいていただいた方がよいと考えるからである。

1　「執筆依頼の内容」と「筆者の基本的スタンス」

まず、筆者が受けた「執筆依頼の内容」と、この章を執筆するうえでの筆者の「基本的スタンス」を明らかにしておく。

(1)　執筆依頼の内容

筆者が受けた「本書全体の趣旨」の説明と「執筆依頼の内容」は、次のとおりである。

【本書全体の趣旨】
多くの読者に JASRAC について「考えてもらう」ための「契機」とする

ことを趣旨としている。「JASRAC の支持者を増やそう」とか「著作権保護の支持者を増やそう」といったことは目的ではない。この本を読んだ読者が結果として「JASRAC はケシカラン」とか「著作権は弱めるべきだ」などと思うようになっても構わない。あくまでも「考えてもらう」ことが目的である。

【第 6 章に書くべき内容】
①国際条約と JASRAC の関係
　国際的な著作権保護の枠組み（条約の内容）との関係で、JASRAC の位置付けなどについて「解説」を行うこと
② JASRAC への提言
　国際的な著作権保護の枠組み（条約の内容）を踏まえたうえで、JASRAC がなすべきことに係る「提言」を行うこと

(2)　筆者の基本的スタンス

　この章の執筆は、当初は重ねてお断りした。その理由は、これまでの筆者の経験に照らし、日本では「本当のこと」を言ったり書いたりしても、「本当のことを言われると困る人」の恨みをかうだけで、ほとんど何も得るところがないからだ。かえって関係者の皆様に御迷惑をおかけすることになり、お互いに不愉快な思いをすることが増えるだけだろうと考えたからである。

　社会全体を覆っている基本原理が、「人はすべて原則として自由、拘束されるのは民主的に定められたルールがある場合のみ」という「自由と民主主義」ではなく、小学校の先生も教えているように「みんないっしょに仲良く思いやりをもって」という「談合体質」になっている日本では、「本当のこと」を言っても嫌われるだけだ（幕末には暗殺され、戦前には非国民と呼ばれ、現在では「空気が読めない人」と言われる）。

　この国の人々はかつて、政府が統制したのではない禁演落語に象徴されるように、権力によって言論を弾圧されたというよりもむしろ、「空気を読んで」口をつぐんだために無謀な戦争に突入していったが、「全体の空気に従わないのは非国民」という文化は、イデオロギーの差異に関わらず、依然として日本人の間に続いている（詳細は拙著『世間さまが許さない！』〔ちくま新書、2009 年〕を参照されたい）。

　しかし、編集サイドから重ねて是非にと依頼されたため、やむを得ずお引き受

けした次第だが、この章の執筆を行うに当たっての筆者の基本的スタンスとして編集サイドに次のことをお伝えし御了解を得ているので、ここに明記しておく。

(a) 基本的に「著作権には関わらない」方針であること

筆者は、文部省・文化庁・文部科学省に合計26年間勤務し、教育・科学技術・文化・スポーツ・国際化・情報化・著作権など、ほとんどあらゆる分野の仕事に携わったが、そのうちちょうど4分の1の6年半は、国際著作権室長・国際著作権課長・著作権課長として著作権の仕事を担当した。同様の経験をもつ官僚の中には、著作権担当を解かれた後も著作権というものに関わっていくことを希望し、それを実現している人々が少なくない。しかし筆者は、「著作権には二度と関わりたくない」と思っており、基本的に「著作権にはできる限り関わらない」という方針をとっている。

その理由は単純で、著作権に関わるのが「嫌い」だからだ。筆者が官僚を辞めて「一教師」に転職した理由のひとつは、「日本人は結局（少なくとも自分が死ぬまでの間は）日本国憲法のルールである自由と民主主義を使いこなせるようにはならない」と思うに至ったこと（自分の死後において「使いこなせる人」を1人でも作っておくべきだと思ったこと）だが、そうした「日本人が自由と民主主義を使いこなせていない状況」を最も如実に示すのが、著作権の世界である。

より具体的にいえば、「自由」も「民主主義」も「価値の相対性」や「異質性・対立の存在」を前提としたものであるのに、日本人の多くは、未だに「みんなが同じ心（注：実は自分の心のこと）を共有できるはずだ」（「自分の発想」＝「世間さまの常識」だ）という幻想をもち続けている。このため、自分の価値基準や利害を「相対化」できず、「価値観・モラル感覚・利害」などを異にする相手との「建設的な話し合い」や「ルール作り」ができない。また、たまたま多くの人々が同じ発想やモラル感覚を共有してしまうと、「それ以外の人々」は、憲法が保障する「内心の自由」や（民主的に定められたルールに違反しない範囲での）「行動の自由」を否定されて、「モラルに欠ける」「意識が低い」（かつての「非国民」の用語が変化しただけ）などと言われて弾圧される。

特に、「利用者側は著作権保護を全廃するまで完全には満足しない」「権利者側は常により強い権利を求める」という「宿命的な対立構造」が常に存在する著作権の世界では、どんな「法律」を作っても、どんな「契約」を交わしても、すべての関係者が「常に不満」というのが「普通の状態」だ。そこで本来は、「民主主義」を使いこなして「ルール」（法律）を作り、「自由」を使いこなして「契

約」をしなければならないのだが、日本人の多くにはそれができず、対立する相手を「悪」と決めつける。

　筆者は教育に関する仕事にも多く携わったが、教育の世界はまだましである。「国旗を揚げろ」という人々と「国旗を揚げるな」という人々は鋭く対立しているが、共に「自分の利益」を追求しているのではなく、「その方が日本が良くなる」「その方が子どもたちにとって良い」と思って言ってくれているのだ。ところが、日本で著作権に関わる人々の多くは、権利者側も利用者側も、常に「自分たちの利益」のことしか言わず、驚くべきことにそれを「文化」とか「公益」などと呼ぶ。また、同じことを別の言い方で、「こちらが弱者だ」などと言う。さらに、「この法改正は、われわれの業界のエゴで主張しているのではない。日本の将来のために言っているのだ」などと言っていた某音楽関係業界団体の会長もいたが、これらがすべて憲法の基本理念に反する「独善」や「相対化の欠如」であることはいうまでもない。「エゴではない」という人ほど「エゴ」なのだ。

　「民主主義を使いこなせない」ということについてさらに悪い現象は、「宿命的な対立構造」の中で、「正当に選挙された国会における代表者を通じて行動」（憲法前文）する「主権者」であるはずの人々が、政治的に（すなわち社会の中の利害対立について）中立であるべき官僚に対し、法制・契約の双方について、「こっちが善であっちが悪なのだから、行政があっちをやっつけて（指導して）くれ」などと文化庁に言ってくる——ということだ。そうした「反民主主義的・独善的な要望」を「頼りにされている」と勘違いし、安易にはしゃいで応じてしまう愚かな官僚が多いのも事実だが、契約金額についてまで、「こちらが『正当な対価』を提示しているのだから、許諾するように指導してくれ」とか「あちらが『正当な対価』を払うように指導してくれ」などと文化庁に言ってくる権利者・利用者が非常に多かった。「アパートの家賃交渉」や「プロポーズして断られた場合」などに置き換えてみれば、このことの異常さは明白だろう。

　ちなみに、筆者は著作権課長として、部下に対し次の３つのことだけは絶対にするなと命じていたが、筆者が去った後の著作権課は、これら３つをすべてやるようになった。①法制・契約内容などについて利害が対立している当事者のうち「一方の味方」をすること、②「自分で行動する気のない無責任な要望書」を受け取ること、③権利者・利用者の間の契約交渉における値決めなど「契約内容への介入」をすること。こうした「民のお上頼み」と「官の過剰介入」という問題は、著作権の世界だけの問題ではなく、他の多くの分野にもみられる問題なのだ

が、このような実体験から、筆者は完全な「著作権嫌い」になり、とにかく著作権にはできるだけ関わり合わない方針を貫いている。

「その割には本も出しているし、講演や授業もしているではないか」という声が聞こえてきそうだが、これらも実はイヤイヤやっていることだ。「なぜ断らないのか？」という声も聞こえてきそうだが、筆者は「頼まれたら断らない」ことにしている。断らない理由は、筆者の頭の中に入っている「知識」が「税金で入ったもの」だからだ。納税者からそれを「出せ」と言われたら、「イヤでも出す義理がある」というのが、筆者の方針である。このため、著作権に関する講演等を依頼されるたびに「呼ばれれば参りますが、できればもう呼ばないでください」というお願いをしている。「お願い」になるのは、「頼まれたら断らない」からである。今回の執筆依頼についても、この方針によってイヤイヤながらお引き受けしたものであることを、念のためここに記しておく。

(b)　「価値的相対主義者」であること

筆者の専門は、「コロロジー」である（英語では「エンバイロンメンタル・スタディーズ」とか「ヒューマン・エコロジー」という呼び方もある）。日本語では「地域地理学」というが、これは学校で教えている「系統地理学」（自然地理学、人文地理学、社会経済地理学など）とは異なり、より古いタイプの「科学ではない地理学」だ。具体的には、地域内のあらゆる自然的・社会的・文化的な現象の相互関係・因果関係などを「分析」「発見」してそれを「描写」するものであり、「真理の探求」はしないので科学ではない。

そこで重要なポイントは、「ドイツはパプアニューギニアよりも進んでいる」とは絶対に言わない（価値的相対主義に立つ）――ということだ。多くの人が「ドイツは先進国だ」と思っているが、それは無意識のうちに「BMWを作れることに価値がある」という価値設定をしてしまっているからであり、ちょっと価値観を変えて「家族単位で自活しジャングルの中で時給自足できることに価値がある」という価値設定をすれば、「パプアニューギニアの方が進んでいる」ということになる。つまり、地域を客観的に見るためには、いったんあらゆる価値観を取り去り、純粋で相対化された目をもつ必要があるのだ。しかし筆者は、それを超えて、自分自身の思想や価値観についても、できる限り否定して相対的な目をもつ――という努力をしてきた。その方が、あらゆることについて純粋で客観的な目をもて、特定の価値に惑わされずに「人が気づかない本質」を見抜けるからである。これが、著作権も含め、筆者があらゆるものを見る目の基本である。

7人しかいない大学同級生のうちのもう1人が公正取引委員会の高級官僚になっているが、あるとき「独禁法と著作権の関係がよく話題になるが、何か本はないか？」と言われたので、「それならオレが書いた本を読め」と言って『著作権の考え方』（岩波新書）・『誰でも分かる著作権』（全社連）を送ったことがあった。彼は、「これは両方とも地理学の本だな」と笑っていたが、筆者は「オマエなら分かってくれるよな」と答えたものである。
　実は、日本国憲法の基本理念である「自由」と「民主主義」も、同様の「価値的相対主義」を基調としている。「絶対的に正しいこと」が存在するなら、「今たまたま国会議員である人」の多数決で法律を決めてはならず、その「正しいこと」に従って立法すべきだろう。また、「思想信条良心の自由」も認めてはならず、すべての人がその「正しい思想」をもつべきことになる。このため、「コーランに書いてあることが絶対的に正しい」とされている国には、われわれが言う意味での「自由」や「民主主義」はない。
　ちなみに、官僚というものは価値的相対主義者であるべきだ。なぜなら、次の選挙で共産党政権ができても、その政権の方針に従って仕事をすべきものだからである。国民が選んだ国会議員たちが多数決で決めたことに従うのが官僚であり、そこに自分の思想や価値観を持ち込んではならない。これが憲法のシステムであり、「官僚の政治的中立性」「政治主導」だ。しかし日本の政治家たちは意図的に多数決を避け、特に「人々の間で対立があること」については旗幟を鮮明にしない。「保護期間を70年に延長すべきか？」というきわめて単純なことについても、明確に自分の意見を述べている国会議員はほとんどいないのである。
　その背景には、「与党全体の方針を多数決で決定せず各議員がそれぞれ拒否権をもつような状態を維持した方が、個々の政治家が個別に官僚に圧力をかけやすい」という思惑がある。ある元自民党幹事長によると、この傾向は小選挙区制の導入で強まったという。中選挙区制において当選するコツは「一定数の味方を確保すること」だったが、1人しか当選しない小選挙区制においてはそれが「敵を作らないこと」に変わったというのだ。このため国会議員は、宿命的対立構造をかかえる著作権について明確な意見を言わず、多数決もしない。自民党のある「有力文教族議員」に至っては、陳情に来た団体幹部に対して「著作権課長が（利害調整を）やると言ったら応援してやる」と平気で言ったのだ。これでは「政治主導」も「民主主義」も実現するはずがなく、「官僚支配」も終わらない。
　ここで明記しておきたいことは、価値的相対主義者である筆者は、「JASRAC

は何を目標とすべきか？」という「価値設定」「価値判断」については提言しない、ということである。特定の価値観によって純粋・客観的な目が曇らされることのない価値的相対主義者は、たとえば「目標」と「手段」の間の適合性の有無とか、「現状認識」「原因認識」等についての事実誤認の有無とかいったことについては、人が気づきにくいことを客観的かつロジカルに論じることができる。しかし、各主体が各々の「価値基準」に基づいて自由に行うべき「目標設定」については提言しない（できない）。したがって、この章の記述は、「事実」と「ロジカルな結論」のみであって、筆者が主張する方向性といったものは全く含まれていない。

　ちなみに、価値的相対主義者の視点に立とうと立つまいと、価値をもつのは「目標」であって、「手段」には価値はない。「手段」については、「目標を達成できる手段」（その目標を前提とすれば良い手段）と「目標を達成できな手段」（その目標を前提とすれば悪い手段）があるだけだ。あらゆる法制・制度・政策は、「人々が幸せに暮らせるようにする」ことを「目標」とした「手段」であり、したがって、「手段」にすぎない「著作権を保護すること」や「コンテンツを流通させること」は、いずれもそれ自身が価値をもつものではないのである。

2　執筆依頼事項1：国際条約とJASRACの関係

　次に、第一の執筆依頼事項である「国際条約とJASRACの関係」について述べる。

(1)　条約は「自国のもの」の保護を義務付けていない

　この章の冒頭でも述べたように、「国際条約とJASRACの関係」はきわめて単純であり、それは、「条約上の義務に基づき日本の著作権法が保護対象としている外国の著作物について、著作権者（団体）との契約に基づきその著作権を管理すること」だけだ。JASRACは現在、複製権・演奏権を併せ、また、直接契約・間接契約を併せ、82カ国4地域の112団体と相互関係契約を結んでいるが、これが、JASRACの仕事のうち条約と関係している部分である。

　条約について中途半端な知識をもっている人は、「そんなことは分かり切っている」と言う。しかし、このことのポイントはむしろ、「著作権法が保護対象としている日本の著作物の著作権を管理すること」（すなわちJASRACの業務の大部

分）は、「条約とは関係していない」ということにある。このことを理解していない人が、日本の著作権界には非常に多い。では改めて、ベルヌ条約の規定を見てみよう。

> ベルヌ条約
> **第５条**（保護の原則）
> 　(3)　著作物の本国における保護は、その国の法令の定めるところによる。

　ここに明記されているように、ベルヌ条約が定めている締約国の義務は、「他の（本国以外の国の）締約国の著作物の保護」だけであり、「自国の（自国を本国とする）著作物の保護」はしなくてよいのである。著作権・著作隣接権に関する他の条約も、表現の違いはあっても同じ義務内容になっている。

「内外無差別」と「内国民待遇」の違いという基本

　だからこそ、条約の義務の大原則は、「内外無差別」ではなく「内国民待遇」とされているのだ。この両者の違いを知らない人も日本の著作権界には少なくないが、著作権条約の基本中の基本である大原則の意味を理解せずに著作権条約や条約上の義務を論じている人が日本に多いのは、驚くべきことだ。

　「内外無差別」とは、「自国民」と「外国人」を、また、「自国のもの」と「外国のもの」を、「同等に扱う」ということを意味する。人の権利に関する多くの条約は、「内外無差別」を義務としているので、条約上の義務はまず「自国民」に適用され、「内外無差別」で「外国人」にも適用される。たとえば「女子差別撤廃条約」についていえば、これを締結した日本は、まず「日本人女性への差別」を撤廃しなければならず、さらに、「外国人女性」についても差別があれば撤廃しなければならない。

　しかし、どのような経緯によるのかは確認していないが、著作権関係条約の場合は、「内外無差別」ではなく「内国民待遇」が義務とされている。「内国民待遇」とは、「外国人を自国民より低く扱わない」という意味だ。つまり、「自国民の方を低く扱う」のは、条約上の義務違反にはならないのである。実際に、アメリカ合衆国を含めいくつかの国は、自国の著作権法において、「自国民には条約レベルの保護を与えない」という法制をとってきた。極端にいえば、自国民の著作物を全く保護しなくても、ベルヌ同盟に加盟できるのである。

　アメリカを除く先進諸国の多くは、これまで「内外無差別」を維持してきたが、

これは各国の「国内政策」「国内的な独自方針」によるものであって、条約上の義務ではない。日本で著作権専門家と称する人々の中には、「そんな法改正をしたら条約違反になってしまう」などと言う人が多いが、これは正確性を欠いている。①「日本の独自政策である内外無差別を維持するのであれば……」、②「外国の著作物については……」という2つの条件が欠落しているのだ。
　このことも含め、条約の内容を知らずに専門家のような顔をして条約と国内法の関係を云々して恥をかく人が日本には非常に多いが、もう少し勉強してもらいたいものだ。勉強したくなければしなくてもよいが、それならば、恥をかかないように黙っていた方がよい。

大臣の前で大恥をかいた「日本レコード協会」の役員たち

　たとえば、かつて日本レコード協会の役員たちがわざわざ文部科学大臣を訪問し、「日本はWTO協定（TRIPS協定）に規定されている『輸入権』をまだ法定しておらず、条約に違反している」と堂々と述べて、大恥をかいたことがあった。このときの申し入れ事項は、これを含めてふたつだけだったのだが、それならば事前に条約の条文くらいは確認してから来ないと、このような恥をかく。しかも、大臣に対して面と向かって、「陳情」ではなく、「条約違反だ」と「詰め寄って」しまったのだ。陪席していた筆者は冷や汗をかいたが、政治家としての大臣の「大人の対応」によって、彼らは一応救われた。いうまでもないが、TRIPS協定に輸入権の規定はなく、仮にあったとしても、「日本のレコード」は条約の義務の対象外である。
　また、いくつもの団体が、「国内権利者の保護が不十分だ」という主張を「条約違反だ」という理由で文化庁に持ってきた。たとえば日本映画監督協会は、日本の映画監督の財産権が映画製作者に帰属するという国内法の規定について、「ベルヌ条約違反だ」と言ってきたが、「日本の映画監督の権利とベルヌ条約は無関係だ」という基本を知らず、恥をかくだけに終わった。また、映像ソフト協会も、著作権法第38条の「非営利無料の上映」に関する権利制限について「ベルヌ条約違反だ」と言ってきたが、これも「日本の著作物に関する権利制限規定とベルヌ条約は無関係だ」ということを知らず、同様に恥をかくだけに終わった。このときは、著作権審議会の委員も務めるある著名な学者が「条約違反かどうか検討すべき」というコメントを大新聞に寄せ、筆者を唖然とさせた。
　団体の執行部や役員によるこのような「自分たちに有利にしてほしい」という（自分たちは、国会・国民・マスコミ・相手方向けの行動を起こそうとしない）陳情

――その少なからぬ部分は団体の会員向けのアリバイ作り――そのものの是非はさておき、「条約の規定」という明文化されたものを根拠として「国会・政府を国際義務違反で批判」しようとするのであれば、もう少し勉強してから来た方がいいだろう。

(2) 「条約の解釈」は勝手に決めてよい

　前記のように、条約の規定は「国内のものの保護とは無関係」なので、たとえば「権利制限の拡大」について議論するときには、条約との関係では、「外国のものの保護」だけを気にすればよい。また、そのような議論において「気にすべきこと」とは、「条約の規定への適合性」ではなく、「外国の反応」だけだ。さらにいえば、「外国の反応」について「気にすべきこと」の具体的な内容は、「モンクを言ってくるか？」ということと、「モンクを言ってきたときに蹴散らせるか？」ということである。

　国内法の規定の解釈も、実は各人がそれぞれ勝手に行うことができる。特に、著作権法のように「私権」について定めた法律については、「有権解釈」というものはあり得ない。民法の権威と呼ばれる大先生が、「文化庁の解釈」のことを「有権解釈」と呼んでいたのには驚かされたが、「有権解釈」とは、公定力を伴う行政処分のベースとなる処分庁の解釈のことだ。したがって、私権を定めた著作権法の規定については、「文化庁の解釈」も「素人である一市民の解釈」も、法律的には同等である。

　しかし国内法の場合には、具体的な事件について訴訟が起きれば、「最高裁判所」が最終的に解釈を確定することができる。異なる法解釈をする人々の間の争いについて、最高裁が「こちらが正しい」と決定できるのだ。これが日本国憲法のルールであり、法律解釈を確定する権限が、最高裁判所に付与されている。それに従わなければ、最終的には警察・検察などによって強制力が行使されることになる。権力の本質は、そのような「強制力」の集中・独占にあるからだ。

　これと同様に、国際社会の中における「条約上の義務の具体的な内容」――すなわち「条約の解釈」も、「各国が勝手に決められる」ものだ。しかし、国内法の場合とは本質的な違いがある。それは、国際社会においては、条約の解釈を「確定」でき、それを「強制」できるような権力は存在しない――ということである。したがって、各国の条約解釈に係る問題は、すでに述べたように、「モンクを言う国があるかないか？」「言った場合にどちらが勝つか？」というだけの

ことだ。

　前記のように、国内では各人が勝手に「正義を決定する」ことはできないが、国際社会には「共通の正義」を強制力をもって特定するメカニズムは存在しない。そもそも「各々正義を決定できる」というのが、「国家主権」の本質なのである。また、その国が「民主国家」であり、その国で民主主義が正常に機能していれば、その国の「正義」や「国益」は、その国の「国民の（多数の）幸せ」とイコールになっているはずだ。民主国家の政府が目指すものは、「国益」＝「国民の幸せ」以外にはあり得ないのである。

　「日本人の間でのモラル感覚」を（昔の例でいえば「大東亜共栄圏」などにみられるように）不用意に国際社会にも当てはめてしまう日本人は、「正義」と「国益」を対立する概念と思っているようだが、これは全くの誤りである。たとえば大新聞までが、「各国は、国益を越えてこの問題に取り組むべきだ」などと意味不明のことを述べて、外国人の失笑をかっているのだ。

「正しい条約解釈」について「WIPO様の御託宣」に頼るのは日本の文化庁だけ

　また、きわめて非民主的なテレビ番組である『水戸黄門』の視聴率が依然として高いことに象徴されるように、民主主義を使いこなせず「お上」が大好き（民主的な手続きを経ず、自ら努力せずに、「権力者」が一気に「正義」を実現してくれることが大好き）な日本人の多くは、国連のことを「共通の正義を実現する機関」と誤解している。しかし、かつて国連事務総長が活写したように、「国連とは、各国がそれぞれの国益を求めてしのぎを削る場」なのである。「共通の善」や「共通の正義」を想定すること自体が、国際社会の中では「不遜」であり「独善」なのであって、日本人はそのことを60年以上前に学んでおくべきだった。

　したがって、「条約の解釈」などというものは、各国がそれぞれの国益（主権者たる国民の幸せ）に適合するように決めればよいものであり、モンクを言ってくる他国を蹴散らす自信があるならば、その時々の都合で変えてもよいものだ。「その時々の都合で条約解釈を変えるようなことは良くない」と国民の多くが思うのであれば、そうしたことはしなければよい。それが、「国民の意思」＝「国民の幸せ」＝「国益」だからだ。したがって、「正しい条約解釈をWIPOの担当官に問い合わせる」（それに従って自国政府の解釈を決める）などという愚かなことをしているのは、世界中でおそらく日本の文化庁だけであり、先進各国の著作権関係者からも冷笑されているのである。

　たとえばアメリカ政府は、WTO協定（TRIPS協定）の交渉過程では、「レコー

ドの遡及的保護」をなんとか実現するために、「50年前に作られたものまで遡るのはキツい」という多くの国々の要望に応えて、WIPOもアメリカ政府も含め「必ずしも50年でなくてよい」と解釈していた「ベルヌ条約第18条」を「準用する」という規定を受け入れた。アメリカ政府は当時の国際会議でも、「TRIPS協定のこの規定は、『必ずしも50年でなくてよい』という解釈だ」と明言していたのである。

　ところがアメリカ政府は、後に（アメリカのレコード業界からの突き上げにあって）急に態度を変え、TRIPS協定実施後に、遡及期間を50年にしなかった国々を「条約違反だ」と非難し始めた。ヨーロッパにもそのような国がいくつもあったのだが、それらをWTO提訴するとEUとの関係がややこしくなるため、「一番弱い所」を狙って日本だけをWTO提訴したのである。あっけに取られた日本の外務省は、過去の経緯（アメリカ政府も「50年でなくてよい」という条約解釈を公式に表明していたこと）について色々な証拠をそろえ、アメリカ政府と交渉しようとした。しかし、これに対するアメリカ政府の回答は、「あのときは確かにそういう条約解釈をしていたが、その後条約解釈を変更したのだ」という驚くべきものだったのである。

　このとき、十分な「国際政治力」をもたない日本は、アメリカ政府の恣意的解釈変更の前にあっさり蹴散らされた（内閣総理大臣自身がそのような選択・決定をしたとき、筆者も総理執務室内にいた）。ただし、ここでいう「国際政治力」とは、単に軍事力のことではない。たとえば小国であっても、「その国をイジメるとアメリカは国際的に孤立してしまい、結局アメリカの国益が損なわれることになる」とか、「その国をイジメるとアメリカ国内の関係者が騒ぎ出して大統領がもたなくなる」という状況を作っておけば、アメリカといえどもうかつに手を出せなくなる。これも「国際政治力」の一部だ。要は、相手の行動を規定する「相手の価値観・正義・利害・都合」を前提として、相手がある行動を自然にとる（とらない）ように持って行けるか——ということが「政治力」の本質であって、ただ「コチラの正義」を叫び続けても、世界中から冷笑されるだけなのである。

　ちなみに、このときアメリカ政府は、WIPOにも圧力をかけて、WIPOの条約解釈を変更させていたのだが、これら一連のことを（日本人の文化・価値観を絶対視して）「悪」とか「卑怯」などと呼ぶ人は、国際社会の中での日本とか、日本の外交のあり方といったことについてロジカルに考えることが、永久にできない人である。

統一的権力が存在しないジャングルに等しい現在の国際社会において、「条約」とは本質的にそうしたものだ。こうした国際社会の現実を、日本人はまず正確に認識すべきである。「それは良くない」と思うのであれば、「良い状況」を目指して(すなわち、日本人が国家主権を行使して独自に設定した「正義」を目指して)世界の現状を変えようとしてもよい。しかし、それならばそうできるような「手段」を企画・実施すべきであり、単に「愚痴をこぼしている」だけでは、国際社会からますますバカにされていくだろう。

もっとも、仮にそれが実現でき、日本人が思う「正義」が実現されたとしても、筆者は価値的相対主義者として、「それは、アメリカ人が思う正義や、イスラム教徒が思う正義と比べて、なぜ『より正しい』といえるのか？」とシニカルに突っ込むだろうが。

3　執筆依頼事項2：JASRACへの提言

ここでは、第二の執筆依頼事項である(国際条約の内容を踏まえた)「JASRACへの提言」について述べる。

(1)　筆者が行う「提言」の種類

ここで再度、筆者が行う提言の性格について確認しておく。

「提言」と呼ばれるものには、大きく分けて、「目標の設定」に関するものと「手段の選択」に関するものとがある。

これらのうち「目標の設定」に関する提言は、「アナタは○○を目指すべきだ」というものである。つまり、(法令等に違反しない限り)自由に設定できるものである「目標」について、その方向性や具体的内容を提案するものである。その背景には、「この方向に向かうことに価値がある」という「価値判断」がある。つまりこの場合には、「提言する人の価値観」が、提言に反映されている。

他方で「手段の選択」に関する提言は、「アナタが○○という目標の達成を目指すというのであれば、××という手段を選択すればよい」というものである。こちらの場合には、「すでに設定されている目標」を前提として、(その目標が手段提案者の価値観に合っていようといまいと)それを達成できる「手段」を提案するものである。その提案の背景にあるのは、提案者の価値観ではなく「ロジカルな選択」である。この場合には、「提言する人の価値観」は無関係であり、「設定

された目標」が「提言する人の価値観」に反するものであっても、提案者はロジカルな判断によって「手段」の提言することが可能である。

「目標」の設定に関する提言はしない

すでに述べたように、筆者は価値的相対主義者であるため、誰に対しても「目標の設定」に関する提言は行わない。特に、新聞社・雑誌社・放送局などのジャーナリストの方々は、「日本はこちらを目指すべきだ」といった内容のコメント（目標の提言）を筆者に求めてくることが多いが、筆者はすべてお断りしている。また、「右へ行くべき」という意見と「左へ行くべき」という意見をぶつける（目標を対立させる）のが好きなマスコミ関係者は、ある主張をしている（目標を追求している）人について、（おそらく筆者は反対方向の目標を目指しているだろう、という勝手な推測で）筆者をぶつけようとしてコメントを求めてくることがあるが、これもすべてお断りしている。

保護期間延長の是非について毎日新聞社が特集記事を組んだときには、A対Bの一方を担うのではなく、A対Bの意見対立について筆者が中立的にコメントするということで、インタビューに応じることにした。某放送局でディベート番組を担当されているプロデューサーの方は、「これ以上学力が下がったら日本が滅びる」と主張している人に筆者をぶつける番組を作ろうとしたが、筆者は「私が出演したら、その方に対してまず『日本が滅びたら何か問題ありますか？』という話から始めますが、よろしいですか？」と申し上げてお引き取りいただいた。

当然のことながら、いくつかいただいた、政府の審議会の専門委員等への就任要請も、すべてお断りしている。さらに、自民党・民主党の方で、何を勘違いしたのか筆者に「選挙に出ませんか？」などと言ってきた人もいたが、当然お断りした。税金で仕事をする審議会委員や国会議員は、「世の中を良くする」ために働くべきだが、価値的相対主義者である筆者は「良い状態」を設定しない（それは国民が多数決で決めればよいことだと考える）ため、そのような仕事はできないのである。

「手段」の選択に関する提言はする

しかし、自らの「目標」を明確に定め、それを達成するための「手段」を模索している人に対しては、求めに応じて筆者はアドバイスをしている。仮にアルカイーダがアドバイスを求めてきたとしても、「私がリストアップする人々は絶対に攻撃対象にしない」という条件を受け入れれば、アドバイスをするかもしれない。彼らは、われわれを攻撃対象とし得る限り「敵」であるが、必ずしも絶対的

な「悪」とはいえない。そもそも日本以外の「民主国家」のほとんどは（バスティーユ襲撃、ボストン茶事件などの）テロによって成立したのであり、「敵」と「悪」とは違うのだ。

　著作権の関係では、権利者側の人々も利用者側の人々も筆者にアドバイスを求めてくるが、いずれに対しても「その人の目標」を達成できる「手段」についてロジカルなサジェスチョンをしている。著作隣接権をもつ企業で構成されている某大団体（著作権課長時代の筆者からは「ワガママばかり言う団体」と思えていた団体）の会長さんは、法改正に向けて複雑な議論が混乱しつつ行われている中で団体事務局を信頼できず、「この時点ではどんなワガママを言えばいいのか？」と聞いてこられたが、これにも誠実にお答えした。

　自民党議員から「この法案について世論の反発を防ぐにはどのような説明をしたらよいか？」という問い合せがあったり、民主党議員から「国会審議でこの法案の欠陥を暴き出すにはどんな質問をしたらよいか？」という問い合せがあったりもしたが、いずれにも誠実にお答えした。対立する双方から「手段」に関するアドバイスを求められても、直接的にぶつかり合う手段でない限り双方にアドバイスすることにしているからだ。さらに、外資系の企業からは、「どうも日本は、今後マヌケな著作権法改正をしそうだが、穴を突いてわが社が大儲けできるように、その場合には顧問になってほしい」という要請が来たが、これは今後の著作権法改正の「マヌケ具合」によって判断するつもりである。

　ちなみに、「手段」の適否は「目標を達成できるものか？」ということだけで決まる。ある手段を選択・実施した結果として何か副作用が起こるとしたら、その原因は常に、「手段の選択」ではなく、「目標の設定」にある。「副作用」とは、「別の価値を損なった」ということであり、たとえば、「確かに収入増という目標は達成したが、健康を損なうという副作用があった」というようなことだ。しかしこれは、「手段の選択」に問題があったのではない。「目標の設定」のにおいて、「収入増」だけを目標として掲げ「健康維持」という別の目標を無視していたことが問題なのである。

　同様に、「確かに目標は達成したかもしれないが、こんなやり方はモラルに反しているし、評判も下げた」という場合も、問題は、その「手段の選択」にあったのではない。「目標の設定」の段階で、「社会一般の（あるいは自分たちの）モラル感覚から逸脱しない」とか「世間の評判を下げない」という目標が、欠落していただけである。目標設定とは、いうまでもなく目標の「選択」であり、特定

の目標を選択・設定するということは、「選択しなかったものはすべて切り捨てる」という決定でもあるのだ——ということに、十分注意しなければならない。

(2) JASRAC 理事長から聴取した「JASRAC の目標」

前記のように、筆者は「手段」に関する提言しかしないので、ご依頼を受けてこの項に記す「JASRAC への提言」も、当然のことながら、「JASRAC 自身が設定した目標」を達成するための「手段」に関するもののみである。JASRAC は、法令等に違反しない限り、総会の議決を経ていかなる「目標」も設定できるが、筆者はその適否については一切の判断・論評は行わない。また、「JASRAC は、目標として示されたもの以外の価値は追求しようとしていない」ということを当然の前提とする。ひょっとすると JASRAC は、前記の例の「健康」や「モラル」や「評判」のように、「ひごろから当然視していたことを目標の中に列挙するのを失念する」という、日本でよくあるミスを犯しているかもしれないが、仮にそれが起こっていたとしても、それは筆者の責任ではない。筆者が提言するのは、JASRAC から聴取した「目標」を達成できる「手段」であり、それは、（他にどのような影響があろうとも）「JASRAC が設定した目標」を達成できるものである。

このように、ここで「手段」に関する提言をするためには、まず「JASRAC の目標」を確認しなければならないが、これについては過日 JASRAC の理事長から直接聴取した。具体的にいえば、JASRAC は次のふたつの目標（のみ）を設定している。

①「使用料収入の維持・拡大」＝会員の経済的利益への貢献
②「創作活動の支援」＝文化振興への貢献

これらの「目標」を達成するための「手段」について、条約の規定内容を踏まえつつ、以下いくつかの提言を行う。

(3) 具体的な提言の内容
(a)「使用料収入の維持・拡大」のための「手段」

JASRAC が自ら設定して筆者に示したふたつの「目標」のうちの第一は、「使用料収入の維持・拡大」である。ここに「維持」と「拡大」が並列されているのは、きわめて当を得たものであり、（皮肉ではなく）適切な現状認識を踏まえている。

なぜなら、最近では「コンテンツの流通促進は善だ」という発想から「保護の切り下げ」に関する議論が盛んになっており、「拡大」の前にまず「維持」が重

要な課題になっているからである。このためここでは、「維持」に関する提言と「拡大」に関する提言を分けて行うこととする。

（ⅰ）　音楽著作権の保護を「維持」するための「手段」

音楽著作権の保護を「維持」するための「手段」としてまず提言するのは、敵（もちろんモラル的な「悪」ではない）の陣営に対する一種の「後方攪乱工作」として、むしろ（日本の著作物等についての）「著作権保護の全廃」というムーブメントを、JASRACが密かに起こして支援することだ。「身を捨ててこそ浮かぶ瀬もあれ」である。

【提言1】
著作権保護の「全廃」というムーブメントを密かに起こし陰で支援する

すでに述べたように、著作権関係条約は「自国の著作物等」の保護は義務付けていないので、「日本の著作物等」に限定すれば、「著作権保護の全廃」は条約違反にならない。このことを提言する背景として、まず次のことを述べておきたい。それは、現在の日本における著作権論議に共通する最大の欠陥として（文化庁の職員も含めて）ほとんどの人々が「オーバービュー」を失っている――という現象が蔓延していることだ。

「オーバービュー」を失った文化庁

創作手段・利用手段の爆発的な拡大・普及によって「1億総クリエータ、1億総ユーザー」（筆者の造語）という時代を迎えて以来、コンテンツの創作・流通・利用の形態は非常に複雑になっている。小説家が執筆して出版社が出版するとか、画家が描いて画廊が売る――といった単純な図式はもはや通用しない。そのような状態の中で著作権法は、あらゆる種類のコンテンツのあらゆる利用行為について、基本的に「同じルール」を規定している。したがって、「特定のコンテンツ」や「特定の利用形態」のみに着目して著作権法を改正すると、「他のコンテンツ」や「他の利用形態」について「思わぬ結果」が発生することが多い。だから、「全体を見渡せるオーバービュー」が常に必要なのだ。

しかし、種々のコンテンツの創作・流通・利用の各段階に携わる人々・企業・団体・関係省庁などは、「自分に関係する部分のルール」しか見ていない。そこだけを見て「自分にとって有利になる法改正」を主張しているが、それを実施すると当然に、他のコンテンツや他の利用形態に影響することになる。そのような

法改正を検討するときには、「関係業界だけでなく、昔とは異なりすでに利用手段を手にしている1億人がその規定を使ったらどうなるか？」とか「その規定と、一見無関係な別の規定を併せて使ったらどうなるか？」といったことを、「オーバービュー」をもって議論・判断しなければならないのだが、そんなことを考える人は、文化庁の人々も含めてほとんどいなくなってしまったようだ。

このため、「マヌケな法改正が行われた場合に、日本人が気づいていない方法によって大儲けをする方法」について、外資系の企業がよく筆者に相談に来るのである。ちなみに、こうした危険性をいくら叫んでも誰も真剣に聞いてくれないので、筆者は「実際に目にモノ見せる」ために、マヌケな法改正が行われた場合にはそうした企業と組むつもりでいる。御関心のある企業の方は、外資系に限らず、御連絡いただきたい。

しかしよく考えてみれば、世の中の人々・企業・団体・関係省庁などが「自分に関係する部分」しか見ないのはむしろ当然であって、彼らは責められるべきではない。単に、憲法が定める「幸福追求権」や「内心の自由」や「言論の自由」を行使しているだけである。そのような、各々の視点・利害からの主張を受けて、オーバービューをもって「全体のことを考える」という責務をもっているのが文化庁である。しかし、筆者が著作権課を去った後、さまざまな原因によって文化庁はオーバービューを失ってしまった。文化庁のある幹部は、わざわざ筆者のところに法改正案の内容を説明に来たが、そのときのやりとりの概要は、次のとおりである。(A:筆者、B:文化庁幹部)

A：この方向で著作権法を改正した場合、1億人のネットユーザーにどのような影響を与えるかということは検討したのか？
B：総務省は、1億人のネットユーザーについてどうこうしてくれとは言っていない。あくまでも〇〇業界だけを念頭に置いた改正の方向だ。
A：その業界のことを考えるのは総務省の役割であって、文化庁は全体への影響を考えることを役割としているのではないのか？　たとえば、その新規定とあの規定を併せて、1億人のネットユーザーが×××ということをしたら、どうなるのか？
B：まさかそんなことに気づいて実行する人はいないだろう。
A：ネットユーザーを甘く見過ぎている。それなら私が企業と組んでやってやる。

こうした最近の状況のために、「ここをこうしたら、〇〇業界は得をするが、

他の部分でこんな影響が出る。どちらを優先するかは政治の選択の問題だ」ということを総理大臣に言う人がいなくなり（筆者が著作権課長だったときには、ある件についてこうしたことを小泉総理に直接説明しに行った）、法改正議論が極端から極端に流れるようになった。

アホな「ユーザー・クリエータ」の後方を攪乱せよ

このような状況において、前記のJASRACの目標「①」の中の著作権保護の「維持」を達成するためには、「著作権を弱めよ」という動きを粉砕しなければならない。少なくとも、それが「音楽に係る著作者の権利」に及ばないようにしなければならない。そのための「手段」として提言するのが、JASRACが「著作権保護の全廃」というムーブメントを密かに起こして支援することだ。具体的にいえば、「著作権保護の全廃」を主張する学者・専門家を集めて「研究会」「協議会」のようなものを組織させ、「著作権保護の全廃」という提言を出させ、政・財・官・学などの各方面（特に、これを歓迎するであろう1億人のインターネットユーザーたち）に訴えさせるのだ。もちろんJASRACは表には出ず、表面上は苦々しい表情を装いながら、陰で密かに彼らを援助するのである。

「コンテンツの流通が善」であれば、「著作権保護の全廃」は「良いこと」であるはずだが、ここに、オーバービューを欠いて「著作権保護を弱めよ」と主張している人々のスキがある。たとえば、筆者が「ユーザー・クリエータ」と名付けた業界をみてみよう。典型例は放送局や新聞社だが、彼らは自分たちのコンテンツを「つくる段階」では他人のコンテンツを利用する「ユーザー」であるため著作権が弱い方が得だが、それを「世に出した段階」では自分も著作権で守られる「クリエータ」になり、著作権が強い方が得になる。こんな単純なことにさえ理解していない人が多いので、あちこちで「喜劇」が発生する。

たとえば、かつて民放連の会長が文化庁長官に「すでに放送された番組については、すべての権利を否定して再放送を自由化する法改正をせよ」と言ってきたことがある。これはアホだ。筆者は価値的相対主義者なので、著作権を「弱めよ」という主張も「強めよ」という主張もアホとは言わない。しかしこれはアホである。なぜなら、そんな法改正をしたら、「日本テレビのドラマをTBSが再放送できる」ようになってしまうからだ。「コンテンツ作成段階での他人の権利」を安易に弱めると、「コンテンツ流通段階での自分の権利」も弱まってしまうのである。同じようなことを、かつて産経新聞社の某部長も言っていた。この人はある会議の席で、過去の新聞紙面のネット配信について、「昔の新聞紙面のネッ

ト配信も、報道利用の権利制限の対象だ」と言ったのだが、筆者は即座に「産経新聞社が社として本当にその解釈をとるならすぐ御連絡ください。私は直ちに、産経新聞縮刷版のすべてを報道利用としてアップロードします」と応じた。その行為が権利制限の対象だとしたら、産経新聞社に限らず、筆者も含めて「誰でも」それをできるからである。

　逆に、「コンテンツ流通段階での自分の権利」を安易に強めると、「コンテンツ作成段階での他人の権利」も強まってしまう——ということに関するオーバービューを欠いていた例もある。読売新聞社が「新聞の見出しにも著作権がある」と主張して裁判を起こしたときには、同社の担当者の人が頭を抱えて筆者に相談に来た。この主張は、周知のように一審・二審ともに裁判で否定されたが、負けてよかったのだ。もし勝っていたら、「翌日の読売新聞朝刊で使おうとしている見出し」が過去にどこかで使われていた場合、自社が著作権侵害に問われる可能性が出てくる。

　ところで、現在「送信系」のいわゆる「ブロードバンド・コンテンツ」について行われている著作権論議の大部分は、かつて「パッケージ系」のいわゆる「マルチメディア」について行われてた議論の蒸し返しであり、当時の議論やその結末を知っている人々からみると、思わず笑ってしまうものが多い。マルチメディアがネット上で飛び交うようになり、ブロード・バンドコンテンツと名前を変え、全く同じ議論が無知な人々やオーバービューを欠いた人々によって蒸し返されているのだ。

　当時、マルチメディアを作っていた人々の多くは、前記の民法連会長と同様に「マルチメディアを作るのは善だから、マルチメディアを作るときには既存の著作物の著作権はなしという法制にせよ」と主張していた。これに対して筆者はいつも、「じゃあそうしましょう。ただし私は、あなたがその規定を使ってマルチメディアを作るのを待っていて、同じ規定を使ってそれを全部パクって大マルチメディアを作りますがいいですね？」と答えていた。「二次利用を容易にする法改正」は、「二次利用コンテンツの三次利用も容易にする」ものであり、そうした法改正をすると「二次利用の初期投資をした者が損をする」ことになるのだが、オーバービューを欠いた人にはそれが分からない。実はこのポイントも、外資系企業が狙っている部分だ。

著作権がなくなると「商業的流通」が止まる

　このように、「著作権保護の全廃」を行うと、少なくとも「ユーザー・クリエ

ータ」の業界はかえって困ることになるので、「全廃だ！」という動きを起こせば、部分しか見ていなかった彼らは、慌て出すに違いない。さらにいえば、その他の多くの業界も、実は多かれ少なかれ保護（が存在することによる秩序）の恩恵を受けており、「全廃」と言われたら浮き足立つに違いない。たとえば、自分たちは直接保護されていない「完全なユーザー」の業界も、著作権保護が全廃されたら「商業的流通」が止まって困ることになる。

　実際の例をあげてみよう。映画の保護期間を50年から70年に延長するとき、ビデオ・DVDの業界団体である映像ソフト協会は、反対するかと思ったら賛成した。なぜ賛成したかというと、「著作権が切れるとDVD化ができなくなる」からだそうだ。著作権が切れた映画は安くDVD化できるが、発売した瞬間に別の業者がそれを1枚だけ購入して大量に（それよりも安く）コピー・販売してしまうからである。著作権は切れているのだから誰もそれを阻止できず、要するに「初期投資をした者」が損をする。裁判で「この映画の著作権はもう切れている」という判決を得て勝訴したDVD業者があったが、実はこの会社は、「そのDVDをコピーされてもその会社はモンクを言えない」という判決を「勝ち取った」のだ。みなさん、どんどんコピーしましょう。

　同様に民放連も、70年への延長に賛成した。「著作権が切れると（NHK以外は）放送できなくなる」からだそうだ。「千と千尋の神隠し」が50％近い視聴率を獲得したのは、著作権があるために「普通はタダでは見られない」からだ。「あの『千と千尋の神隠し』の放送権を獲得した」と言えば、視聴率が軽く30％を超えると予想されたので、スポンサーが群がってきた。ところが、著作権が切れてどんどんタダで（ネット上を）流通しているような映画では、視聴率が取れるとは思えないので、スポンサーがつかない。したがって、放送局としては商売にならないので、結局放送できなくなる——というのだ。

　このように、一口に「流通」といっても、「1億アマチュアによる流通」と「業者による商業的流通」は異なっており、後者については、「著作権がなくなって誰も利用をコントロールできなくなる」と「流通しなくなる」という現象が起きる。だから、「全廃」という動きが発生したら、実は「困る業界」の方が多いのだ。したがって、「著作権保護の全廃」というムーブメントをあえて起こせば、「著作権を弱めよ」と主張している側を分断・攪乱させることができるだろう。

【提言2】
著作隣接権保護の「廃止」または「報酬請求権化」を公に打ち出す

　音楽著作権の保護を「維持」するための「手段」として次に提言するのは、「著作隣接権保護の廃止」をJASRACが公に打ち出すことだ。こちらについては、「密かに」ではなく「公に」である。すでに述べたように、著作隣接権に関する条約も「自国のもの」の保護は義務付けていないので、「自国のもの」に限れば、「著作隣接権保護の廃止」も「一律報酬請求権化」も、条約違反にはならない。そこで、JASRACが「著作隣接権保護の廃止（または報酬請求権化）を支持する」こととし、これと引き換えに、利用者側に「著作者の権利については保護の維持を支持する」ことを確約させるのである。

　「コンテンツの流通を阻害する著作権は弱めるべきだ」という主張が広く賛同を得つつあることについて、JASRACは「気の毒な被害者」であるともいえる。いうまでもなく、JASRACは大変な苦労をして著作者たちとの契約を拡大し、多くの音楽について契約窓口の一本化を実現して、しかも「決して許諾を拒まない」という状況を実現しているからだ。よくいわれるように、「実質的な報酬請求権化」を達成して、利用者の便宜を図っている。

　「権利者の所在を探すことから始めなければならない」という他のコンテンツと比べれば、利用者たちはまさに「JASRACにお金を払える幸せ」（音楽については、権利者を探す必要も交渉する必要もなく、JASRACにお金を払いさえすれば使えるという幸せ）をかみしめるべきかもしれない。

　したがって、「著作権」全体について評判が悪い主たる原因は、JASRACにあるのではなく、JASRACと同様の努力をしていない「他の権利者たち」にある。ひとつのコンテンツについて許諾権をもつ権利者が複数いると、全員から許諾を得なければならないため、すべての権利者についてJASRACのような管理体制が確立されていない限り、「JASRAC以外には権利者がいない」という場合に比べて利用しにくくなる。

　その結果、利用者側には不満が生じて、最も目立っているJASRACが（利用しやすい体制を整えているにもかかわらず）批判の対象にされている。さらに気の毒なことには、JASRACは「他の権利者たちの存在」によって（彼らの許諾を得られないために音楽著作物も利用されないことが多発するために）「使用料収入が減

少する」という被害にあっている——「利用者側」と同じ「被害者」である——にもかかわらず、いわれなき非難を浴びているのである。

「利用者側」と「JASRAC」の利害は一致している

そのような「被害」を発生させている「加害者たち」の最たる者が、いうまでもなく「実演家」と「レコード製作者」だ。彼らの存在と怠慢によって、このままでは「著作者の権利」も危なくなってくるので、どの角度からみても「JASRACの足を引っ張っている」ものである著作隣接権保護は「全廃すべきだ」という方針を、JASRACが自ら打ち出せばよい。当然のことながら、その打ち出しの前には、「利用者側」と交渉・協議して、「JASRACは著作隣接権の廃止に向けて利用者側と行動を共にする」「利用者側は、著作者の権利と著作隣接権とを明確に区別し、前者については保護の維持を支持することを明言する」といった「取引き」をすべきだ。それによって、JASRACが関係する「著作者の権利」について防衛を強化するのである。

より現実的に考えれば、実際上は「廃止」を主張しつつ「落としどころ」としては「報酬請求権化」にするという手もあるが、ここでの検討課題はむしろ、「放送局」の権利をどうするか——ということだろう。放送局は政治力が強いので、敵に回してはならない。第一の選択肢は、放送局側と結託して、最初から「著作隣接権の廃止」ではなく「実演家・レコード製作者の権利の廃止」を打ち出すということである。しかしこれでは、非専門家には意味がよく分からない。「広義の『著作権』は、実は、昔からある『著作者の権利』と、比較的最近できた『著作隣接権』に分かれているが、コンテンツの流通を阻害しているのはむしろ（迅速な許諾のためのシステムが確立されていない）後者の方。したがって、後者は廃止しよう」と言った方が、国民・マスコミ・政治家などには分かりやすい。

第二の選択肢は、次のようなことだ。もし放送局側が「金さえもらえれば報酬請求権でもよい」とか「実演家・レコード製作者の許諾権を廃止できるなら、放送局の著作隣接権も報酬請求権でよい」とか「政治力を駆使して高額の報酬を設定すれば報酬請求権でも許諾権と変わらない」と言うならば、放送局側と結託して次のようなスジ書きも書ける。

- JASRACと放送業界との間で予め「国内のものについてはすべての著作隣接権を報酬請求権に切り下げる」という合意を秘密裏に行う。
- 両者がウラで企画・援助し、民間の協議会・研究会等を組織して「著作隣接権の全廃」という運動を（政治家・マスコミ・関係業界・世論等を対象に）起

こさせる。
- これに対して、放送業界が（ポーズとして）先頭を切って大反対運動を展開し、芸団協・レコード協会が、反対運動について放送業界のリーダーシップに頼る状況を作る。
- 廃止論者たちに対して放送業界が真っ向から対決する（ポーズを示す）が、最後は妥協し（たフリをし）て「報酬請求権化」に落ち着かせる（芸団協・レコード協会も受け入れざるを得ない雰囲気を作る）。
- 芸団協・レコード協会の執行部には「本来なら全廃になっていたところ、関係団体の努力によって報酬請求権だけは維持できた」という会員向けの言い訳を与える。
- 法改正を実施する。

なお、筆者の経験からいえば、芸団協とレコード協会の「執行部」の人々は、表面上は報酬請求権化に反対しても、結局は（執行部の「顔」を立て「会員への言い訳」を作ってやり、利用促進で「報酬総額も増える」という見通しを与えれば）内心では喜んで報酬請求権化に賛成すると思われるが、このことについては追って再度述べる。

(ii) 使用料収入を「拡大」するための「手段」

次に、使用料収入を「拡大」するための「手段」について提言する。

【提言3】
「条約違反」である「著作権法第44条第2項」を廃止させる

そのひとつめは、ベルヌ条約に違反している著作権法44条2項の規定（有線放送事業者についていわゆる「一時固定」の例外を定めているもの）を廃止させるべく、運動を起こすことだ。この規定がベルヌ条約に違反していることについては、筆者は以前国際著作権課長の職にあったにもかかわらず、恥ずかしながら著作権課長になってから気づいた。ある日突然に、この権利制限規定についてベルヌ条約上の根拠が気になり、ベルヌ条約を再度精読したのだが、どこにも根拠規定が見あたらない。そこで、部下のひとりに昭和61年の改正当時の法案説明資料を探し出してもらったところ、重大なことを発見した。

昭和61年の著作権法改正は、インターネットの「イ」の字もないころに世界で初めて「インタラクティブ送信に係る著作者の許諾権を規定したこと」（WIPO

や世界各国はこれに追いつくのに10年かかった）や、後にWCT・WPPTの「利用可能化権」で初めて採用された「利用し得る状態に置く」という条文の書き方を初めて実現したこと（データベースの公表概念）など、国際的・歴史的にみても画期的な改正だった。しかし、有線放送に関する改正には、「勇み足」が含まれていたのである。

条約違反は現在でも「文化庁の公式見解」

当時の文化庁著作権課が作成した公式資料には、なんと「この改正（44条2項の新設）はベルヌ条約違反である」ということが明記されていた。さらに、「ベルヌ条約は、次の改正でこの日本法の規定と同じ規定を盛り込むだろう」という勇ましいことも書かれていたのである。しかし実際に起こったことは、いわば、ベルヌ条約は（有線放送への対応について）「日本法に追いつく」前に「インターネットに抜かれてしまった」——ということだった。このため、その「次の改正」（WCTの制定）では、インターネットに対応するための規定は数多く盛り込まれたが、「有線放送を優遇する」ような権利制限規定は盛り込まれなかったのである。

態様の多様性が拡大しつつあった「公衆向け送信」について、「無許諾で一時固定ができる」という権利制限規定の「特権」の享受者は、ベルヌ条約では「無線放送事業者」のみとされていた。しかし、日本は昭和61年改正で、ベルヌ条約に違反して（ベルヌ条約も後からついてくると思って）そのラインを有線放送事業者まで広げてしまったのである。ところが、インターネットに抜かれたベルヌ同盟は、実質的に「次の改正」であるWCTの制定において、「インターネット送信事業者」には無線放送事業者と同様の「特権」を与えないこととした。このとき、ある意味で「両者の中間」にある「有線放送事業者」は、基本的に「インターネット送信事業者」側に引き続き置かれることとされ、「無線放送事業者」側には置かれなかった（無線放送事業者と同じ権利制限規定上の特権は新たに付与されなかった）のである。

このために、日本の著作権法44条2項は、依然として、文化庁自身が公文書で述べていたように、「条約違反」のまま残ってしまった。ちなみに、WIPOが発行した解説書等をみても、「ベルヌ条約は無線放送と有線放送を厳格に区別しているので、無線放送向けの規定は有線放送には類推適用されない」ということが明記されている。著作権課長であった筆者は、昭和61年以降にこの「条約違反である」という解釈を文化庁が変更していないかをチェックしたが、変更はさ

れていなかった。著作権課長であった筆者もこの公式解釈を変更しなかったので、少なくとも筆者が著作権課長であった平成15年7月15日までは、著作権課はこの条文について公式に「ベルヌ条約違反である」という解釈をしていたわけだ。さらに筆者は、平成18年に、「条約違反だという公式見解は変更されていない」ということを文化庁著作権課幹部に確認している。

　ちなみに、審議会小委員会の結論を受けた文化庁著作権課としての「一時的蓄積に係る文化庁著作権課の解釈の確定」は、公文書の決済によって行っており、公式の解釈変更には、そのような公的手続きを経ることが必要だ。もっとも、文化庁がどのように無理な解釈変更をしようとも、この規定は誰がみても明らかにベルヌ条約に違反しているので、文化庁の解釈変更の有無はどうでもよいことだが、法改正の時点で率直に条約違反を認めていた当時の著作権課は、プロとしての良心と見識をもっていたと評価できよう。

　この条文が「条約違反」であるのは、いうまでもなく「外国の著作物が日本国内での有線放送のために一時固定される場合」であるが、仮に日本の著作権法が今後とも「内外無差別」の方針を維持するとしたら、この条文を廃止することによって国内の音楽著作者に係るJASRACの使用料収入も大幅に増加させ得るのである。

【提言2】（再）
「著作隣接権保護の廃止」または「報酬請求権化」を打ち出す

　次の提言は、実は前の「提言2」と同じものである。この手段は（利用者側との取引によって）音楽に係る「著作者の権利」の保護を「維持」することだけでなく、使用料収入を「拡大」することについてもきわめて有効だ。重ねて確認しておくが、著作隣接権に関する条約も「自国のもの」の保護は義務付けていないので、「自国のもの」に限れば、「著作隣接権保護の廃止」も「一律報酬請求権化」も、条約違反にはならない。

使用料収入拡大の「敵」は「利用者」よりむしろ「著作隣接権者」
　いうまでもないが、「著作者の権利」や「著作隣接権」をもつ各主体の権利はそれぞれ独立してはたらくので、たとえば複数の権利者の許諾権が及んでいるコンテンツの場合には、各権利者の全員が許諾しないと利用ができない。しかしそれらの権利者の中でJASRACは、実質的な報酬請求権化を達成しているので、

「許諾の拒否」は基本的に行わない。

　ということは、すでに述べたように、ひとつのコンテンツについて「他にも許諾権をもつ者がいる」という状況は、「権利者全員が許諾する」という確率を下げ、結果としてそのコンテンツが利用されない（JASRACの収入にならない）という事態を招く確率を上げることになる。したがってJASRACにとっては、他の権利者は「少なければ少ないほどよい」のだ。単純な算数の結果である。

　特に、「実演家」と「レコード製作者」の許諾権は、JASRACにとって大きなマイナス要因になっている。芸団協と日本レコード協会がJASRACと同様の努力を行い、「実質的な報酬請求権化」を達成していればその影響は（金額だけの問題になるので）小さいが、両団体はJASRACと同様の状況を実現できていない。

　ところで、この提言については、「芸団協とレコード協会の執行部の人々は、表面上は報酬請求権化に反対しつつも、結局は（執行部の『顔』を立て『会員への言い訳』を作ってやりさえすれば）喜んで報酬請求権化に賛成すると思われる」と述べた。その根拠は、いわゆる「WIPO新条約」（WCT・WPPT）が検討されていたころ、「芸団協」と「日本レコード協会」の役員が、当時文化庁の国際著作権室長であった筆者に対して（それぞれ別々に）「ネット配信に関する利用可能化権は、許諾権ではなく報酬請求権にしてくれ」と密かに申し入れてきたことだ。

　これを聞いたとき筆者は、「会員の利益を裏切っている！」と感じたが、両団体ともにプライベートな団体である以上、会員たちがモンクを言わなければ役人が口出しすべきことではない。結果として「利用可能化権」（日本法の「送信可能化権」）は許諾権とされたが、両団体の役員が「報酬請求権にしてくれ」と言ってきたのは、その方が（個々の権利者＝会員にとっては不利でも）団体執行部にとっては有利だからだ。

　世の中の人々は「○○協会が××と言っている」などと気楽に言うが、「○○協会」が「言う」はずはない。言っているのは「人」であり、それは「○○協会の誰か」である。実は、いうまでもないが、あらゆる団体について、「団体全体の利害」と「会員の利害」と「執行部・事務局などの利害」と「執行部・事務局の特定の××さんの利害」は、通常は一致していない。このため「執行部・事務局」や「××さん」は、通常は「本人の利益」のためにモノを言ってくるので注意しなければならないのだ。「執行部」は、必ずしも（あるいは、通常は）「会員の利益」の方向には動かず、「自分たちの利益」の方向に動く（日本＝団体、国民＝会員、政治家・官僚＝執行部、と置き換えれば、執行部は必ずしも会員の利益の方向

には動かない——ということは明白だろう)。日本人はこれを「モラルの問題」にしがちだが、「幸福追求権」は憲法に明記されている。「各人が自分の利益を追求すると、全体が良くなる」というシステムが整備されているか——という問題なのだ。

団体の「執行部」が「報酬請求権」を好むワケ

実演家・レコード製作者の「送信可能化権」についていえば、実は団体執行部にとっては、「報酬請求権」の方が有利なのだ。個々の会員にとってはもちろん「許諾権」の方が有利だが、許諾権を与えられてしまったら、団体の「執行部」はJASRACのように契約で権利を集める苦労をしなければならない。これに対して「報酬請求権」になり指定団体にしてもらえれば、黙っていても億単位のお金が毎年自動的に振り込まれる。会員とは個々に契約していないので、会員の意識が低ければそのまま配分せずにすんでしまうかもしれないし、配分するとしてもかなりの手数料等を手に入れられるのだ。

要するに、実は彼らの多くは許諾権を「もてあましている」のであり、口ではどうタテマエを言おうと、あらゆる権利について「会員の許諾権」を「指定団体の報酬請求権」に変えることを望んでいると思われる。したがって、芸団協・レコード協会の「執行部」との取引は容易であると思われ、「一応は絶対反対という態度を示す」⇒「執行部の努力によって会員に有利な条件を引き出したという形を作ってやる」⇒「メリットもあるので『報酬請求権化』をしぶしぶ認めた——と会員に言える状況を作ってやる」ということをすれば、両団体の執行部はこの話に乗ってくるだろう。

これによって「音楽関係は(国内のものの場合は)すべて実質的に報酬請求権」という状況が実現できるが、「許諾権」として残るのは「ノン・メンバーの作品」と「JASRACが集中管理していない権利」である。これらは世間から「異常な存在」とみられるようになり、利用者の側からも「JASRACに信託せよ」という圧力が増すであろうから、JASRACの使用料収入は益々拡大できることなる。

(b) 「創作活動の支援」のための「手段」

JASRACが自ら設定して筆者に示したふたつの「目標」のうちの第二は、「創作活動の支援」である。この「目標」を達成するための「手段」としてJASRACがこれまで行ってきたことは、JASRACの説明によれば、「創作者一般(音楽に限らない)の著作権の強化運動による支援」ということだったそうだ。しかし筆者は、その「手段」を「創作者個々人への直接支援の実施・拡大」に変更

するよう提言する。

> 【提言4】
> 「創作者個々人への直接支援」を実施・拡大すること

　このことを提言する理由は単純だ。「文化振興への貢献」を目指して「創作活動への支援」を行うのであれば、それは「すでにメジャーになっている人々」ではなく「これからメジャーになろうとしている若手」に向けた方が効果的かつ効率的であり、それによってJASRACの支援はより大きな感謝を得ることができ、世の中の人々にとっても「JASRACは文化振興に貢献している」ということが見えやすくなって、文化振興についてのJASRACの社会的な評価を高めることができるからである。

　なぜなら、「著作権の強化」が有効に機能するのは、「すでにつくられて世に出ているもの」「人々が利用したいと思っているもの」「世の中の評価を得ているもの」を「つくった人」の利益増進についてだからである。まだ世の中から見向きもされていない若いクリエータにとっては、著作権の強化は（将来メジャーになったとした場合を想定したインセンティブにはなっても）「メジャーになること」「世に出ること」「人々の評価を得ること」という当面の目標の達成については、全く助けにならない。

　簡単な例を出せば、貧しい生活に耐えながらメジャーになろうとして必死の努力を続けている若手の作曲家・小説家・芸術家たちにとって、「あなたの作品の保護期間が死後50年から死後70年に延びましたよ」と言われたら、嬉しいだろうか。それは遠い遠い先の話であって、そもそも他人がお金を出して利用してくれるような作品を世に出せるようにならなければ、保護期間の延長など何の意味もない。つまり、著作権が強化されて嬉しいのは、「自分の作品がすでに利用されていて収入のある人」なのだ。

　それは文化振興ではないとはいわないが、むしろ若い人々を直接的に支援した方が、少なくとも「JASRACによる文化振興への貢献効果」や「文化振興主体としてのJASRACの評価向上効果」は大きいだろう。

「将来のインセンティブ」より「現在の直接支援」を

　かつてプロ野球の「名球会」は、「高収入を得ている自分たちがそのお金を使って贅沢をすることにより、野球少年たちがそれに憧れて（それがインセンティ

ブとなって) ガンバルようになり、結果としてスポーツが振興される」と主張して「公益法人」としての資格を得ようとした (もちろん政府によって一笑に付されたが)。すでに著作権使用料収入を得ているメジャーな人々の収入をさらに拡大する権利強化が、「インセンティブ」として「文化振興」に資する——という単純な論理は、かつての名球会のこの「奢り」と同じ臭いがする。高収入を得ている名球会の人々は、そのお金を「自分たちが贅沢をすること」に使うよりも、「夢見る野球少年たちを直接助けるため」に使う方がよいのではないか。これと似たことが、JASRACの「文化振興」についてもいえると筆者は考える。

　具体的な内容としては、若手のクリエータに対する「生活支援」「学習支援」「留学支援」「作品発表支援」なども考えられるし、また、さまざまな「コンクール」や「コンペティション」による才能の発掘なども考えられよう。そのような支援を実現すれば、それは若手からみれば、「JASRACを通じて収入を得ている先輩たちが、自分たちのために支援をしてくれた」ということになり、彼らがメジャーになった後には (少なくとも相当数の人々は)「あの時の恩返しとして (あのころ支援してくれた先輩たちはすでにこの世にいないが) 今度は後輩たちを支援しよう」と思うだろう。現在のJASRACが「文化振興のため」「クリエータ支援のため」と称して「権利強化」を主張することは、JASRACがいくら理屈をつけても、若手からは「すでに功成り名遂げた人々の収入を益々増やすだけのもの」としかみえないのである。

　具体的には、「仕組み」と「資金」を考える必要があるが、「仕組み」については、集中管理団体であるJASRACとは別に、JASRACが提供する資金による「JASRAC財団」のようなものを作るべきだろう。また、「資金」については、前記の「使用料収入拡大のための提言」を実行すれば、使用料収入の大幅な増加が見込まれるので、それを充てればよい。このような活動を展開していけば、JASRACに対する世の中の人々の見方は、根本的に変わるだろう。

　ちなみに、JASRACは、「著作権保護の意義」「JASRACの活動の意義」などを強調してJASRACの評判を高めようとしているようだが、そんなことは効果がないので止めたほうがよい。たとえば「税務署が税金を集めることの意義」や「税金の使い道の重要性」などをいかに強調しても (人々はそうしたことを理屈では理解していても) 税務署や税務署員の評判が良くなるわけではない。父親が税務署員であり、小学生時代にはそれによって一時イジメを受けかけていた筆者には、それがよく分かる。もし「創作活動への支援」や「文化振興への貢献」とい

った目標の背後に「JASRACの評判を良くしたい」という目標が隠されているのであれば、「JASRACに助けられた」「今日あるのはあの時のJASRACの支援のおかげ」と言ってくれるアーティストを、直接支援によって増やすべきなのだ。

同時発行による国際貢献の可能性

なお、JASRACが「文化振興への貢献」を国際的な規模で実施したいのであれば、オーストラリアの音楽著作権管理団体が実施しているようなサービスを、条約未加盟国の著作者を対象に行うことが考えられる。

具体的には、条約未加盟国の作詞家・作曲家の著作物について、日本国内での「同時発行」の便宜を図ることにより、それを「日本を本国とする著作物」にし、その著作権をJASRACが管理するのである。こうすれば、その作品がたとえばアメリカで使われた場合、アメリカの管理団体とJASRACを経由することによって、その作詞家・作曲家に権利行使のチャンスを与えることができる。このようなサービスを国際的に展開すれば、世界におけるJASRACのプレスティージも、高まっていくだろう。

(c) その他の提言

これまで述べてきた4つの提言に加えて、これらの提言を実行するうえで、また、その他のあらゆる活動をJASRACが実施するうえで、きわめて重要であると思われるふたつのジェネリックな事項について、ここで提言しておきたい。

【提言5】
「侵害者」は直ちに訴える

その第一は、「侵害者は直ちに訴える」というきわめて単純なことだ。JASRACは、たとえば無許諾でカラオケ営業を続けていたスナックなどを発見しても、最初は正規の賠償額（使用料）を請求したり刑事告訴したりせず、なぜか「低い金額」の使用料を「今すぐ払えばこの金額でカンベンしてやる」というかたちで請求する——ということをしてきた。それに応じないと、「高い金額」（正規の使用料）の請求や刑事告訴に移行してきたのである。このやり方についてJASRACは、「いたずらに相手を刺激せず、世間やマスコミからも好感をもたれたいため」などと説明していたが、この判断は完全に間違っており、実際には全く逆の効果を生んできた。

このやり方は、たとえていえば、セクハラにあった被害者が、加害者に「本来

なら10万円請求するとこだけど、今すぐ5万円払えばカンベンしてやる」と言うに等しい。そんなことを言われたら、「ルール違反をした」という認識さえ乏しい加害者は、「イチャモンだ」とか「タカリだ」などと感じて、支払いを拒否するだろう。そこで「それなら10万円だ」とか「それなら警察を呼ぶ」などと言われたら、ますます話がこじれてしまう。当然のことながら、マスコミや世論の支持も得にくくなる。

　違法行為に対しては有無を言わさずに毅然とした態度をとり、直ちに民事・刑事の司法救済システムを発動させてこそ、加害者や世の中の人々は「これは悪いことなのだ」と認識していくのだ。筆者は、かつて「教育家庭新聞社」に悪質な著作権侵害をされ、社長宛の文書で警告を発したが、(前著作権課長という専門家が著作権侵害だと指摘しているのに) 逆に「わが社への恫喝だ」「本当の目的を言え」「社長は大臣・次官と親しいから抗議してやる」などという恫喝を受けたため、警察に訴え出た。警察が介入して初めて、同社は「違法行為をした」という認識をもったのである。

　このとき筆者も権利行使の大変さを身をもって経験したが、それは、①加害者には「違法行為をした」という認識すらない、②加害者が逆に被害者を恫喝する、③周囲の人々の中には「その程度のことでそんなに事を荒立てるのか」などと言う人が少なくない——という状況だったからである。「セクハラに対して最初に立ち上がった女性」もおそらく同じような目にあったのだろうと感じた。このように、世の中の人々が「まだルール自体をよく認識していない」という状況下では、ルール違反に対して「即座に訴え出る」ことが最善の策だ。

　JASRACのように、最初に「低い金額」を請求して後に金額を上げたりすると、違法行為をしたという自覚すら乏しい加害者は、「何かおかしい」と感じて、たとえば政治家に泣きつく。するとその政治家が、「なんとかならないのか？」などと言って文化庁に圧力をかけてくるのだ。そのような圧力があったとき、著作権課長であった筆者はいつもJASRACに対して、「違法行為があったと思うなら、直ちに刑事告訴し民事訴訟も起こしてほしい」と要請していた。警察が動き出せば、横槍を入れてきた政治家に対しても、「先生、なにぶん警察が動いている事件ですから、われわれにはどうしようもありません。余計なことかもしれませんが、警察で捜査中の事件に先生が介入しようとしたなどとマスコミが書き立てると大変ですので、先生からお話があったことは内密にいたします」などと言って、やんわり「脅し」をかけることもできるのだ。

ところが、すぐに刑事・民事の法的措置をとらないから、文化庁への圧力とともに、JASRAC本体への政治家の介入・圧力も招き、特定の政治家のために「特別の措置」をしなければならなくなるのだ（特別の措置の実例についてはここで言及しないが）。前記のような「甘い対応」をしても、マスコミや世論の評判は良くならず、良いことはひとつもない。悪い影響が発生するだけである。「検挙に勝る防犯なし」といわれるが、JASRACが侵害行為に対して毅然とした態度をとらないことは、かえって社会に混乱を招き、JASRAC自身にとってもマイナスの効果をもたらしている。

　そのように、ルールがルールどおりにキッチリと実施されたうえで、世の中の人々が「そもそもルール自体が厳しすぎる」と感じるか、あるいは「この程度のルールも守れずに違反する方が悪い」と感じるかは、主権者たる国民の自由である。

【提言6】
「会員の意思」を迅速に集約・特定する「意思決定システム」を整える

　第二は、JASRACが全体として（すなわち会員の意見を集約して）迅速な意思決定をできるようにするためのシステムを整えることだ。文化庁で国際著作権室長・国際著作権課長・著作権課長として勤務していた間、筆者はずっと「上司の方針は、JASRACを甘やかし過ぎだ」と感じていた。良くいえば「強い責任感・義務感」をもち、悪くいえば「上から目線」をもつ日本の官僚の多くは、多くの場合「彼らに任せても無理だ」と考えて手を出しすぎる。相手が地方公共団体である場合も、民間団体である場合も、大学人・研究者である場合も、常に同じだ。

　「彼ら」は失敗するかもしれないが、「失敗から学ぶ」ことによって徐々に一人立ちできるようになるはずだ。その前に手を差し伸べてしまうことは、彼らの可能性の芽を摘み、甘えの構造を拡大してしまう。さらにいえば、人は常に何らかの「不満」をもっているものだが、そうした構造の中にある人々は、その原因が「自らの努力不足」とは考えず、「官僚のせいだ」と思うようになってしまう。官僚の中には、「常に非難されるのがわれわれの宿命」「人々から非難されつつも日本を良い方向にもっていくのがわれわれの仕事」などと言う人が多いが、これは傲慢な民主主義の否定だろう。

さらに不幸な状況は、官僚の側が「助けてやっている」と思っているのに、助けられている側は「官僚による不当な介入を受けている」と感じている——という状況だろう。JASRAC の役員・幹部職員への官僚 OB の就任は、まさにそうした状況を続けてきた。筆者は「官」の側にいたために、「JASRAC を救わねば」という強い義務感から、あるいは「上司の命令」によってやむなく、JASRAC で仕事をするに至った先輩たちを何人も見てきたが、筆者が知る範囲ではその全員が、簡単に言ってしまえば「より楽な仕事」を投げ打って、悲壮な覚悟と使命感をもって JASRAC に赴かれた。しかし、少なからぬ JASRAC 会員やその影響を受けたマスコミの人々などは、これを「天下り」（より困難な仕事をせざるを得なくなったという意味ではまさに「下って」しまったわけだが）とか「官僚支配」などと呼んできた。これは、双方にとってきわめて不幸な状況である。このため文化庁の管理職であった時代の筆者は、上司に対して「JASRAC に OB を送るのはもう止めましょう」「これでは JASRAC も、いつまでも成長できません」「行く人も気の毒です」「大きくいえば日本が自由と民主主義の国になれません」と主張したこともある（ただしこの意見は全く採用されなかったが）。

そこで逆に、「JASRAC の側」に提案したいのは、「官僚 OB を受け入れること」「文化庁からの指導・要請を根拠として行動すること」などを一切止め、「会員の意思のみによって行動する JASRAC」を実現することだ。そのためには、JASRAC の会員は非常に多く、また、会員たちの思想・信条・良心も当然に多様であるので、彼らの意見を常に把握・集約し、頻繁な「多数決」等によって JASRAC 全体の方針を機動的に決定していくメカニズムを早急に確立しなければならない。社団である JASRAC は、いうまでもなく「会員の意思」によって行動すべきであり、「会員の意思とは何か？」ということを迅速に集約・特定するシステムが不可欠なのである。

4　おわりに

JASRAC の執行部は、この章を読んだら前記の提言を直ちに実行に移すだろう。なぜなら、ここで提言したことは、筆者が JASRAC 理事長から直接聴取した「JASRAC が目指す目標」の達成について、完全に合目的的だからである。もしこれらの提言が実行に移されないとしたら、その原因は、①「単なる怠慢」、②「すべての目標を筆者に伝えていなかった」というふたつしかあり得ない。す

でに述べたように、「目標の設定」とは「設定しなかったすべてのものの切捨て」も意味しているので、慎重に行わなければならない。「手段の選択」は「目的合理性」だけを基準として行われ、「手段の適否」も「目的合理性」だけを基準として評価されるので、「目標は達成したが良くない手段だった」とか「目標は達成したが副作用があった」とかいったことは、本来あり得ないはずなのだ。これらの問題はすべて、「手段選択のミス」が招いたものではなく、「目標設定のミス」が招いたものである。

　JASRAC理事長も、たとえば「芸団協・レコード協会（の役員たち）と良好な関係を保ちたい」といった目標を列挙し忘れていたかもしれない。しかし、仮にそうだったとしても、「なぜ芸団協やレコード協会と良好な関係を保つ必要があるのか？」「それは会員の利益や会員の意思に合致しているのか？」「単に役員たちが（会員の利益を犠牲にして）自分たちの仕事を楽にするための談合体質を維持したいだけなのではないか？」といったことについて、会員に対する「説明責任」を果たす必要がある。

　しかしよく考えてみれば、JASRACの執行部が「単なる怠慢」をしていようと、「説明責任」を果たしていなかろうと、JASRACはあくまでも「会員によって構成されるプライベートな存在」だ。したがって、（著作権侵害の場合と同様に）会員たちが「まあ、いいんじゃない」と言うならばそれまでである。外部の者がとやかく言うことではない。会員によって構成されているJASRACの将来は、個々の会員の価値観・自覚・見識・行動力などに依存している――というだけのことである。要するに、JASRACの将来は、当然のことながら「会員の意思次第」なのだ。

　追記：筆者が著作権を有する（著作権譲渡契約・出版権設定契約はしていない）この章の記述については、①改変・部分利用を行わない、②著作者名を表示する、という条件のもとに、営利目的利用を含めたあらゆる利用行為について、著作権（財産権）を行使しないことをここに宣言します。

第7章

音楽産業とその関係者

著作隣接権とは

前田哲男

　音楽の著作物が実際に人々に鑑賞されるに至るまでには、歌手・演奏家などの実演家、レコード製作者、放送・有線放送事業者、音楽配信事業者など、さまざまな人々の関与と貢献がある。これらの関与者は、著作者として著作権等の保護を受ける者ではないが、実演家、レコード製作者、放送・有線放送事業者は、著作隣接権による保護を受けている。本章では、各関与者の役割や著作者・関与者相互の関係を概観したうえ、著作隣接権などの権利の内容を説明する。

1　音楽が鑑賞されるまでに関与する人々

　音楽の著作物は、通常は、歌手・演奏家などの実演家による歌唱・演奏を通じて人々に鑑賞される。音楽の著作物は、本質的に実演家の存在を必要とするといっても過言ではないだろう（実演家の関与）。

　音楽の著作物およびその実演は、生(なま)の歌唱・演奏として鑑賞されることも少なくないが、レコードに固定され、そのレコードを通じて鑑賞されることも多い。レコードは、レコード会社によって音楽CD商品等として製造販売され、鑑賞者に販売されることもあるし、CDレンタル店によって鑑賞者にレンタルされることもある。またレコードは、着うた等として配信事業者により鑑賞者に届けられることもある（レコード製作者およびレコード流通に携わる者の関与）。

　また、生の歌唱・演奏は、コンサートホール等で直接鑑賞されることもあるが、それが放送・有線放送されることによって鑑賞者に届けられることもある。レコードに固定された音楽の著作物が放送・有線放送によって鑑賞者に届けられることもある（放送事業者・有線放送事業者の関与）。

　音楽の著作物が独立して鑑賞の対象となる場合だけではなく、映画の著作物（劇場用映画やテレビ番組）などのテーマ音楽や背景音楽として利用され、映画の著作物を通じて、あるいは映画の著作物とともに鑑賞される場合もある（映画製作者の関与）。

　このように、音楽の著作物が人々に鑑賞されるに至るまでには、多くの人々の関与がある。このような人々の役割や著作権法上の位置付けを概観してみよう。

(1)　実演家

　実演家とは、「俳優、舞踊家、演奏家、歌手その他実演を行なう者及び実演を指揮し、又は演出する者」をいう（著作権法2条1項4号）。

　同じ音楽の著作物であっても、実演家（歌手・演奏家）が異なることによって印象が異なり、芸術的価値も異なる。実演家は、音楽の著作物を再現して鑑賞者に伝達するだけではなく、音楽の著作物の解釈者であり、表現者である。その行為には、実演家の技巧の巧拙だけでなく、実演家の精神性が認められる。

　ところで旧著作権法は、「演奏歌唱」を著作物として保護していた（旧著作権法1条）。これに対し、現行著作権法は著作隣接権制度を導入し、実演を著作隣

接権によって保護することとした。その反面として、実演は著作物の概念に含まれないこととなった。現行著作権法のもとで実演は、その精神性・表現性にもかかわらず、「思想感情の創作的な表現」とはされず、準創作的行為および著作物の伝達行為として、著作隣接権による保護の対象とされているのである。これは、著作権法が「著作権」と「著作隣接権」というふたつの保護の方法を定めていることから生じるひとつの「割り切り」であろう。

　なお、シンガー・ソングライターは、自ら作詞・作曲をした曲を歌唱等する。この場合、同一人物が、作詞家・作曲者としては著作者であり、歌手としては実演家である。

(2)　アーティスト事務所

　プロの歌手・演奏家等は、アーティスト事務所と専属契約を締結し、そこに「所属」して活動することも多い。この場合アーティスト事務所は、実演家のマネジメント業務を行うばかりでなく、専属期間中に行われた実演家の実演について、実演家から著作隣接権の譲渡を包括的に受けていることが少なくない。さらにアーティスト事務所は、自らがレコード製作者となってレコードの著作隣接権の原始取得者となり、また、音楽出版社としての事業を行うなど、実演家のマネジメント業務以外の業務も行っていることもよくある。

(3)　音楽出版社

　音楽出版社は、音楽の著作物の著作権の管理と利用開発を目的として、作詞家・作曲家から著作権の譲渡を受ける。利用開発とは、その曲が活発に利用されるようプロモーション活動を行うことであり、歌手によって歌われたり、コマーシャルソングやドラマ・映画の主題歌等として採用されたりするように「売り込む」活動のことである（詳しくは、本書第3章71頁も参照されたい）。

　音楽出版社は、多くの場合、作詞家・作曲家から譲渡を受けた著作権を、JASRACなどの著作権等管理事業者に再譲渡している。したがって、音楽の著作物の利用者は、原則として著作権等管理事業者から許諾を受け、その対価も著作権等管理事業者に支払う。著作権等管理事業者は、音楽出版社から管理を委託されている曲の使用料として徴収した金額を音楽出版社に分配し、音楽出版社はその分配金の中から自らの取り分を取得したうえ、作詞家・作曲家に再分配する（ただしJASRACは、作詞家・作曲家自身がJASRAC会員である場合には、演奏権な

ど無形利用の対価については、作詞家・作曲家の取り分を、音楽出版社を経由せずに直接、作詞家・作曲家に分配している）。

　このように音楽出版社は、著作権等管理事業者からみると、作詞家・作曲家と並ぶ主要な管理委託者である。そこでJASRACにおいても、音楽出版社の関係者が理事および評議員のかなりの割合を占めている。

　音楽出版社はまた、レコード製作者となることもある。その場合、音楽出版社は、著作者から曲の著作権の譲渡を受けてその利用開発を行い、著作権等管理事業者への委託者であるという立場とともに、その曲の実演を収録したレコードのレコード製作者として著作隣接権を取得する。なお、レコードの著作隣接権が著作権等管理事業者に譲渡されることは、原則としてはない。著作権管理をJASRAC等に委託している音楽出版社がレコード製作者になる場合であっても、JASRAC等に委託されるのは著作権の管理だけであり、著作隣接権の管理までJASRAC等に委託されるわけではない。

(4)　レコード製作者・レコード会社

　レコード製作者は、レコードに固定されている音を最初に固定した者であり（著作権法2条1項6号）、そのレコードについて、レコードの著作隣接権の原始取得者となる。

　レコードとは、日常用語としては、CD（コンパクトディスク）が普及する前に広く利用されていたLP盤などのビニールレコードの意味に用いられることが多いが、著作権法上はそうではなく、物に音を固定したものを指す言葉である（同法2条1項5号）。固定される媒体の種類を問わず、CD、DVD、ハードディスク、メモリーカードなどでもよい。そして、市販の目的で製作されるレコードの複製物が「商業用レコード」である（同法2条1項7号）。CDショップで販売されている音楽CD商品は「商業用レコード」であり、その複製の元となっている原盤が「レコード」である。

　旧著作権法のもとでは、「音を機械的に複製するの用に供する機器に他人の著作物を適法に写調したる者」は著作者とみなされ、その「機器に付てのみ」著作権を有するとされていた（旧著作権法22条の7）。すなわち適法にレコードを製作したレコード製作者の権利は、かつては「著作権」として保護されたのであるが、著作隣接権制度を導入した現行著作権法のもとでは、「著作隣接権」によって保護されることになった。

レコード会社は、自らレコード製作者となり、あるいはレコード製作者から著作隣接権の譲渡または利用許諾を受けて、そのレコードを複製した商品としての音楽CD等（商業用レコード）を製造・販売する。さらに、自らまたは配信事業者を通じて、レコードの配信事業を行う。また近時は、レコード会社自身がアーティスト事務所を兼ねたり、関連会社としてアーティスト事務所を保有したりするケースも多くなりつつある。また、レコード会社が音楽出版社を関連会社として保有していることも少なくない。

　実演を固定したレコードには、実演の著作隣接権と、レコードの著作隣接権とがそれぞれ重畳的に及ぶから、実演を固定したレコードを合法的に複製・販売するには、実演の著作隣接権者と、レコードの著作隣接権者の双方の許諾を得る必要がある。しかし、利用の都度、両権利者の許諾を別々に得なければならないのは実務上不便であることから、実演家とレコード製作者との契約に基づき、当該レコードに固定される実演に関する著作隣接権はレコード製作者に譲渡されていることが多い。実演家は、レコードの利用の度合い（たとえばそのレコードを複製した音楽CDの出荷枚数）に応じて実演家印税の支払いをレコード製作者から受ける契約上の権利を取得する。もっとも実演家は、著作隣接権には含まれない報酬請求権、二次使用料請求権および著作隣接権の制限の代償としての補償金請求権（これらの権利については後述する）などは、レコード製作者に譲渡していないことが多い。

　なお、曲の著作権の多くはJASRAC等の著作権等管理事業者によって管理されており、それがレコード製作者に譲渡されていることは、近年にはあまりないが、かつてはレコード会社に作詞家・作曲家が「専属」する作家専属制がとられることも多く、その場合には曲の録音権等がレコード会社に譲渡されていた。それらの曲の著作権のうち録音権等は、現在でもレコード会社が保有している（いわゆるレコード会社の「専属楽曲」）。

　レコード会社は、商業用レコードの製造販売等を行う者としては、音楽の著作物の利用者であり、著作権等管理事業者から許諾を受けて著作物使用料を支払う立場でもある。

(5) レコード販売店

　音楽CD等の商業用レコードは、レコード会社からレコード販売店に販売され、小売りされる。この取引きは、物としての商品の売買契約であって、そこに著作

権法上の論点が生じることは少ない。レコード販売店は、音楽の著作物や実演、レコードについて複製、公衆送信等の支分権対象行為をするわけではない。著作権者・実演家・レコード製作者には譲渡権（著作物等を複製物等の譲渡により公衆に提供する権利。著作権法26条の2・95条の2・97条の2）を専有しているが、その譲渡権は、権利者の許諾等のもとに譲渡された録音物の、その後の再譲渡には及ばない（消尽する）とされている（同法26条の2第2項・95条の2第3項・97条の2第2項）。このため、レコード会社から販売店に音楽CDが譲渡されることにより、その後の再譲渡である当該音楽CDの販売店から消費者への小売りは、譲渡権の対象にはならなくなる。

(6) レコードレンタル店

音楽CDは、販売用商品として消費者に販売されるだけではなく、レコードレンタル店でレンタルにより消費者に提供される。販売店での販売が著作権法上の問題を生じさせないのに対し、レコードレンタル店は、著作権者・実演家およびレコード製作者の貸与権等（著作権法26条の3・95条の3・97条の3）の対象となる行為を行うため、著作権者等からレンタルの許諾を受け、または貸与報酬を実演家およびレコード製作者の団体に支払う必要がある。貸与権は、譲渡権とは異なり、最初の譲渡によって消尽するわけではないから、所有権がレンタル店に譲渡された音楽CDであっても、その音楽CDを公衆に貸与することについては、著作権者等の許諾を得るなどの必要がある。

(7) 放送事業者・有線放送事業者

公衆（不特定または特定多数の者）によって直接受信されることを目的とした無線または有線による送信を「公衆送信」という（著作権法2条1項7号の2）。公衆送信のうち、公衆によって同一の内容の送信が同時に受信されることを目的とした無線送信を「放送」といい（同法2条1項8号）、有線送信により行われるものを「有線放送」という（同法2条1項9号の2）。

放送事業者とは、放送を業として行う者をいい（同法2条1項9号）、NHKや地上波テレビ局、BS放送局、CS放送局、ラジオ局などを運営する者などがこれに当たる。有線放送事業者とは、有線放送を業として行う者をいい（同法2条1項9号の3）、ケーブル放送局を運営する者などがこれに当たる。

放送事業者および有線放送事業者（以下両者を「放送事業者等」という）は、そ

の放送および有線放送（以下両者を「放送等」という）について著作隣接権を与えられる。他方、放送事業者等は、著作物・実演・レコードの利用者でもある。後述のように、放送事業者等は、JASRACと契約を締結し、JASRACが管理している楽曲を放送等に利用することについて包括的に許諾を受けている。また商業用レコードを用いた放送等について実演家の団体およびレコード製作者の団体に二次使用料を支払っている。

放送事業者等は、自ら放送番組を製作することも少なくないが、その場合、放送事業者等はその番組の著作権者でもある。

(8) 音楽配信事業者

着うたなど携帯電話で利用される音楽を提供する配信事業者およびパソコンまたはiPodなどの携帯音楽端末で利用される音楽を提供する配信事業者は、音楽を消費者に届けるという点ではレコード販売店と近いし、また音楽の送信を行うという点では放送事業者等に近いともいえる。

レコード販売店は、上記のとおり、著作権者等の支分権対象行為を行っていないのに対し、音楽配信事業者は、著作権者の公衆送信権の対象に含まれる「送信可能化」（利用者のアクセスに応じて自動的に公衆送信し得るようにすること）を行っているし、その送信可能化のためにサーバに著作物を複製している。これらの点で、音楽配信事業者は著作権者から許諾を受ける必要がある。また音楽配信事業者は、実演家・レコード製作者の送信可能化権、録音権・録画権、複製権の対象となる行為を行う者であるから、それらの権利者からの許諾も受ける必要がある（実務的にはレコードに固定された実演についての実演家の著作隣接権は、レコード製作者に譲渡されていることが多いので、レコード製作者から許諾を受けることになる）。

他方、音楽配信事業者は、放送事業者等とは異なり、自らの送信について著作隣接権を与えられているわけではない。音楽配信事業者も放送事業者等も「公衆送信」を業として行っているのであるが、著作権法は、公衆送信を業として行う者のうち、放送および有線放送に該当するものを業として行っている者に対してのみ、著作隣接権を与えているのである。

後述のとおり、webキャスティング（たとえば、インターネット上で行われるコンサート中継）は、著作権法上は「放送」や「有線放送」の概念に含まれず、「送信可能化」を行っているとされる。利用者のほうからサーバまでアクセスしてきており、番組データを同時に利用者の手元に届けているのではないからである。

したがって、webキャスティングを業として行っている者は、著作隣接権を与えられない。

なお音楽配信事業者のうち、着メロ事業者は、曲のメロディは利用するものの、独自に製作したMIDI音源を用いることが多い。このため、着メロ事業を行うには、著作権者の許諾を得る必要はあるが、実演家・レコード製作者の許諾を得る必要はない。また、着メロ事業者が独自に製作したMIDI音源は、それ自体、著作権法上の「レコード」（＝物に音を固定したもの）に当たり、着メロ事業者は、そのMIDI音源についてレコード製作者として著作隣接権を取得することになる。

(9) 映画製作者

映画製作者は、映画の主題歌または背景音楽等として音楽を利用し、音楽を含んだ映画作品を消費者に提供する。映画製作者は、映画の著作物について原則としてその著作権を有する（著作権法29条1項）が、映画の著作物に利用されている音楽の著作物は、映画の著作物の概念には含まれない。音楽の著作物は、映画製作のために新たに創作されたものであっても、映画の著作物に複製されているところの、映画の著作物とは別個の著作物であるとされている。したがって、音楽の著作物の著作権者は、その音楽を複製した映画の著作物の利用に対し、原作者や脚本家と同様に、許諾権（禁止権）を行使できる。その結果、映画製作者がその映画をDVDなどのビデオ商品として複製販売するには、音楽の著作権者の許諾を得て使用料を支払う必要がある。

毎年、JASRACが徴収した著作物使用料の分配額が最も多かった曲の関係権利者に対して「JASRAC賞（金賞）」が授与されるが、平成15年（2003年）の受賞曲は劇場用映画「千と千尋の神隠し」のBGMであり、平成19年（2007年）の受賞曲は劇場用映画「ハウルの動く城」のBGMであった。

(10) 相互関係

以上のように、音楽の著作物が人々に鑑賞されるに至るまでには、多くの人々の関与があり、その関与者の中には、著作隣接権を与えられている者とそうでない者とがいる。

著作権と著作隣接権とは、相互に全く独立した権利である。著作隣接権を定める章（著作権法第4章）の規定が著作者の権利に影響を及ぼすものと解釈してはならないことが明文の規定により定められている（同法90条）が、もともと著作

権と著作隣接権とは別個の権利であるから、相互に影響を及ぼすことは原則としてない。

また、実演家の著作隣接権、レコード製作者の著作隣接権、放送事業者等の著作隣接権の相互においても同様であり、それらの権利は全く独立している。存続および消滅等において連動することはない。

ある音楽の著作物の実演を固定したレコードを用いて行われた放送を受信して無許諾複製し、それを公衆に販売する行為は、①音楽の著作権者の複製権および譲渡権、②実演家の録音権および譲渡権、③レコード製作者の複製権および譲渡権、④放送事業者の複製権をそれぞれ侵害したことになる。それぞれの権利は、上記の行為に重畳的に及んでいるからである（もっとも、レコードに固定された実演についての著作隣接権は、契約によりレコード製作者に譲渡されていることが多い）。この場合、いずれかの権利者が侵害者に対して差止めおよび損害賠償請求等を行うに当たり、他の権利者と共同することは必要でなく、単独で権利行使をすることができる。著作権または著作隣接権が共有に属する場合に、各共有者が単独で差止め、損害賠償請求、不当利得返還請求ができることについては、著作権法117条に明文の規定があるが、ひとつの行為が同時に著作権および各著作隣接権を侵害する場合に、それぞれの権利者が単独で権利行使できるのは、明文の規定を俟つまでもなく当然である。刑事告訴についても同様である。

もちろん、ある権利者が他の権利者と共同歩調をとることは権利者の自由であり、実際にもそういう例も多い（たとえば、ファイル共有サービス運営者に対してJASRACとレコード会社19社が共同歩調をとって差止め損害賠償請求をしたケースなど）が、その場合でも、ひとつの権利を共同して行使しているわけではない。

他方、実演家・レコード製作者・放送事業者等は、音楽の著作物の利用者であり、音楽の著作物の著作権者から利用許諾を得て使用料を支払う立場でもある。音楽の著作権者の許諾を得ずに行う実演等は、著作権侵害となる。

このように、音楽の著作権者と実演家等は、ある場面では共同歩調をとるパートナーであり、他の場面では利害対立が生じ得る関係である。

2　著作隣接権の概観

(1)　実演家等に与えられる権利の種類

実演家、レコード製作者および放送事業者等には、著作隣接権が与えられる。

著作隣接権とは、実演家、レコード製作者、放送事業者および有線放送事業者がその実演、レコード、放送および有線放送の利用について専有するところの、それらの財産的な利益を保護する権利の総称である。

具体的には、

①実演家の録音権・録画権（著作権法91条1項）、放送権・有線放送権（同法92条1項）、送信可能化権（同法92条の2第1項）、譲渡権（同法95条の2第1項）、商業用レコード貸与権（同法95条の3第1項）

②レコード製作者の複製権（同法96条）、送信可能化権（同法96条の2）、譲渡権（同法97条の2第1項）、商業用レコード貸与権（同法97条の3第1項）

③放送事業者の複製権（同法98条）、再放送権・有線放送権（同法99条1項）、送信可能化権（同法99条の2）、テレビジョン放送の伝達権（同法100条）

④有線放送事業者の複製権（同法100条の2）、放送権・再有線放送権（同法100条の3）、送信可能化権（同法100条の4）、有線テレビジョン放送の伝達権（同法100条の5）

が著作隣接権である（同法89条6項）。

このように「著作隣接権」は、ひとつの権利を指す言葉ではなく、複数の権利を包括していうための用語である。著作隣接権には、①実演家、②レコード製作者、③放送事業者、④有線放送事業者のそれぞれに与えられる4種類があり、その4種類の中に、上記のとおりの各権利（支分権）がある（なお、本章では便宜上、実演家に与えられる著作隣接権を「実演隣接権」、レコード製作者に与えられるものを「レコード隣接権」、放送事業者に与えられるものを「放送隣接権」、有線放送事業者に与えられるものを「有線放送隣接権」ということがあるが、これらの言葉は必ずしも一般的に用いられている用語ではない）。

著作隣接権者は、実演、レコードおよび放送等について、支分権の対象となっている行為を行う権利を「専有する」から、他人がその行為を行うことを禁止したり、許諾したりすることができる。このことから、著作隣接権は、著作権と同様、禁止権・許諾権の性質をもつと説明されている。著作隣接権者の許諾を得ることなく、実演、レコードおよび放送等について支分権対象行為を行うことが著作隣接権の侵害となる。

著作隣接権そのものではないが、一定の行為が著作隣接権を侵害するものとみなされている（同法113条）。それらのみなし侵害の対象となる行為を行うことは、著作隣接権者の許諾がなければできないから、結果として著作隣接権が拡大され

ていることになる。著作隣接権侵害とみなされる行為は、①実際には国外で作成されたが、仮に国内で作成されたなら著作隣接権侵害行為となる行為によって作成された物を、国内頒布の目的をもって輸入する行為（同法113条1項1号）、②著作隣接権侵害行為によって作成された物を、その情を知りながら頒布し、頒布目的で所持し、頒布する旨の申出をし、業として輸出し、業としての輸出の目的をもって所持する行為（同項2号）、③専ら国外で頒布することを目的とする商業用レコードを日本国内に還流させる行為のうち一定の要件を満たすもの（同条5項、いわゆる還流防止措置）などである。

　実演家には、著作隣接権のほか、実演家の人格的利益を保護するため、氏名表示権（同法90条の2第1項）および同一性保持権（同法90条の3第1項）が認められる。実演家の氏名表示権と同一性保持権とを総称する言葉が「実演家人格権」である（同法89条1項）。実演家人格権は、著作権法の中で著作隣接権の章（第4章）において定められているが、著作隣接権の概念には包摂されない（同法89条6項）。

　また実演家およびレコード製作者には、禁止権・許諾権の性質をもつ著作隣接権のほか、一定の行為を行う者に対して金銭の支払いを請求する権利が定められている。実演家については、①放送される実演の有線放送に係る報酬請求権（同法94条の2）、②商業用レコードを用いた放送等について放送事業者等に対して有する二次使用料請求権（同法95条第1項）、③商業用レコードの最初の販売後12カ月経過後のレンタルに対する貸与報酬請求権（同法95条の3第3項）の3つである。レコード製作者については、①′商業用レコードを用いた放送等について放送事業者等に対して有する二次使用料請求権（同法97条1項）、②′商業用レコードの最初の販売後12カ月経過後のレンタルに対する貸与報酬請求権（同法97条の3第3項）のふたつである。これらの請求権も、著作隣接権の概念には包摂されない（同法89条6項）。

　このほか、実演家およびレコード製作者には、(a) 私的使用目的で一定のデジタル方式により録音・録画される場合に録音権・録画権および複製権が制限されることの代償としての私的録音録画補償金を受ける権利（同法102条1項による同法30条2項の準用）、(b) 放送される実演・レコードがいわゆるIPマルチキャスト放送により同時再送信されることについて送信可能化権が制限されることの代償としての補償金を受ける権利（同法102条4項・5項）が認められているが、これらは実演隣接権を構成する支分権である録音権・録画権および送信可能化権、

ならびに、レコード隣接権を構成する支分権である複製権および送信可能化権の制限の代償であるから、録音権・録画権、複製権、送信可能化権とは別の権利ではない。著作権法89条1項および2項が実演家およびレコード製作者の享有する権利を列挙するに当たって上記各条文を挙げていないのは、この理由に基づく。

また実演の放送の許諾を得た放送事業者が放送のために作成した録音物・録画物を用いて行うリピート放送、その録音物・録画物の提供を受けた他の放送事業者による実演の放送、および、実演の放送の許諾を得た放送事業者から番組供給を受けた他の放送事業者による実演の放送について、実演家は、リピート放送をし、または放送番組を他の放送事業者に提供した側の放送事業者から相当な額の報酬を受ける権利を有する（同法94条2項）。

以上のような著作隣接権および報酬等を受ける権利は、著作権に比較すると、支分権の種類が少なく、範囲の狭いものとなっている（この点はさらに後述する）。

(2) 著作隣接権のはたらき方

実演家等に与えられる著作隣接権は、具体的な実演、レコードおよび放送等そのものについて与えられる権利であるから、その実演等と模倣した実演等であっても、物理的に異なる実演等に対しては、著作隣接権が及ばない。このことは、著作者には翻案権等（著作権法27条）および二次的著作物利用権（同法28条）が与えられ、著作物の表現における本質的特徴を直接感得することができる別著作物の作成およびその利用に対しても権利を主張できることと大きく異なっている。

著作隣接権制度をもたない旧著作権法のもとでは、「音を機械的に複製するの用に供する機器に他人の著作物を適法に写調したる者」は著作者とみなされていたが、その著作権は「其の機器に付てのみ」のものとされていた（旧著作権法22条の7）。このため、旧著作権法におけるレコード製作者の「著作権」も、現在の著作隣接権と同じように、そのレコードそのものにのみ及び、類似レコードには及ばなかった。旧著作権法のもとで同じく著作物とされていた「演奏歌唱」については、その権利がその演奏歌唱にのみ及ぶとする明文の規定はなかったが、同様に理解されていたのであろう。

ちなみに、現在も著作隣接権をもたないアメリカ著作権法は、レコードを著作権によって保護し、複製権や二次的著作物作成権を認めているが、同法114条(b)項において、「録音物の著作権者の第106条(1)に基づく排他的権利（引用注：複製権のこと）は、録音物に固定されている実際の音を直接または間接に再

録するレコードまたはコピーの形式に録音物を増製する権利に限定される。録音物の著作権者の第 106 条 (2) に基づく排他的権利 (引用注：二次的著作物作成権のこと) は、録音物に固定されている実際の音を再整理し、再調整または順序もしくは音質を変更した二次的著作物を作成する権利に限定される。録音物の著作権者の第 106 条 (1) および (2) に基づく排他的権利は、著作権のある録音物の音を模倣またはそれに類似する音を含んでいたとしても、全体が他の音を独自に固定したものである他の録音物を作成しまたは増製することには及ばない」と定めており (訳文は、山本隆司・増田雅子共訳・著作権情報センター web ページ掲載によった)、結果として、アメリカ著作権法におけるレコード製作者の著作権は、著作隣接権と同じようなものとなっている。

(3) 著作隣接権の存続期間

　実演隣接権の存続期間は、実演を行った時に始まり、その翌年から起算して 50 年が経過した時に満了する (著作権法 101 条 1 項 1 号・2 項 1 号)。

　レコード隣接権は、音を最初に固定した時に始まり、その発行の翌年から起算して 50 年が経過した時に満了する (同法 101 条 1 項 2 号・2 項 2 号)。

　放送隣接権および有線放送隣接権は、放送および有線放送を行った時に始まり、その翌年から起算して 50 年が経過した時に満了する (同法 101 条 1 項 3 号・4 号、2 項 3 号・4 号)。

　レコード隣接権の存続期間に関し、かつて 50 年の起算点は音を最初に固定した日の翌年 1 月 1 日とされていたが、平成 8 年 (1996 年) 作成 (わが国は平成 14 年〔2002 年〕に加入) の「実演及びレコードに関する世界知的所有権機関条約」(「WIPO 実演・レコード条約」「WPPT」) 17 条 (2) が発行時から 50 年間の保護を定めており、わが国においても平成 14 年の著作権法改正により、「発行時」起算に改められた。

　なお、二次使用料請求権および貸与報酬請求権は、上述のとおり著作隣接権の概念には包摂されないが、それらの請求権が発生するのは、実演・レコードが「著作隣接権の存続期間内のものに限る」と定められている (著作権法 94 条の 2・95 条 1 項・95 条の 3 第 3 項・97 条 1 項・97 条の 3 第 3 項) ので、結果として同じことになる。

(4) 権利制限

著作権に関する制限規定は、実演等の利用に関係しないものを除き、ほぼそのまま著作隣接権の制限に準用されている（著作権法102条）。ただし、著作権法34条（学校教育番組の放送等）は、実演および放送等の利用に関係があり得るけれども、著作隣接権の制限に準用されてない。関係者間の協議に期待したものとされている（加戸守行『著作権法逐条講義（五訂新版）』〔著作権情報センター、2006年〕588頁）。

3　実演家の権利

音楽の著作物が人々に鑑賞されるに至るまでに関与する者のうち、実演家の役割は重要である。著作隣接権等を与えられる実演家の定義を考察したうえ、さらに実演家に与えられる権利を概観してみよう。

(1) 実演・実演家とは

実演とは、「著作物を、演劇的に演じ、舞い、演奏し、歌い、口演し、朗詠し、又はその他の方法により演ずること（これらに類する行為で、著作物を演じないが芸能的な性質を有するものを含む。）をいう」と定義されている（著作権法2条1項3号）。

そして実演家とは、「俳優、舞踊家、演奏家、歌手その他実演を行なう者及び実演を指揮し、又は演出する者をいう」と定義されている（同法2条1項4号）。

実演を指揮する者も実演家に含まれるのであるから、オーケストラを指揮する指揮者は実演家である。Jポップなどにおける音楽プロデューサーが「実演を指揮する者」かどうかは場合によるであろう。具体的な実演を細かく指導しているのであれば、「実演を指揮または演出する」者として、実演家になり得るとも考えられる。

楽器を実際に演奏する行為が実演に該当することは明らかであるが、機械による演奏の場合、機械の設定をした人は実演家といえるだろうか。この問題は、オルゴール製作やコンピュータによる演奏について生じ得る。単に楽譜を機械的にデータ等に置き換えるだけでなく、音色や演奏技法の選択等が行われている場合には、実演に該当する可能性がある。もっとも、それらの行為を行う者は、音を物に固定した者としてレコード製作者になり、レコード隣接権を享有するであろ

うから、それとは別に実演家としても保護を受けるかどうかを議論する意味は乏しいであろう。

　実演は、本来的に自然人の行為であると考えられている。そして、著作物についての職務著作に関する規定（同法15条）に相当する規定は、実演に関しては設けられていないから、実演家となり得るのは自然人のみという結論になる。オルゴール製作において、それがレコード製作であると同時に実演でもあるとすれば、レコード製作者はオルゴール製作会社となるが、実演についてはオルゴール製作会社の従業員が実演家となってしまうことになりかねないが、これはあまり現実的な理解ではない。このような場合、実演隣接権はオルゴール製作会社に明示的または黙示的に譲渡されていると考えるのが妥当であろう。なお実演家人格権は、実演家の一身に専属し、譲渡することができない（同法101条の2）から、製作会社ではなく、従業員に帰属すると理解するほかはないが、従業員と製作会社との間では、実演家人格権不行使特約が存在するものと理解すべきであろう。コンピュータ音楽が会社等の発意に基づきその業務に従事する従業員により職務上作成され、それが会社等の名義で公表される場合にも同様に理解してよいであろう。

(2)　実演家人格権

　実演家には、著作隣接権のほか、実演家人格権が与えられる。

　実演家人格権は、実演について実演家の人格的な利益を保護する権利であり、具体的には、①氏名表示権（実演の公衆への提供・提示に際し、実演家の氏名・芸名等を表示するかどうかを決定する権利。著作権法90条の2）と、②同一性保持権（名誉または声望を害する実演の改変を受けない権利。同法90条の3）とのふたつである。

　かつて著作権法には実演家人格権の定めはなかったが、WIPO実演・レコード条約（WPPT）で音に関する実演について実演家人格権が認められたことを契機として、2002年の著作権法改正により、わが国でも実演家人格権の規定が設けられた。なおWPPTは、音に関する実演（演奏・歌唱など）だけを対象にして実演家人格権を定めているが、日本では、音に関する実演に限らず、実演一般について実演家に実演家人格権を付与することとされた。

　実演家人格権は、著作者人格権に似ているものの、同一ではない。著作者人格権は、①公表権（同法18条）、②氏名表示権（同法19条）、③同一性保持権（同法20条）の3つとされ、また、これらのいずれの侵害にも該当しなくても、著作者の名誉または声望を害する方法により著作物を利用する行為は、著作者人格権を

侵害する行為とみなされる（同法113条6項）。これに対し、実演家人格権では、公表権に相当する権利が認められてない。また、氏名表示権および同一性保持権の内容も、著作者人格権としてのそれらの権利よりも狭くなっている。実演は、ひとつの作品に多数の実演家の実演が利用され、編集されたり部分的に利用されたりすることも少なくないので、そのような場合に実演の円滑な利用を阻害しないようにするためである。

　著作者人格権と実演家人格権の内容を、具体的に比較してみよう。

　まず氏名表示権について、著作者の氏名表示は、「著作物の利用の目的及び態様に照らし著作者が創作者であることを主張する利益を害するおそれがないと認められるとき」は、「公正な慣行に反しない限り」、省略することができるとされる（同法19条3項）。つまり、著作者の氏名表示の省略が認められるのは、「創作者であることを主張する利益を害するおそれがないと認められ」かつ「公正な慣行に反しない」場合である。これに対して、実演家の氏名表示は、「実演家であることを主張する利益を害するおそれがないと認められる」場合か、または「公正な慣行に反しないと認められる」場合かのいずれかに当たれば、省略することが認められている（同法90条の2第3項）。

　次に、同一性保持権について、著作者の同一性保持権は「意に反する改変」を受けない権利とされている（同法20条1項）のに対し、実演家の同一性保持権は、客観的な「名誉又は声望を害する」改変を受けない権利とされている（同法90条の3第1項）。つまり実演の改変は、それが実演家の客観点な名誉または声望を害するものでない限り、実演家の同一性保持権の侵害にはならない。たとえば、既存の演奏・歌唱をリミックスして新しい音楽CDを作る場合、少なくともバックミュージシャンとの関係では、その客観的な名誉などを害する改変とはならないので、同一性保持権侵害の問題にはならない。また、著作者の同一性保持権に関しては、著作物の性質ならびにその利用の目的および態様に照らして「やむを得ないと認められる改変」は同一性保持権の侵害とならないとされる（同法20条2項4号）のに対し、実演家の同一性保持権については、「やむを得ないと認められる改変」だけではなく、これに加えて、「公正な慣行に反しないと認められる改変」も、同一性保持権を侵害しないものとされている（同法90条の3第2項）。

　著作者人格権の場合と同様、実演家人格権も、権利の性質上「一身専属」とされ、他人に譲渡することは認められず（同法101条の2）、相続の対象にもならな

い。実演家が死亡すれば実演家人格権は消滅するが、その後においても、もし実演家が生存しているとすれば実演家人格権侵害となったであろう行為をしてはならず（同法101条の3）、そのような行為をした者に対し、遺族（孫まで）が差止請求または名誉回復等措置請求をすることができる（同法116条）。これらの点は、著作者人格権の場合と同じである。

(3) 録音権・録画権
(a) 権利の内容

実演家は、その実演を録音し、または録画する権利を専有する（著作権法91条1項）。「録音」とは、音を物に固定し、またはその固定物を増製することをいう（同法2条1項13号）。「録画」とは、影像を連続して物に固定し、またはその固定物を増製することをいう（同法2条1項14号）。「増製」という言葉は耳慣れない用語である（わが国のすべての法令の中で、著作権法において3箇所に使われているのみの用語である）が、コピーして製造し、数量を増やすことである。

ところで著作者やレコード製作者、放送事業者等には「複製権」が与えられるが、実演家に与えられているのは、複製のうち、「録音」・「録画」する権利のみである。複製とは、「印刷、写真、複写、録音、録画その他の方法により有形的に再製すること」をいう（同法2条1項15号）のであるから、このうち、「印刷、写真、複写」および「その他」の方法による有形的な再製については、実演家に権利が認められていない。したがって、実演家の演技を写真に撮影したとしても、それは実演家の録音権・録画権の侵害ではない。もっとも、その写真を実演家に無断でポスターや写真集等に利用する行為が、実演家のパブリシティ権侵害になることはあり得る。ただし、著作隣接権侵害であれば刑事罰の適用がある（同法119条1項）が、パブリシティ権侵害に対する刑事罰の定めはないから、上記写真を勝手にポスターや写真集等に利用したとしても、民事上の責任を問われることがあるにすぎない。

もっとも音の実演に関しては、そもそもそれを複製する方法としては録音以外にあり得ないから、結果的に実演家の録音権は複製権とほぼ同義となる。

(b) 映画の著作物に録音・録画された実演に関するワンチャンス主義

実演家の録音権・録画権には、重大な例外がいくつかあるが、その最たるものは、実演について録音権・録画権を有する者の許諾を得て映画の著作物に録音され、または録画された実演については、原則として、録音権・録画権がはたらか

なくなることである。

　劇場用映画に出演する俳優は、自分の実演を映画の中に録音・録画することを許諾しているはずである（特に契約書がなくても、出演に同意する以上、当然である）ので、完成した劇場用映画を複製することに録音権・録画権を主張できなくなる。劇場用映画は映画館で上映された後、DVD化等などの二次利用が行われるが、その際に俳優の許諾を得ることは必要でない。実演家にとって、自分の実演を映画の著作物に録音・録画することを許諾して対価を得るチャンスは1回（最初の出演時）だけであり、二次利用に対して録音権・録画権の主張はできない。このことを「ワンチャンス主義」と呼んでいる。

　ワンチャンス主義が採用されているのは、映画の著作物は、映画製作者が経済的リスクを負担して産業的に製作するものであって、映画製作者にその映画を円滑に利用して投下資本の回収をはかる機会を与える必要があるところ、劇場用映画に出演する俳優等は一般に多数に及ぶため、二次利用の際に改めて俳優等の許諾を得なければならないとすると、劇場用映画の円滑な利用を行うことができなくなるおそれがあるからである。また、映画の著作物については、著作者（監督、撮影監督など。同法16条）も著作権を与えられず、その著作権は、原則として映画製作者に原始的に帰属するとされている（同法29条1項）こととのバランスも考慮されているのであろう。ワンチャンス主義は、著作隣接権に関する基本的な条約である「実演家、レコード製作者及び放送機関の保護に関する国際条約」（ローマ条約）の第19条においても定められている。

　ただし、劇場用映画から音声を抜き出してサントラ盤などの録音物を作成する場合には、実演家の録音権がはたらく（同法91条2項）。そのような利用は、映画そのものの利用とは別の利用になるから、必ずしもワンチャンス主義の根拠が当てはまらないし、また、たとえばミュージカル映画の出演者の歌唱を映画の著作物から取り出して録音物にすることにまでワンチャンス主義を適用するのは、実演家の録音権の制限として過剰だからである。

　ワンチャンス主義が適用されるのは、映画の著作物に出演した俳優ばかりではない。既存のレコード原盤に固定された歌唱等の実演が映画の著作物の主題歌や挿入歌として録音される場合にも、それが当該実演の録音権者の許諾を得て行われている以上、ワンチャンス主義の対象となる（通常、レコード原盤に固定されている歌唱等の実演隣接権は、実演家とレコード製作者との契約によりレコード製作者に譲渡されているのが一般であるから、この場合には、レコード製作者が歌唱についての

録音権者となる)。

　ただし、ワンチャンス主義は、それと異なる内容の契約の締結を妨げるものではないから、実演の録音権・録画権者と映画製作者との契約により、映画の二次利用に際し改めて権利処理を必要とする旨を定めることは可能であり、そのような契約は有効である。

　放送事業者製作のテレビドラマ等も、生放送によるものでない限り、映画の著作物である（同法2条3項）。しかし、放送事業者製作のテレビドラマについては、ワンチャンス主義は適用されないと一般に理解されている。放送事業者が出演者の実演を録音・録画しているのは、著作権法93条1項および同法102条1項によって準用される同法44条1項の規定に基づいているのであり、録音権・録画権者の「許諾を得て」テレビドラマ（映画の著作物）に録音・録画しているのではない（なお放送等の許諾は、契約に別段の定めがない限り、録音・録画の許諾を含まない。同法63条4項・103条）。そして、ワンチャンス主義は、前述のとおり、録音権・録画権者の「許諾を得て」映画の著作物において録音・録画されている実演について適用されるから、「許諾を得て」ではなく、著作権法93条1項等の規定によって録音・録画されているにすぎない実演については、ワンチャンス主義は適用されないのである。したがって、放送事業者作成のテレビドラマを二次利用するに当たっては、実演家の録音権・録画権の処理が必要となる。

　これに対して、放送事業者以外の者（外部製作会社）が、放送事業者から委託を受けてテレビドラマなどを製作する場合には、外部製作会社は、著作権法93条1項や同法44条1項・102条1項によって実演家の許諾なく録音・録画ができる者には当たらない。ということは、そのような外部製作会社が製作するテレビドラマに出演する実演家は、自らの実演がテープ等に録音・録画されて、放送事業者に納品されることを許諾しているものと理解せざるを得ない。そうすると、この場合には、ワンチャンス主義が適用されることになる。

　(c)　放送のための実演の録音・録画

　実演の放送について実演隣接権者から許諾を得た放送事業者は、その実演を放送のために録音し、録画することができる（同法93条1項）。

　生放送でない放送番組は、事前に録音録画物に固定され、その固定物をもって放送される。実演が録音・録画されることは当然の前提となっており、出演者もそのことを承知して出演するのであるが、建前としては、出演者は、放送事業者に対して放送を許諾しているだけであり、録音・録画を許諾しているわけではな

い（放送についての許諾には、契約に別段の定めがない限り、録音・録画の許諾を含まない。同法103条・63条4項）。しかし、現実には実演を録音録画物に固定することが必要であることから、実演の放送について実演隣接権者から放送の許諾を得た放送事業者は、録音・録画について別途許諾を得なくても、原則として、放送のためにその実演を録音・録画することができるとされたのである。この録音録画物は、後述のとおり、リピート放送（日常用語での再放送）やネット局での放送に用いることができる。

　ただし、出演契約に別の定めがある場合は、その契約の定めによることになるし、放送事業者が放送を許諾された番組とは異なる内容の放送番組に使用する目的で録音・録画することはできない（同法93条1項但書き）。当初は同一番組の放送のために使用する目的で録音・録画したとしても、あとでそれを同一番組の放送以外の目的に転用したとき等には、その時点で実演の録音・録画を行ったものとみなされる（同法93条2項）。そのみなし録音・録画は、他の実演隣接権制限規定等に該当するなどの正当化事由がない限り、録音権・録画権の侵害となる。

　なお有線放送事業者には、著作権法93条の適用はない。

　ところで放送事業者は、市販CDに固定された実演を放送番組に利用して放送する場合、後述するように、実演隣接権者の許諾を得る必要がない（同法92条2項イ）。著作権法93条1項は、放送事業者が放送の許諾を得ていることを前提としているから、放送事業者が同92条2項イに基づいて（つまり実演家から放送の許諾を得ることなく）音楽CDに固定された実演を放送する場合には、適用されないことになる。しかし、だからといって放送事業者がそれを放送番組に固定することができなくなるわけではない。この場合、放送事業者は、著作権法93条1項を利用することはできないが、同法102条1項によって準用される同法44条1項に基づき、放送のための技術的手段として、自己の手段等により一時的に録音・録画することができるからである。ただし、著作権法102条1項・44条1項によって許容される録音は、同法93条1項に基づく録音とは異なり、原則として録音の後6カ月（その期間内に放送等があったときは、その放送等の後6カ月）を超えて保存することができない（同法102条1項・44条3項）。もっとも実際には、この不便を解消するため、実演家の団体（社団法人日本芸能実演家団体協議会）・レコード製作者の団体（社団法人日本レコード協会）と放送事業者の団体（社団法人日本民間放送連盟）およびNHKとの間の合意により、一定の条件のもとで6カ月を超える保存が認められている。

(d) 私的録音録画補償金

著作権に関する制限規定はほぼそのまま著作隣接権の制限に準用されており（同法102条）、私的使用を目的とした録音・録画については実演家の録音権・録画権が制限されるが（同法30条1項の準用）、そのことの代償としての私的録音録画補償金を受ける権利が実演家に与えられる（同法30条2項の準用）。

(4) 放送権・有線放送権

(a) 権利の内容

実演家は、その実演を放送し、または有線放送する権利を専有する（著作権法92条1項）。実演家による実演を放送等するには、原則として、実演家の許諾を得ることが必要である。しかし、これには重要な例外がたくさんあるので、以下、この例外を説明する。

(b) 映画の著作物に録音・録画された実演に関するワンチャンス主義

実演についての録音権・録画権者がいったん実演を映画の著作物に録音・録画することを許諾すると、その映画の放送・有線放送（サントラ盤など録音物の放送・有線放送を除く）については、実演家の放送権・有線放送権を主張できなくなる（同法92条2項2号ロ）。録音権・録画権についてのワンチャンス主義と同趣旨である。

(c) 映画の著作物以外のものに録音・録画されている実演に関するワンチャンス主義

音楽CDなど映画の著作物以外のものに実演が録音または録画される場合にも、実演の録音権・録画権者の許諾を得て録音・録画されているのであれば（つまり海賊版等でなければ）、それを使って放送・有線放送することを、実演家は禁止できない（同法92条2項2号イ）。これも一種のワンチャンス主義である。

映画の著作物に録音・録画された実演については、実演家は、映画製作時に録音・録画を許諾していれば、その後、その映画の著作物の海賊版が作成され、その海賊版を使って放送される場合であっても、放送権・有線放送権を主張できないのに対し、映画の著作物「以外」のものに録音・録画されている実演については、放送・有線放送に使われる複製物が権利者の許諾を得て録音・録画されている場合にのみ、放送権・有線放送権を主張できなくなる。この違いは、映画の著作物に関するワンチャンス主義が録音・録画権者の許諾を得て録音・録画「された」実演に適用されるのに対し、著作権法92条2項2号イのワンチャンス主義

は録音・録画権者の許諾を得て録音・録画「されている」実演について適用されることから生じる。ただし、商業用レコードを用いた放送等については、実演家は、放送権等を行使できないけれども、後述の二次使用料請求権をもつ。

(d) 放送される実演の有線放送

放送される実演を有線放送することについて、実演家は有線放送権を行使することができない（同法92条2項1号）。ケーブルテレビ放送事業者（有線放送事業者）は、地上波放送事業者の放送を受信して、これを自らの設備を使って自らの契約者に同時に再送信することが多い（多くのケーブルテレビでは、地上波テレビ番組を視聴することができるが、それはこの同時再送信によるものである）。このようなケーブルテレビ事業者による放送の同時再送信を、実演家は禁止することができない。ただし実演家は、ケーブルテレビ事業者に対して相当の額の報酬を請求することができる（同法94条の2）。著作権法92条2項2号の規定によって実演家の放送権・有線放送権が制限される実演（上記 (b) (c) の各場合）については、この報酬請求権は認められない。

(e) リピート放送、ネット放送等

上述のとおり、実演の放送について実演家の許諾を得た放送事業者は、原則として、その実演を放送のために録音し、録画することができ（同法93条1項）、改めて実演家の許諾を得なくても、その録音物・録画物を用いて、再び放送すること（リピート放送。普通には再放送と呼ばれているもの）ができる（同法94条1項1号）。また、その放送事業者から、その録音物・録画物の提供を受けた他の放送事業者（ネット局など）も、改めて実演家の許諾を受けなくても、放送することができる（同法94条1項2号）。さらに、実演の放送の許諾を得た放送事業者から、録音物・録画物の提供によってではなく、マイクロネットなどの手段によって番組の供給を受けた他の放送事業者（ネット局など）も、同様である（同法94条1項3号）。ただし、いずれの場合も、契約に別段の定めがあるときは、その定めが優先する。

このようにリピート放送やネット放送等の利便がはかられているのであるが、リピート放送をし、または放送番組を他の放送事業者に提供した側の放送事業者は、実演家に対して相当な額の報酬を支払わなければならないとされている（同法94条2項）。

(5) 二次使用料請求権

　商業用レコードを用いて行う放送および有線放送については、実演家は、放送事業者等に対し、二次使用料を請求することができる（著作権法95条1項）。

　商業用レコードは、通常は実演家の許諾を得て実演を録音しているものであるから、それを用いて行う放送等に対し、実演家は放送権等を主張できない（したがって放送等を禁止できない）が、二次使用料の支払いを受けることができる。この二次使用料請求権は、①商業用レコードを用いた放送によって実演家自らが出演する機会を奪われることにもなるので、その補償としての趣旨と、②放送事業者等は実演家に出演を依頼することなく収益を上げることになることから、その収益の一部を実演家に還元させるためという趣旨との、ふたつの趣旨をもつと説明されている。

　二次使用料請求権は、実演家が直接行使することはできず、社団法人日本芸能実演家団体協議会（芸団協。実際の業務は芸団協に置かれている実演家著作隣接権センター〔略称CPRA〕が担当）を通じてのみ行使することができる（同法95条5項）。徴収された二次使用料は、芸団協が実演家に分配する。

(6) 送信可能化権
(a) 権利の内容

　実演家は、その実演を「送信可能化」する権利を専有する（著作権法92条の2第1項）。送信可能化とは、一定の方法により公衆からの求めに応じて自動的に公衆に送信し得る状態に置くことをいう（同法2条1項9号の5）。インターネット上のwebサイトに音楽ファイルをアップロードしたり、いわゆるファイル交換ソフトを使って不特定の人がダウンロードできるような状態に置いたりする行為がこれに当たる。公衆送信の概念に含まれる「自動公衆送信」の準備段階である。サーバーの記録媒体に記録する方法等による「記録型」の送信可能化と、記録媒体への記録を伴わず入力する方法による「入力型」の送信可能化とがある。

　著作者が放送・有線放送および自動公衆送信を含む公衆送信全般について禁止権・許諾権を有し、その権利は、自動公衆送信の場合には、その準備段階である「送信可能化」にまで遡って及ぶとされている（同法23条1項）。これに対し、実演家は、そもそも公衆送信全般に禁止権・許諾権を有しているわけではない。条約上も、「著作権に関する世界知的所有権機関条約」（WIPO著作権条約＝WCT）が、「公衆への伝達」全般に著作権者の排他的許諾権を認め、公衆への伝達には、

公衆が任意の場所および時間にアクセスできるようにすることが含まれるとしている（WIPO著作権条約8条）のに対し、音の実演およびレコードに関する「WIPO実演・レコード条約」（WPPT）は、公衆が任意の場所および時間にアクセスすることができるようにすることに実演家の排他的許諾権を認めている（WIPO実演・レコード条約10条）。わが国の規定ぶりは、これらの条約とも整合している。

実演家には、送信可能化に引き続く自動公衆送信自体についての権利は与えられていない。しかし、送信可能化する権利を専有するということは、それに引き続く自動公衆送信についてもその権利を専有することとほぼ同義である。送信可能化という一時点の行為にのみ権利が及んでいるような規定ぶりは、上記WPPT10条に整合させたこと、および、著作者の公衆送信権がどの時点まで遡及するかを明確にしようとして定義された概念である「送信可能化」をそのまま実演家隣接権の支分権の定めに用いたことによるものであろう。

(b) 映画の著作物に録音・録画された実演に関するワンチャンス主義

送信可能化権にも、映画の著作物に関するワンチャンス主義が適用される。つまり、実演家がいったん自分の実演を映画の著作物に録音・録画することを許諾すると、その映画の送信可能化（サントラ盤など録音物の送信可能化を除く）には、権利を主張できなくなる。

(c) 映画の著作物以外のものに録画されている実演に関するワンチャンス主義

映画の著作物以外のものに「録画」されている実演については、それが実演家の許諾を得て録画されているのであれば（つまり海賊版等でなければ）、その録画物を使って送信可能化することに実演家の送信可能化権は及ばない。

放送・有線放送の場合には、上述のとおり、実演家の許諾を得て映画の著作物以外のものに「録音」または「録画」されている実演を放送・有線放送することに実演家の放送権・有線放送権が及ばないとされている（著作権法92条2項2号イ）のに対し、送信可能化の場合には、実演家の許諾を得て「録音」されている実演には、実演家の専有権が及ぶ（及ばないのは「録画」されている実演についてである）。たとえば、音楽CDには実演家の許諾を得て実演が「録音」されているから、実演家は、音楽CDを使って放送等することを禁止できないが、音楽CDを使って「送信可能化」することは禁止できる。このように「録画」と「録音」とで区別され、実演家の許諾を得て「録画」されている実演についてのみ送

信可能化権が及ばなくなる（逆にいうと、「録音」されている実演には送信可能化権が及ぶ）のは、WIPO実演・レコード条約が「レコードに固定された」実演についてのみ「利用可能化権」を認めていることに由来するのであろう。同条約は、専ら音に関する実演とレコードのみを対象としており、視聴覚実演を対象としていないのである。ある実演が実演家の許諾を得てある物に「録画」されると同時に「録音」されている場合（つまり、ある物が実演の録画物であると同時に録音物でもある場合）、その物を用いて送信可能化することについては、実演家の送信可能化権は及ばない。

以上のように、「放送」「有線放送」と「送信可能化」とでは、実演家の権利のはたらき方が異なる。実演家の許諾を得て「映画の著作物」に録音されている実演については、放送等であっても、送信可能化であっても、実演家の専有権が及ばないことに違いは生じない。しかし、映画の著作物以外のものに実演家の許諾を得て録音されているものを用いて行う場合には、放送等であれば実演家の許諾を得る必要はなく、ただ商業用レコードを用いる場合に二次使用料を支払う義務を負うだけであるのに対し、「送信可能化」であれば、実演家の許諾を得ることが必要となる。このことは実演家だけでなく、レコード製作者についても同様である。後述のとおり、レコード製作者も、放送権および有線放送権を与えられていないが、送信可能化権は与えられているからである。

(d)　放送等と送信可能化との相互関係

放送、有線放送、公衆送信および送信可能化の各概念の相互関係について簡単にふれておく。公衆送信とは、公衆によって直接受信されることを目的とした通信の送信を幅広く包含する概念である（著作権法2条1項7号の2）。「公衆送信」のうち、公衆によって同一の内容の送信が同時に受信されることを目的として行われるものが放送（無線通信の場合）および有線放送（有線電気通信の場合）である（同法2条1項8号・9号の2）。公衆からのリクエストに応じて送信されるものは、「同時に受信されること」を目的としていないので、放送および有線放送には当たらない。

公衆送信のうち、公衆からのリクエスト（求め）に応じて自動的に行われるのが「自動公衆送信」であり（同法2条1項9号の4）、「自動公衆送信」の準備段階として、一定の行為により公衆からのリクエストに応じて自動的に公衆送信し得るようにすることが「送信可能化」である（同法2条1項9号の5）。

web上に掲載する場合のように、視聴者が好きな時にいつでもアクセスして

視聴できるようにすることが送信可能化の典型例である。もっとも、インターネットを経由してコンテンツを送信する場合でも、コンサート中継などで行われることがあるように、リアルタイムでしか視聴できないようにする場合もある。この場合、考えようによっては、「同時に受信されること」を目的としている（すなわち有線放送に該当する）ように思えなくもないが、視聴者側がアップロード側のサーバまでデータを読み取りに行く点で通常のweb掲載に等しく、視聴者からの「求め」（アクセス）がなくても視聴者の手元まで同時にデータが届けられている有線放送とは異なることから、「入力型」の送信可能化（同法2条1項9号の5イの送信可能化のうち最後のもの）であると考えられている。

(e) IPマルチキャスト放送による同時再送信に関する制限

インターネットを経由して視聴者がサーバにアクセスする場合には「送信可能化」に当たると考えられていることから、いわゆるIPマルチキャスト放送によって地上波放送等を同時再送信する際の実演家およびレコード製作者の権利処理が問題となった。IPマルチキャスト放送とは、光ファイバーなど高速回線を利用し、インターネットを経由して、各家庭に番組を届けるものである。IPマルチキャスト放送事業者から中継局（収容局）までは専用回線を使ってすべての番組が送り届けられ、中継局から各家庭まではインターネットを経由して視聴者の選局した番組が届けられる点に特徴がある。中継局までは有線放送に似ているが、中継局から先は入力型の「送信可能化」に当たることになり、番組に含まれる実演やレコードについて、実演家やレコード製作者の許諾権（禁止権）の対象となる。しかし、中継局（収容局）に番組が蓄積されていないので、視聴者が見たい時を選んで視聴することはできないため、「同時に受信されること」を目的とする有線放送にきわめて近い性格をもっている。そこでIPマルチキャスト放送を有線放送と同等に扱い、実演家やレコード製作者の許諾権（禁止権）がはたらかないようにしてはどうか、という意見が出てきた。

このような背景のもと、平成18年（2006年）12月の著作権法改正により著作権法102条3項ないし5項が新設され、放送される実演を、専らその放送対象地域内において受信されることを目的として同時に再送信する場合は、入力型による送信可能化について実演家およびレコード製作者の許諾権（禁止権）を制限し、それらの許諾を要しないこととするとともに、実演家およびレコード製作者への補償金の支払いを義務付けることとされた。

(7) 譲渡権

(a) 権利の内容

実演家は、実演を録音物・録画物の譲渡により公衆に提供する権利を専有する（著作権法95条の2第1項）。実演家の実演を収録した音楽CDを公衆に譲渡することは、当該実演について譲渡権をもっている者の許諾がないとできない。

ただし、譲渡権についても「映画の著作物」に関するワンチャンス主義が適用される。つまり、実演家がいったん自分の実演を映画の著作物に録音・録画することを許諾すると、その映画の公衆への譲渡（サントラ盤など録音物の譲渡を除く）については、譲渡権が及ばない（同法95条の2第2項2号）。

次に、映画の著作物以外のものに「録画」されている実演について、実演家の許諾を得て録画されているのであれば（つまり海賊版等でなければ）、その録画物を公衆に譲渡することに譲渡権が及ばない（同法95条の2第2項1号）。映画の著作物以外のものに「録画」されている実演と「録音」されている実演との区別およびこの区別が設けられている理由は、送信可能化権について述べたところと同様である。

(b) 譲渡権の消尽

著作権の支分権としての譲渡権と同様に、実演家またはその許諾を得た者により実演の録音物・録画物がいったん他人に譲渡された場合には、その録音物・録画物のその後の譲渡には譲渡権が及ばない（譲渡権の「消尽」。95条の2第3項1号・2号）。したがって、実演家の許諾のもとで流通に置かれた音楽CDの中古販売を、譲渡権に基づいて禁止することはできない。また、①日本国外において、譲渡権に相当する権利を有する者、またはその承諾を得た者により譲渡された録音物・録画物や、②譲渡権に相当する権利を認めていない国において譲渡された録音物・録画物の、その後の譲渡にも、譲渡権は及ばない（譲渡権の国際消尽。95条の2第3項3号）。これらの物を、日本に輸入して公衆に譲渡することは、譲渡権侵害にはならないのである。

(c) 商業用レコードの還流防止措置

これについては、レコード製作者の権利に関して後述する。

(8) 貸与権等

(a) 権利の内容

実演家は、自分の実演が録音されている商業用レコード（テープ等を含む）の

公衆への貸与について、商業用レコードが最初に販売された日から1カ月以上12カ月を超えない範囲で政令で定める期間（＝12カ月。著作権法施行令57条の2）は貸与権（貸与の禁止権・許諾権）をもち（著作権法95条の3第1項・2項）、その期間の経過後は、貸与を禁止することはできないが、貸しレコード業者から相当額の報酬を受ける権利をもつ（同法95条の3第3項）。12カ月間の貸与権が著作隣接権の一部であるのに対し、この報酬を受ける権利自体は、著作隣接権には含まれない（同法89条6項）。もっとも、著作隣接権の存続期間が満了すれば、この報酬を受ける権利もなくなる（同法95条の3第3項）。

昭和59年（1984年）の著作権法改正で、著作権者には、著作物の複製物の公衆への貸与について、その著作権の存続期間中（つまり原則として著作者の死後50年間）の貸与権が「許諾権（禁止権）」として認められたが、実演家とレコード製作者には、商業用レコードの公衆への貸与に限り、12カ月の許諾権とその期間経過後の貸与報酬請求権とが認められたのである。

貸与報酬請求権は、それぞれの権利者が独自に行使できるのではなく、放送に関する二次使用料と同じように、実演家については芸団協を通じてしか（レコード製作者については日本レコード協会を通じてしか）、行使することができない（同法95条の3第4項による95条5項の準用）。さらに芸団協（レコードについては日本レコード協会）は、実演家・レコード製作者が12カ月以内の貸与権（許諾権）に基づき貸与を許諾した場合にその使用料を受ける権利を、実演家・レコード製作者から委任を受けて、貸与報酬請求権と併せて行使することができる（同法95条の3第5項・97条の3第6項）。

(b) レコードレンタルの実情

商業用レコードのレンタルに対して実演家・レコード製作者が12カ月間の許諾権（禁止権）をもっているからといって、発売後12カ月以内の商業用レコードがレコードレンタル店に並んでいないかというと、そうではない。邦盤（日本人・日本法人をレコード製作者とするもの）の多くは、アルバムについては発売後最長3週間、シングルについては発売後最長3日間の禁止期間が設けられているものの、それ以降はレンタルが実演家・レコード製作者によって「許諾」されており、その許諾に基づき使用料を受ける権利は、芸団協および日本レコード協会が貸与報酬請求権と併せて行使している。このような取扱いになっている背景には、次のような事情がある。

昭和59年（1984年）の著作権法改正が決議された際、衆参両議院で「著作者

等の貸与権の行使に当たっては、公正な使用料によって許諾し関係者の間の円満な利用秩序の形成を図るよう指導すること」との附帯決議があった。これは、当時すでにレコードレンタル店が多数存在しており、その営業を廃止に追い込むようなことはできないという配慮の現れであった。この附帯決議は、直接には立法府から政府に対する要請にすぎず、レコード製作者らを法的に拘束するものではない。しかし、日本の多くのレコード製作者らは、附帯決議の趣旨を尊重して、発売後12カ月以内でもレンタルを許諾するように協力している。しかし、このような協力をしているのは日本のレコード製作者らだけであり、海外のレコード製作者は、12カ月の禁止権をそのまま行使している。

なお音楽著作物の著作権者は、原則として著作者の死後50年間にわたる貸与権をもっており、レコードの貸与を禁止することができる。しかし、音楽著作物の貸与権は、現実にはほとんどの場合JASRACなどの著作権等管理事業者によって管理されており、著作権等管理事業者には応諾義務があるため、禁止権を行使してレンタルを許諾しないことは基本的にはない。

(9) 実演家にない権利

以上のように、実演家に与えられた著作隣接権は、著作権と比べると種類が少なく、また範囲が狭いものとなっている。

まず、著作者には「上演権・演奏権」(著作権法22条)および「上映権」(同法22条の2)が与えられているが、実演家にはこれらに相当する権利がない。したがって、音楽CDを購入してジャズ喫茶等でお客に聞かせるためには、著作権者(多くの場合はJASRACなどの著作権等管理事業者)の許諾が必要であるが、実演家の許諾は必要でない。

二番目に、著作者には「翻案権等」(同法27条)、「二次的著作物利用権」(同法28条)が与えられているが、著作隣接権は実演等そのものについてはたらく権利であることから、実演家にはこれらに相当する権利がない。

三番目に、著作者には「複製権」が与えられるが、実演家には、複製のうち「録音」「録画」についてのみ権利が与えられている。したがって、実演の一場面を写真で撮影することは、「複製」ではあるが、「録音」でも「録画」でもないので、無許諾で行っても、実演家の著作隣接権侵害にはならない。

四番目に、著作者には「公衆送信権」が認められ、このなかに「放送」「有線放送」「送信可能化」などのさまざまな送信形態が包摂されているが、実演家に

は、このうち「放送」「有線放送」「送信可能化」についてのみ権利が与えられ、それ以外の送信についての権利は与えられていない。また、放送・有線放送についての権利はあるものの、実演家の許諾を得て複製された音楽CD等を使って行う放送等を禁止することはできない。そのような放送等のうち、「商業用レコード」を用いて行うものについてのみ、二次使用料請求権が認められている。

　五番目に、公衆に対する貸与に関する権利が、著作権と比べて弱くなっている。まず貸与権が認められるのは「商業用レコード」についてのみであり、それ以外の複製物の貸与をコントロールする権利は認められていない。また貸与を禁止することができる期間は、最初に販売された日から12カ月に限定されている。その後は報酬請求権だけとなり、公衆に対する貸与自体を禁止することはできない。

　そのほか、いったん録音・録画を許諾した場合に、その後の利用について権利が制限される場合が多いことは、上述したとおりである。また実演家に与えられる実演家人格権が、著作者に与えられる著作者人格権に比べて狭い権利であることについても上述した。

4　レコード製作者の権利

(1)　レコード製作者とは

　レコード製作者とは、「レコードに固定されている音を最初に固定した者」をいう（著作権法2条1項6号）。

　レコード原盤に音を固定する過程は、実演家に歌唱や演奏等をしてもらい、その歌唱や演奏等を最初にマルチテープ（32トラックであることが多い）に録音し、このマルチテープをミックスダウンして（普通は2チャンネルにダウンする）、マスターテープを作成するというものである。このような一連の過程を、必要な資金を負担して行い、その行為の法律的主体となる者（会社）がレコード製作者である。現実に録音機器の操作を行う者をいうのではなく、むしろ「映画製作者」の概念（同法2条1項10号）に近い。実演家とは異なり、法人がレコード製作者になることができ、実務上、ほとんどのレコードのレコード製作者は法人である。

　マスターテープをCD製造工場で複製して音楽CDを生産する行為は、レコードの複製であって、レコード製作には当たらない。

　音を「固定する」とは、物理的に音として存在する振動を捉えて録音することだけでなく、オルゴールのように、動作させれば一定の音がなるように機械的な

装置を作成することや、コンピュータのはたらきを介して機械的に電子音を作り出すデジタルデータ（MIDI音源など）を作成してハードディスクやメモリーカードなどに蓄積することも含まれる。したがって、オルゴール製作者や着メロ製作者は、そのオルゴールまたは着メロについてレコード製作者として著作隣接権を取得する。

(2) レコード製作者に認められる権利

　レコード製作者に認められる権利は、複製権（著作権法96条）、送信可能化権（同法96条の2）、譲渡権（同法97条の2）、商業用レコードの貸与権等（同法97条の3）、商業用レコードの放送・有線放送に関する二次使用料請求権（同法97条）である（同法89条2項）。また複製権の制限の代償としての私的録音補償金請求権（同法102条1項・30条2項）、送信可能化権の制限の代償としての補償金請求権（同法102条5項）を与えられる。

　実演家には「録音権」「録画権」しか与えられていないのに対し、レコード製作者には「複製権」が与えられている。しかし、レコードの複製とは録音のことであるので、レコード製作者の複製権は、実質的には録音権であるといっても差し支えない。レコードの複製（録音）には、そのレコードを直接コピーすることだけでなく、レコードに収録されている音を再生して、その再生音を別のテープなどに固定することも含まれる。後者の複製は、「音を固定する」という点ではレコード製作に近いが、「最初に」固定したことにはならないため、すでに存在しているレコードの複製に当たる。レコードを放送するFM番組を受信してMD等に録音する行為も、レコードの再生音が電波によって伝えられ、それがMD等に固定されることになるため、レコードの複製に含まれる。

　レコード製作者に与えられる送信可能化権、譲渡権、貸与権等（商業用レコードの貸与により公衆に提供する権利。商業用レコードの最初の販売後12カ月以内に限り禁止・許諾権であり、その後は貸しレコード業者から相当額の報酬を受ける権利）、商業用レコードを放送・有線放送する場合の二次使用料を受ける権利の内容は、実演家に与えられるそれらの権利とほぼ同じである。貸与権の期間経過後にレンタル事業者から報酬を受ける権利と、放送・有線放送に関する二次使用料を受ける権利については、実演家の場合と同様に団体を通じて権利を行使する必要があるが、その団体は社団法人日本レコード協会とされている。

(3) 商業用レコードの還流防止措置

　日本の音楽文化を海外に輸出するに当たって、日本と海外との物価水準の違いが問題となることがある。物価水準が日本よりもかなり低い国で日本の作品の音楽CDを発売しようとすると、その国の物価水準にあわせて安くしなくては消費者に買ってもらえない。しかし、その国で安く発売した音楽CDを輸入業者が大量に買い付けて日本国内に還流すると、国内市場が破壊されるおそれがある。日本のレコード製作者等は、海外での販売活動の展開に必ずしも積極的ではなかったといわれているが、このことがその原因のひとつではないかとも考えられる。

　海外において著作権等を侵害する行為によって作成された海賊版を日本に輸入しようとする行為に対しては、著作権法113条1項1号のみなし侵害あるいは譲渡権侵害として対処が可能であるし、また関税法に基づく輸入差止申立ても可能である。しかし、海賊版ではなく、レコード製作者等の許諾のもとで複製・販売される音楽CDなどは、たとえ日本国外での販売のみを前提とした商品であっても、著作権等を侵害する行為によって作成された物ではないし、譲渡権も消尽している（著作権法26条の2第2項4号・95条の2第3項3号・97条の2第2項3号）から、それらの商品を国内に輸入して販売する行為を、みなし侵害や譲渡権侵害に当たるとすることはできない。

　この問題を解決するため、平成16年（2004年）の著作権法の改正により、商業用レコードの還流防止措置の規定が新たに設けられ、平成17年1月1日から施行されている。この規定により、物価水準が日本に比べてかなり低い国で発売された音楽CDなどを日本国内で頒布する目的で輸入する行為などが、著作権または著作隣接権の侵害とみなされる（同法113条5項）。

　具体的には、次の要件をすべて満たす場合に、海外では正規品である音楽CDなどの商業用レコードを、日本へ輸入すること、日本で頒布すること、日本で頒布する目的で所持することが著作権・著作隣接権の侵害とみなされる。

①輸入される商業用レコードが、国内において先または同時に発行されている国内盤商業用レコードと同一作品の、国外だけで頒布することを目的としたものであること。

②輸入などする人が①の情を知っていること。

③国内で頒布する目的での輸入、国内での頒布・頒布目的所持であること。

④輸入等される商業用レコードが国内で頒布されることにより、権利者の得ることが見込まれる利益が不当に害されること（文化庁の施行通知によれば、輸

入等される商業用レコードから権利者が得られるライセンス料や卸売価格が、同一作品の国内盤商業用レコードから得られるそれらの60%以下であること)。

⑤同一作品の国内盤商業用レコードが国内において最初に発行された日(改正法が施行された平成17年1月1日より前に国内盤商業用レコードが国内において発行されていたときは、同施行の日)から起算して7年を超えない範囲で政令で定める期間(=4年。著作権法施行令66条)以内であること。

レコード製作者は、この還流防止措置の対象となる商業用レコードの輸入を税関で止められるように、該当する商業用レコードについて税関に関税法に基づく輸入差止申立てを行っている。また日本レコード協会は、この措置に基づいて会員レコード会社が行った輸入差止申立ての実績をインターネット上で公開している。さらに日本レコード協会は、この措置の対象となる音楽CDの商品上への表示方法について運用基準を設けることで、簡単に見分けられるようにしている。

(4) レコード製作者に与えられていない権利

レコード製作者の権利も、著作権者の権利に比べて種類が少なく、また範囲が狭いものとなっている。

実演家と同様、レコード製作者には「演奏権」が与えられていない。したがって購入した音楽CD等をジャズ喫茶で使用することについて、レコード製作者の許諾を得る必要はない。かつて、著作権者の演奏権も、適法に録音された物の再生による公の演奏(購入した音楽CD等を店舗でBGMとして使用することなど)については、「当分の間」及ばないものとされていた(平成11年〔1999年〕改正によって削除される前の原始附則14条)。この「当分の間」は、昭和46年(1971年)の著作権法施行以来、29年間継続したが、平成11年の著作権法改正によって原始附則14条が削除されたことにより、著作権者の演奏権は、適法録音物の再生による公の演奏にも及ぶことになった(本書第1章17頁参照)。このため、著作権と著作隣接権との間で、公の演奏をめぐる不均衡が生じることになった。国際的にみた場合、先進国にはレコード製作者にも演奏権を与えている国が多い。わが国でもレコード製作者側からは、演奏権の創設が求められている。

レコード製作者には、放送権および有線放送権が与えられていない。実演家には放送権および有線放送権が与えられ、その権利が実演隣接権者の許諾を得て録音録画された実演などの放送・有線放送には及ばないとされているが、レコード製作者には、そもそも放送権・有線放送権が与えられていないのである。レコー

ド製作者に与えられているのは、商業用レコードを用いた放送および有線放送に対して二次使用料を請求する権利のみである。実演家の権利に関して、送信可能化と放送・有線放送の区別が重要であることを前述したが、このことはレコード製作者の権利にも当てはまる。送信可能化であれば、レコード製作者はそれに対して禁止権（許諾権）を行使することができるが、放送・有線放送であれば、二次使用料を請求できるのみであり、放送・有線放送自体を禁止することはできない。

(5) 実演家の権利とレコード製作者の権利との関係

上述のとおり、レコードに収録されている実演については、実演隣接権が契約によってレコード製作者に譲渡されているのが一般である。そして契約に基づき、レコード製作者がレコードによって収益を挙げたときは、その一定割合をアーティスト印税（実演家印税）として実演家に支払うこととされている。ただし、団体によってのみ権利行使がなされる放送・有線放送の二次使用料請求権やCDレンタルに関する報酬請求権については、実演家側に残っているのが普通である。また、実演家人格権は譲渡できないので、これも当然、実演家に残っている。

実務的に「原盤権」という言葉がよく使われるが、この言葉は法律上の用語ではないため、明確な定義をもたない。人によってニュアンスの違う説明がなされているが、レコード製作者がそのレコード原盤について有している権利・義務の総体（レコード製作者として与えられる著作隣接権、二次使用料請求権、貸与報酬請求権等に加えて、当該レコードに収録されている実演に関する著作隣接権と、実演家に対してアーティスト印税を支払う義務が一体となったもの）を指していることが多いように思われる。

5 放送事業者・有線放送事業者の権利

(1) 放送事業者・有線放送事業者とは

同一のコンテンツが同時に不特定多数の人に受信されることを目的としたもののうち、無線通信の送信により行われるものを「放送」といい（著作権法2条1項8号）、有線電気通信の送信により行われるものを「有線放送」という（同法2条1項9号の2）。

放送事業者とは、放送を業として行う者をいい（同法2条1項9号）、有線放送

事業者とは、有線放送を業として行う者をいう（同法2条1項9号の3）。

(2) 放送事業者の権利

放送事業者は、次の①～④の4つの権利を専有する。①その放送又はこれを受信して行う有線放送を受信して、その放送に係る音又は影像を録音し、録画し、写真その他写真に類似する方法により複製する権利（複製権。著作権法98条）、②その放送を受信して再放送し、又は有線放送する権利（再放送権及び有線放送権。同法99条）、③その放送又はこれを受信して行う有線放送を受信して、その放送を送信可能化する権利（送信可能化権。同法99条の2）、④そのテレビ放送又はこれを受信して行う有線放送を受信して、影像を拡大する特別な装置を用いてその放送を公に伝達する権利（テレビジョン放送の伝達権。同法100条）。

上記①の複製権に関し、放送事業者の複製権は、放送等を受信して「放送に係る音又は影像」を録音、録画または写真的方法により複製する権利であり、録音・録画には録音物・録画物を増製することが含まれる（同法2条1項13号・14号）から、放送をリアルタイムで録音・録画等する場合だけでなく、その録音物・録画物等をコピーして増製することも複製権の対象に含まれる。

上記②の再放送権・有線放送権に関し、再放送とは、初回放送を行った放送事業者が同一番組を再度放送する（リピート放送する）という意味ではなく、放送を受信した第三者が、公衆に向けて無線で放送を再び送信することをいう。そしてそのような再放送を行うことを禁止したり許諾したりする権利が「再放送権」である。放送を受信した第三者が無線ではなく、有線で再び送信することを禁止したり許諾したりする権利が「有線放送権」である。「その放送を受信して」とは、放送事業者の放送を直接受信してとの意味であり、放送を受信して行われる再放送や有線放送をさらに受信して行う再々放送・再有線放送等に対しては、元の放送事業者の再放送権・有線放送権は及ばない。

上記③の送信可能化権に関し、放送事業者の送信可能化権は、実演家およびレコード製作者の送信可能化権とは異なり、放送を受信しながらリアルタイムで行う送信可能化のみを権利の対象としている。放送を受信していったん録音物・録画物を作成し、その録音物・録画物を送信可能化する行為は、放送事業者の送信可能化権の対象ではないと立案担当者（文化庁）によって説明されている。放送事業者の送信可能化権を定めた著作権法99条の2は、「その放送を」送信可能化する権利を放送事業者が専有すると規定しており、「放送に係る音又は影像」で

はなく「放送」自体の送信可能化であることが求められているからであろう。もっとも、放送を録音物・録画物によって送信可能化する者は、録音物・録画物の作成の点で放送事業者の複製権を侵害したことになるし、もちろん放送された番組の著作権者の公衆送信権侵害にもなる。

　上記④のテレビジョン放送の伝達権は、新宿アルタや渋谷Qフロントの壁面のように、影像を拡大する特別の装置を使って、テレビ放送番組を公衆に見せる行為を対象としている。通常のテレビ画面でテレビ放送番組を公衆に見せることは、この権利の対象にはならない。著作権法38条3項（著作者の伝達権の制限規定）は、放送事業者の伝達権には準用されていない（同法102条参照）ので、非営利目的・無償の伝達であっても、影像を拡大する特別の装置を用いて行う場合には、放送事業者の伝達権の対象となる。

(3)　有線放送事業者の権利

　有線放送事業者は、①その有線放送を受信して、その有線放送に係る音又は影像を録音し、録画し、写真その他写真に類似する方法により複製する権利（複製権。著作権法100条の2）、②その有線放送を受信してこれを放送し、又は再有線放送する権利（放送権及び再有線放送権。同法100条の3）、③その有線放送を受信してこれを送信可能化する権利（送信可能化権。同法100条の4）、④その有線テレビ放送を受信して、影像を拡大する特別な装置を用いてその有線放送を公に伝達する権利（有線テレビジョン放送の伝達権。同法100条の5）を専有する。

　有線放送事業者は、自主放送を行うほか、地上波テレビ放送を受信してそれをそのまま再送信することが一般的であるが、この再送信については、有線放送事業者は独自の準創作的行為を行っておらず、著作隣接権を与えられない（同法9条の2第1号）。有線放送事業者による放送の再送信を受信して行う複製・送信可能化・公衆伝達に対しては、再送信される元の放送を行った放送事業者が著作隣接権（複製権、送信可能化権、テレビジョン放送の伝達権）を行使することになる。放送事業者の複製権、送信可能化権およびテレビジョン放送の伝達権において「これ（放送）を受信して行う有線放送を受信して」行う複製等が権利の対象に含められているのは、そのためである。

　放送権および再有線放送権に関し、有線放送事業者の権利では、有線放送が出発点となるため、放送事業者の権利において「再放送」権に当たるものが「放送」権となり、「有線放送」権に当たるものが「再有線放送」権になっている。

(4) 放送事業者等と JASRAC 等の著作権等管理事業者との関係

　放送事業者等は、歌手等に出演依頼して番組で歌唱・演奏してもらうこともあるし、音楽 CD などの商業用レコードを利用してそれに固定されている歌唱・演奏を放送等に利用することもある。いずれの場合も、音楽の著作物の著作権者との関係では等しく著作物の放送等であり、それらの行為には著作権者の許諾を得る必要がある。実務的には、この放送等の許諾の大部分は、JASRAC と放送事業者等との間の包括契約によって行われている。この結果、放送事業者等は、放送事業収入の年額の一定割合を JASRAC に支払うことにより、JASRAC が著作権（放送権・有線放送権等）を管理している全楽曲を、個々の利用について一々許諾手続きをとらなくても、放送等に利用することができる。

　このような包括契約が締結される実務の運用が定着した背景には、①放送等においては膨大な楽曲が日常的に利用されるため、一々許諾を得なければならないとすると、莫大な手間を要し、現実的ではないこと、②そもそも放送等での音楽の利用は、その場で消えゆくことを前提としたものにすぎないこと、③放送等での音楽での利用は、音楽 CD の販売や配信事業などと競合するものではなく、かえってそのプロモーション効果も期待できること、④放送事業等は、有限の電波（周波数）の割当てを受けて行う免許事業であり、放送法等による規制の対象ともなる公共性の高いものであって、放送事業者等の経営状況も、最近までは比較的安定しているところが多かったこと、などの事情があるように思われる。

　現実の放送事業等においては、JASRAC との包括契約は有益なものであり、それが円滑な放送事業等の実現に果たしている役割はきわめて大きいと評価できる。

　ところで、平成 13 年（2001 年）10 月 1 日の著作権等管理事業法の施行前には、「著作権ニ関スル仲介業務ニ関スル法律」が施行されていたが、同法のもとでは、「楽曲を伴う場合に於ける歌詞」「楽曲」について仲介業務を行うには文化庁長官の許可を得ることが必要であり、その許可を与えられていたのは JASRAC だけであった。放送事業者等としては、JASRAC との間で包括契約を締結しておけば、ほぼ問題なく、ほとんどすべての曲を放送等に利用することができた。

　平成 13 年 10 月 1 日以降は、音楽の著作物を管理する著作権等管理事業者は複数となったが、JASRAC 以外の著作権等管理事業者（イーライセンス、ジャパン・ライツ・クリアランス等）は、当初、放送権等の管理を行っていなかった。しかし、平成 18 年（2006 年）以降、イーライセンスは、放送権等の管理に着手す

ることとした。

　放送事業者等は、JASRACと包括契約を締結していても、JASRACが放送権等を管理していない曲を放送等に利用できるようになるわけではなく、そのような曲を放送等に利用するためには、別途、著作権者自身またはJASRAC以外の著作権等管理事業者から許諾を受け、使用料を支払う必要がある。しかし、放送事業者等がJASRAC以外の著作権等管理事業者に使用料を支払ったとしても、それはJASRACが管理していない曲の使用料であるから、JASRACとの包括契約に基づく使用料がその分減額されるわけではない。そのことから、JASRACによって放送権が管理されていない曲の放送使用を控える傾向が一部の放送事業者にあるのではないかとの指摘が、その真偽はさておき、なされた。

　公正取引委員会は、平成21年（2009年）2月27日、JASRACが独占禁止法3条（私的独占の禁止）の規定に違反する行為を行っているとして、JASRACに対して排除措置命令を行った。公正取引委員会が命じた措置の内容は、包括契約に基づく放送使用料の算定において、各放送事業者がその放送番組で使用した音楽著作物の総数に占めるJASRACが管理している曲の使用割合が反映されない方法を採り、放送事業者等が他の著作権等管理事業者に放送使用料を支払うとすればその分だけ使用料総額が増加することになるような行為を取りやめなければならないとするものであった。

　公正取引委員会の排除措置命令も、JASRACに対して包括契約をやめるよう求めるものではない。放送事業等を円滑に行うためには、著作権等管理事業者との間で包括契約を締結することは、放送事業者等にとって必須である。個別の許諾申請を必要とすることは、現実には困難だからである。著作権等管理事業者から放送事業者等に対する許諾は、今後も包括契約の形態に依らざるを得ないであろう。公正取引委員会が排除を命じているのは、上記のとおり、JASRACによって放送権が管理されている曲の使用割合が反映されない方法を採り、放送事業者が他の著作権等管理事業者に放送使用料を支払うとすればその分だけ使用料総額が増加することになるような行為である。逆にいえば、JASRACが包括契約に基づき徴収している使用料にJASRACの管理楽曲の使用割合が反映されるか、あるいは、放送事業者が他の管理事業者にも放送使用料を支払うことが放送事業者にとって増加負担とならないようにすれば、排除措置命令の趣旨は実現できたことになるであろう（現時点でも包括契約に基づく使用料がJASRACの管理楽曲の使用割合を反映して合意されているのであれば、もともと問題はないことになる）。

なお前述のとおり、放送事業者等は、商業用レコードを放送に利用することについては、実演家およびレコード製作者から許諾を得る必要はなく、二次使用料支払義務を負うだけである。二次使用料の請求は、文化庁長官が指定する団体があるときは、当該団体によってのみ行使することができる（著作権法95条5項・97条3項）。実演については芸団協（CPRA）が、レコードについては日本レコード協会が文化庁長官によって指定された団体である。これらの団体は、放送事業者等またはその団体との間で二次使用料の額を協議により定めるが、このような協議による定めおよびこれに基づいてする行為については、独占禁止法の規定の適用除外が定められている（同法95条13項・97条4項によりレコードに関して準用）。

第 8 章

著作権をめぐる今日的課題

著作権制度を抜本的に見直す必要性と文化政策

斉藤 博

　デジタルネットの時代を迎え、著作権制度のあり様につきさまざまな論議がなされているが、本章では、著作権法の簡素化、平易化をも視野に入れつつ著作権をめぐる今日的課題を考え、あらためて著作権制度の原点を探り、著作権法の文化法としての意義を確かめる。

1　最近の動向

　本章は、著作権をめぐる今日的課題を述べようとするものだが、いざ述べようとすると、実に多くの検討課題のあることに驚く。著作権制度の抜本的見直しをも視野に入れつつ、いくつかの課題について述べよう。

　著作権をめぐる課題は絶えず生じ、尽きることがない。古くからの課題が解決を見ないうちに次々と新たな課題が生じている。それに、いったんは解決したはずの課題が再度新たな課題として検討の対象とされるなど、実に、著作権法の分野は考えることに事欠かない。そこには、著作物を利用する技術の目まぐるしい開発、その技術のグローバル化、ビジネスのグローバル化など、著作権を取り巻く諸要因の果たす役割も大きい。

　近代的な著作権法の嚆矢と目されているアン法（the Statute of Anne）が施行されたのが1710年—1、それから300年になる2009年6月、それを記念して、ロンドンで、"From 1710 to Cyberspace"と題してALAI（Association Littéraire et Artistique Internationale＝国際著作権法学会）の研究大会が開かれた。この300年の間には、いわゆる出版特許の時代から近代的な著作権制度の確立、録音・録画などの複製の技術、放送などの送信の技術が相次いで普及し、やがて、デジタルネットワークという新たな環境も加わり、著作権制度はそのひとつひとつへの対応を迫られてきた。

　そのように、大きな流れの中で、出版事業者の保護から創作者である著作者の保護へと重点が移り、それが終着点かというと、必ずしもそうではなく、一部には、著作者の保護から著作権者の保護、創作者の保護から著作権を保有する事業者の保護へと関心が動く様をみる。著作権制度であるから著作権者の保護に重きを置くことは当然といえるかもしれないが、著作権の保護強化が誰のためか、何のためか、を考えるとき、その保護強化が著作者に何ら関わりのないものであるとすれば、著作権制度は他の一般の財産権を保護する制度と変わりのないものとなってしまう。仮に著作権が著作者でない者によって保有される状況にあって、その者に莫大な利益が生じている場合には、創作者である著作者にも思いを致す

1—これまで「1709年のアン法」と称されてきたが、施行の年である1710年が強調されている。

配慮というか、ゆとりが求められるところで、著作権制度の運用に際し微妙な利益調整の必要があらためて認識されなければならない。著作権制度が、その原点である創作者、著作者を見失うとすれば、もはや文化の基軸法制としての意義はない。

最近の動向を眺めてみるとき、その軸足の定まらない様をみる。著作権の保護強化を論ずるにしても、著作権の制限を論ずるにしても、原点である創作者を見失った論議に出会うことが少なくない。まさに著作者なき著作権制度（Copyright system without author, Urheberrechtssystem ohne Urheber）が論じられるときがある。もちろん、軸足の定まった議論も多くみられるわけであるから、この話はこのくらいにして、具体の課題に入ろう。

デジタル技術、それに伴う送信技術の開発・普及は新たな課題をもたらしている。それは、著作物の流通に新たな形態を加え、著作物をめぐる市場にも変化をもたらし、したがって、伝統的な流通に関わってきた事業者にも影響を与え、しかも、そのような動きは急速に進みつつある。そのことは、著作権制度の運用にも大きな影響を与え、その対応は、WIPO 著作権条約などの条約の次元はもちろん、国内法の次元においても検討が進められてきた。もちろん、立法のみによって対応できるものではなく、デジタル技術の特徴や流通事業を含むビジネスの領域を視野に入れた、幅広い対応が必要であろう。

ビジネスの領域でいえば、このところ何かと話題となる Google 和解案にも言及しなければなるまい。それは米国における和解にすぎないが、わが国の権利者も関わり得るという点で、さらにはその和解案の提起した課題の大きさに照らしても、この際考える必要があろう。詳細は後述する。

最近の動向といえば、奇妙なことに、私的録音録画問題が今なお議論されている。この問題は、かつて十数年をかけて解決したはずの問題である。もちろん、抜本的な見直しという線で論議されるのであれば理解できるが、かつての論議を繰り返しているようであると、これまたネガティブな意味での課題といえよう。後述する。

著作権の存続期間をめぐる課題も古くて新しい問題である。これは、率直に申せば、これぞという決定的な正当化事由がないだけに、さまざまな論議が展開され、その論議が観念的になればなるほど、論議を収斂させることは難しい。その一方、現実的には、国際次元においては具体的な期間をめぐり論議されていることはたしかで、具体的な対応を迫られる。この点も後に若干触れる。

2 デジタル化・ネットワーク化時代

　放送と通信の融合など、メディアの融合はデジタル技術の特徴を考え合わせるとき必然的なことがらであり、これを社会的経済的な面のみでなく、法的な面からも眺めなければならない。法的な面の中でも著作権法の面からはどうか。著作権法はこれまでにもさまざまなメディアに出会ってきた。デジタル時代に入り、著作物をはじめさまざまな情報が0と1とに置き換えられて利用されるようになり、放送であろうと通信であろうと、デジタル対応を済ませた媒体であれば、デジタル化された情報は媒体の別を問うことなく流通する。そして、通信は、本来、情報を拠点から拠点へ送るという意味で、著作権とは関わりがなかったところ、公衆に端末が普及し、著作物が直接公衆に送られるようになると、communication to the public として、すなわち、公衆への送信として、新たに著作物の利用形態の中に組み入れられる（著作権法23条）。そのうえ、送信のチャネルは幾重にも交錯し、公衆の手にある端末も、パソコンから簡易なモバイル型のものまで多様化の動きが激しい。一方、放送のほうも、自らその伝統的な形態を変え、双方向型のものまで現れている。

　このように、著作物の流れが急速に多様化する一方、それに応じてこれを受ける公衆の数が急増するわけではない。ここに、公衆がどの端末を選ぶか、著作物を送る側からみれば端末の奪い合いが熾烈に行われているといえよう。もちろん、それはデジタル送信の分野のみの問題ではない。新聞や雑誌、さらには、図書というアナログ媒体をも巻き込んだ、激しい競争が繰り広げられているといえよう。

　著作権法の規定との関係でいえば、放送がその伝統的な形態を変えることに合わせて、放送および有線放送のための一時的固定の制度（同法44条）の廃止や、時事問題に関する論説の転載を認めるのに新聞または雑誌に掲載されたものに限定し続けるのか（同法39条）など、立法面の手当てが必要であろう。

3 メディアの多様化と情報の量の不均衡

　著作物を含む情報を記録し、送信する技術の開発は、あたかもそれ自体が目的であるかのごとく、際限なく続けられ、その容量は飛躍的に増大しつつある。そ

して、それらの技術は、それに見合う情報があろうとなかろうと、次々と市場に供給されている。今やハードが先行し、そこに収めるべきソフトが追いつかないという、ミスマッチの状況が出現している。にもかかわらず、ハードのほうは、その容量をさらに増やすべく、日夜開発が続けられている。データベースの構築や映像記録など、一部の分野を除き、現実の生活ではさほどの容量は必要としないにもかかわらず、ハードの開発者はその種の機能で競い合うかのようである。

そのようなことで、ある時期からソフトの不足が深刻な問題として叫ばれるようになり、巨大化する容器に入れるべき中味を探す必要が説かれる。その種の中味でいえば、放送事業者が多くのソフトを抱えているということで、まずは、放送された番組の再利用に関心が集まる。その一方、映画などのソフトを製作している映画会社を傘下に収める試みもなされてきた。ハードの開発に見合うソフトを確保できれば、市場での優位を確保できるからである。このようなコンテンツ探しは、これからもさまざまなかたちで行われるであろうし、併せて、著作物の自由な利用、すなわち、著作権の制限を求める動きとなってあらわれよう。

4 著作物の流通形態の変化への迅速な対応

(1) Google 和解案

送信媒体の容量がまたたく間に増大し、送信の速さのほうも日に日に増し加わることになると、それに見合うだけの情報が探し求められるようになるが、当然のことながら、そのような情報の中には多くの著作物が含まれている。この点につき格好の素材を提供してくれたのが米国に端を発した Google 和解案である[2]。この Google 和解はたしかに米国に限定した問題であるが、対象となる著作物が日本を含む諸国のものに及ぶものであり、著作物のデジタル流通に大きな問題提起をするものであるだけに、本章においても、これを素材としながら、著作物の新たな流通形態にどのように対応すべきか、そのあり様を考える。

さきにも述べたように、送信媒体と送信形態の急速な変化は、具体的には、検索の容易なデータベースの構築と検索されたものの迅速な送信の途を模索させて

---

[2]—Google 和解案については、すでに、松田政行・増田雅史『Google Book Search クラスアクションの和解に関する解説——その手続きと法的効果及び出版文化に与えるインパクト』(社団法人日本書籍出版協会、2009 年 4 月)、樋口清一「Google 訴訟和解への対応について」コピライト (2009 年 5 月) 34 頁などで紹介されている。

きた。そこには、データベースの構築に際して、まずは著作物をデジタル化する作業が必要となるが、そもそもそのような作業を誰が行うのか、図書館等の公的な施設が行うのか、それとも民間企業が行うのか、これは最初に直面する課題である。

　図書館等の公的施設が、ときには何世紀にもわたって所蔵してきた文献の量は膨大のものであり、今後も増え続けることはたしかである。そのような膨大な所蔵文献について、その書誌的な事項に限らず、そのフルテキストからも、必要な内容を迅速に検索できる途が絶えず求められてきたが、いかに書庫の機械化を推し進めたとしても、所蔵文献の内容を迅速に検索することは難しかった。ところが、このところますます記録容量を増してきたデジタル媒体は図書館等の積年の願いに途を開くことになり、所蔵文献のデジタル化につき物理的環境は整うことになった。平成21年（2009年）6月、171回国会で可決成立した著作権法の一部を改正する法律案の中にも、図書館等のこのような動きを法的な面から支援する規定が設けられるに至った（47条の6以下）。このように、法的な手当はできたとしても、デジタル化の作業に伴う経費をどのように捻出するのか。図書館等は財政面の対応を迫られる。その一方、飛躍的に増大してきた記録容量に見合うコンテンツをつねに探し求める検索エンジン事業者にとっては図書館等の所蔵する文献は格好のターゲットであり、米国においてこれが現実となった。Googleは、ハーバード大学、スタンフォード大学、ニューヨーク公立図書館などが所蔵する文献1500万点のデジタル化を含む構想につき関係図書館側との間で合意に至り、2004年にデジタル化の作業が始まった。文献のデジタル化と検索の容易迅速化は図書館側も独自に求めてきたところであり、これを専門の事業者が担ってくれるとすれば、図書館等としても技術の面はもちろん、財政の面でも大いに助かる旨考えて合意に至ったのであろう。

　ところが、2005年、米国の作家組合および米国出版社協会が、Googleの行為が著作権を侵害するとして訴えを起こし、Googleの側はその行為がフェアユースに当たる旨主張して争ってきたが、2008年和解の話がまとまり、この和解に参加するか否かを、2009年5月までに回答しなければならないということで、米国で著作権を保有する諸国の著作者、出版社をも巻き込んだ大きな論議が世界に拡散した。この回答期限は9月4日まで延期されたため、やや静かに推移しているが、9月が近付くと再び論議が起ころう。

　いずれにしても、Google和解案をめぐる論議によって検索エンジン事業者の

存在とその役割が浮き彫りになる。そこには、図書館等のための単なるサービス事業者でなく、構築されたデータベースをビジネスとして活用する民間の事業者の顔をのぞき見ることができる。

(2) Google 和解案の提起した問題

Google 和解案はいくつかの大きな問題を提起している-3。ひとつは、図書館等の使命なり役割への問いかけであり、次いで、図書の流通形態への問いかけ、それに、米国におけるフェアユースの不透明さである。

まず、図書館等にもたらした問題を述べよう。図書館等が所蔵する何百万点という文献をデジタル化し、その内容をも検索できるようにする点では、図書館等と民間事業者の間で認識が一致しているとしても、Google という民間の事業者が公益にのみ奉仕するはずはなく、図書館等との間には考えのずれが生じてくる。所蔵文献のデジタル化を一旦は承諾したハーバード大学図書館は、著作権のなお存続する著作物の含まれていることを重視し、Google 検索のプロジェクトに不参加の意思を表明したことが伝えられている。たしかに著作権の存続している著作物についてまでその商業的利用に図書館等が協力できるとは考え難い。図書館等が自らの公共的なサービスのために著作物のデジタル化を推し進めることと民間の事業者が行うこととの間には、著作権のなお存続する著作物に関する限り、大きな違いがあり、本来、図書館等は自ら所蔵するものであっても商業的利用を前提としたデジタル化を許諾する権限までは有していない。図書館等の公共的サービスという固有の使命を考えるとき、その所蔵文献を直接商業的利用に供することには問題があろう。

さらに、図書館等の使命のひとつに利用者のプライバシーの保護がある。デジタル化された図書館所蔵物がひとつの民間事業者の管理下に置かれたとき、図書館等が自らの使命を果たすことができるのか。疑問の提起されている点である。加えて、デジタルネットを介して書籍にアクセスすることが常態化すると、図書館等の存在意義が薄れかねない旨の懸念も生じよう。

もっとも、このデジタルネットの時代、図書館等があらためて自らの使命や役割を認識する必要があるように思う。検索の便を考えればその所蔵文献をデジタル化する作業は不可欠だが、現在用いられているデジタル化の技術や再生の技術

3—斉藤博「Google 和解に関する一つの考察」JUCC 通信 134 号（2009 年 6 月）1 頁。

が将来にわたっても長く用いられる保障はない。デジタル媒体に依存し過ぎることは危険であり、著作物を保存する際のアナログ媒体の安定性を看過することはできず、原本であるアナログ媒体の書籍の保存もないがしろにしてはならないように思う。これも Google 和解案のもたらした教訓といえよう。

(3) 書籍流通の新たなチャネル

　Google 和解案のもたらしたものに、書籍の流通、将来における書籍のあり様をめぐる問題がある。Google 和解案は著作権を軸に組み立てられてはいるが、実際には、「書籍」を単位に書かれ、その書籍も、著作権が存続していて市販のもの、著作権は存続しつつも権利者の所在が不明で絶版のもの、それに、公有の著作物に関するもの、という具合に、複数の類型を前提にしている。絶版の書籍をデジタル化し、再び公衆に提供することの意義は大きい。公有著作物に関する書籍のデジタル化については、著作権を軸に考える限り当然だが、和解案の外に置かれている。その一方、公有著作物に関する書籍であっても、現に市販されているものが多くあるはずである。このほうは、公有著作物が編集著作物の素材に組み込まれている場合を除き、著作権に直接関わるものではないが、公有著作物を載せた「書籍」となると、出版社の利益になお関わりがあろう。

　公有著作物に関する書籍は出版社が自らの労力と資本をもって発行しているところ、これを他の者がデジタル化し、ネットを介して公衆に供するとなると、書籍の流通に新たなチャネルが設けられることになり、伝統的な出版社がこれにどのように対応するのか、新たな流通によって受ける営業上の損失にどう対処するのか、自らもその新たなチャネルを積極的に活用する立場の一角を占めるのか、著作物のデジタル流通は書籍の流通とも重なり、出版社が自らの立場をあらためて確かめる時代を迎えている。そのことは何も公有著作物に関する書籍に限らない。

　少なくともいえることは、書店での購入や図書館等を介して書籍にアクセスするという伝統的なチャネルの一部または大半がデジタル化された書籍にアクセスするという新たなチャネルに代わる事態が想定できよう。かつてグーテンベルクの活版印刷術が書籍の市場を変えたように、デジタルネットの時代、書籍の流通に大きな変化が生ずることはたしかである。

　書籍の流通形態の変化は、すでに複写技術の普及の際にも、小規模ながら認めることができた。出版界は、書籍を購入する代わりに必要な部分のみが複写され

るという事態に悩まされたが、それは、複写機器の普及が書籍へのアクセスの仕方を変え、市場の伝統的な形態の一角が崩れたことを意味していた。このたびの書籍のデジタル化とネットを介しての流通も書籍へのアクセスの仕方を変えるという点では共通するものがあり、その規模は複写によるものよりはるかに大きいはずである。書籍の中から必要な部分を検索し、その部分のみにアクセスすることも書籍へのアクセスの仕方には違いない。

　この段階で、出版社としてはひとつの決断を迫られる。書籍の一部分へのアクセスをも書籍の流通形態のひとつと割り切るかどうかである。割り切るとすれば、それは書籍のページ売り、ばら売りとなるが、さきにも述べたように、デジタルネットを介してのアクセスは複写によるものよりはるかに規模が大きいことであり、出版社としても、書籍のページ売り、ばら売りの際の対価の決定など、積極的な取組みが必要となろう。

　すでに図書館等の所蔵文献についても述べたことだが、ここで重ねて付言するならば、書籍がその伝統的な形態からデジタル化されたものに全面的に入れ替わることまでは想定しない。デジタル媒体の不安定性、電子社会の脆さを考えるとき、将来何世紀にもわたって文化を保存する安定性を託せるのは印刷媒体の他はないように思う。

　出版界が、書籍のページ売り、ばら売りをも流通のひとつの、しかも大きなチャネルとしようとする意図があるとするならば、Google 和解案は出版界にひとつのビジネスモデルを示したともいえよう。

　ここでは、Google 和解案を素材に述べたので、言語の著作物や書籍に関する論述になったが、音楽や写真、映像等についても、デジタルネットの時代、データベースの構築や検索、送信などについて同様の問題に出会うであろう。音楽のように、一部の分野においてはすでに実用化の段階に入っているであろうが、デジタルネット環境の下での著作物の利用と保護のあり様については次節で述べよう。

(4)　フェアユース概念の不透明性

　このたびの Google 和解案は米国におけるフェアユース概念の一端を見せてくれた。無許諾でのデジタル化等の行為が権利侵害に当たる旨の原告側の主張に対して Google 側は自らの行為がフェアユースに当たる旨抗弁したわけだが、結果として和解案の作成に至ったことは、原告側の事情もあるかもしれないが、少な

くともフェアユースの主張が貫けなかったことはたしかで、加えて、Google 側が、原告側の弁護士費用を含め、100 億円余りを負担することになったことを合わせ考えると、フェアユースの主張がかなりリスクを伴うものであることが明らかとなった。それに、2004 年にデジタル化の作業に着手し、2005 年に訴えの提起、そして、今なお未解決で、和解案が裁判所により最終的に承認されるか否かが明らかになるのが 2009 年 10 月という具合であるから、このたびの Google 和解問題は、フェアユースの制度が争いを迅速に解決するものではないことをも示す結果となってしまった（この点については本章末尾の追記を参照）。

5 「利用者」の拡散と著作権の個別処理

(1) 著作物の「利用者」の拡散

デジタル技術は、著作物のデジタル化とデータベース化を促し、ネット配信の技術と相俟って、著作物の利用環境に大きな変化をもたらしている。そこでは、著作物の利用者が途方もなく拡散する状況がつくり出され、彼らは、これまでのような著作物の受け手、いわゆる最終ユーザーではなく、著作物を端末で受信し、何部かの複製物を作成し、あるいは他に送信するというビジネス展開をすることさえできる立場になった。

このように拡散した利用者が、比較的スムーズに著作物を利用することができ、同時に、著作者等の利益にも配慮するという、バランスのとれた解決策を探ることが今や急務となっている。それは途方もない、非現実的なことのようにみえるかもしれないが、利用者を拡散させたデジタルネットこそが、同時に、利用者と著作者等を結び付ける機能を果たし得ることに注目する必要がある。アナログ時代では想定さえしなかったことがデジタルネットの環境下では可能となる点に留意しなければならない―4。

ここで「利用者」の語につき付言しよう。著作権法制においては、著作権のはたらく行為を「利用（exploitation）」と位置付け、著作物の複製、上演、演奏、上映、公衆送信など 21 条以下に定める行為を「利用」とし、それぞれの行為につき、複製権、上演権、演奏権、上映権、公衆送信権などと、著作権の内容が定

4―北川善太郎監修・コピーマート研究会編『インターネットにおける著作権取引市場コピーマート』（新世社、2003 年）など。

められ、書籍を読む、録音物を再生して鑑賞するなどの行為は「利用」とは分けて、「使用」と位置付け、著作権行使の対象とはしない。

このように、著作権の関与する利用と著作権の関与しない使用とを区分するとき、デジタルネット時代、「利用者」が急増し拡散することである。かつてのように、出版者やレコード製作者、放送事業者などの事業者が著作物の利用者であり、その複製物等を買い受けまたは受信する一般の者は使用者というように、分業の態勢ができていた時代は過ぎ、これまでの使用者は複製物等の単なる受け手を超え、自らが複製や送信に積極的に関わるようになる。

(2) 権利の電子的処理

そこでは、それまで著作物の利用許諾に全く関与してこなかった多くの者、その意味では素人が参入してくるわけであるから、伝統的な手法で対応することは難しい。何らかの比較的簡易な手法が構築されなければならない。著作物の利用許諾にしても、いわゆる素人にもなじみ易い、比較的簡易な手法を探ることになる。

簡易さを求めるあまり強制許諾などを選ぶのではなく、通常の利用許諾を電子技術を用いて行うことであり、その仕組み自体はすでに他の電子取引においても行われている。ただひとつ、著作物の特性を考え、取引に際して、音楽などのソフトの売買に加えて、そこに収められている著作物についても利用許諾を済ませ、その許諾を得た者がさらにその著作物から多くの複製物を作成したり、その著作物を公衆に送信する途を開こうというものである。そのような利用許諾は著作権者の自由な意思に基づくものであるから、複製は認めるが送信は認めないなど、特定の利用を許諾しない自由もあるし、さらには全部の利用につき許諾しない自由もある。許諾する場合は、その対価等、利用の条件を著作権者が決めることになる。利用の態様もさまざまであろうから、対価等の設定も多様となり、個々の利用許諾に多くの手間がかかるように思えもするが、これらの作業を電子技術によって行うわけであるから、机上で考えるほどの手間は要しない―5。

(3) 技術的手段と権利管理情報

幸いなことに、この点に関して1996年のWIPO著作権条約は、ふたつの重要

5―斉藤博『著作権法（第3版）』（有斐閣、2007年）第8章。

な規定、すなわち、技術的手段に関する義務（11条）と権利管理情報に関する義務（12条）につき定めている。この条約はインターネット条約の別名も付けられ、かなり先を見越した規定を設けているが、何分にもデジタルネットが今ほど普及していない段階での条約であったため、諸国は、前述のふたつの規定をも含め、この条約を十分使いこなしてこなかった嫌いがある。しかし、デジタルネットがかなり普及し、ビジネスの領域においても重要なツールとなりつつある今の時代、条約はその真価を発揮できるはずで、とりわけ、さきに述べたふたつの規定は著作物のネット流通に直接関わるものといえよう。

　条約では、締約国は、侵害行為の抑止と権利の行使に関連して施された技術的手段を回避することを防ぐことが求められ、電磁的な権利管理情報の除去または改変等を行うことへの対応も求められている。ここでいう技術的手段は、当初はコピープロテクションのための措置と考えられてきたが、複製に限らず送信等を含めた著作物利用のさまざまな場面をコントロールできる手段と考えることができ、さらには、電子的な鍵の開閉が著作物の利用許諾、権利の行使と重ねて考えることもできる。それは著作権の電子的行使である。その際、著作物の個々の利用態様に応じて許諾の対価が定められ、それが利用者に表示されている必要があるから、著作物ごとに利用の条件、利用の対価をも含めた権利管理情報の整備が不可欠となる。権利管理情報とは著作物、著作者、著作物に関する権利者の情報、著作物の利用条件に係る情報で、複製物の作成や送信に際して、電子的に埋め込まれたものである。その一方、複製物の作成や送信に際してその種の権利管理情報を電子的に埋め込むことができるに越したことはないが、利用条件を示すにも、教育目的のための複製や送信、ビジネスのための複製や送信など、利用の態様にはさまざまなものがあり、それらを複製物等に埋め込むことはそれなりのスペースを要するので、権利管理情報に関するデータベースを併用することが必要となろう。個々の端末で他人の著作物を利用しようとする際、その利用態様に応じた対価をそのデータベースで検索し、その条件に合意するならばそこに示された対価を電子的に決済することで権利の処理も完了する。

　もちろん、ネットを介してのそのような利用をそもそも許諾する意思を有しない著作者等はその旨データベースに示すことができよう。その他、著作者等の不明の著作物については、公表年、発行出版社等明らかな限りで示し、それらを手掛かりとしてもなお著作者等が不明であれば、裁定による利用の手続き（67条の2）（2009年〔平成21年〕改正）に従って利用する途がある。

(4) データベースの構築

問題なのは、言語や音楽、写真、映像などあらゆる分野を網羅したデータベースを構築するのかどうか。そもそもそのようなデータベースをだれが構築するのか。今、少なくともいえることは、言語の著作物や音楽の著作物などあらゆる分野を網羅するデータベースを構築する必要はない。分野ごとのデータベースを、それも密度の濃いデータベースを構築し、それぞれのデータベースをリンクすることで目的を達成することができるからである。

より重要なことは、そのような分野ごとのデータベースを誰が構築するのか、である。かりにひとつの分野であっても、データベースを構築するとなると、デジタル化の作業をも含め、多くの労力と莫大な額の資金が必要となる。それに、権利管理情報を集約する以上、中途半端なことはできず、つねに更新する必要もある。そのような労力と資金をどのように準備するかは大きな課題である。これまでにも権利管理のモデルまたはビジネスモデルとしてさまざまな考察がなされてはきたが、いざこれを実際に立ち上げるとなると躊躇の思いも出る。既存の権利管理団体も大胆に踏み出すところまでには至らない。そのようなためらいの状況の中で突如ひとつのモデルを現実に立ち上げようとしたのがgoogleである。

民間の事業者に先を越されたが、今からでも遅くはない。それぞれの分野の権利管理団体が自らの新しい役割を認識し、仮に自らが主役にならないとしても、今や、果敢に取り組む時を迎えているように思われる。

6 関係者間の利益の調整

(1) 著作権の内容をめぐる調整

本書第2章で詳述されているように、わが国著作権法は著作権の内容を個々に定めている。すなわち、21条が「著作者は、その著作物を複製する権利を専有する」と、著作物の複製を著作物を利用する行為として掲げ、その複製行為に著作者が排他的な複製権を保有することを定め、以下同様に、22条が著作物の上演、演奏、22条の2が上映、23条が公衆送信、送信可能化、伝達、24条が口述、25条が展示、26条が頒布、26条の2が譲渡、26条の3が貸与、27条が翻訳、編曲、変形、翻案といった二次的著作物の作成が、それぞれ著作物の利用に当たることを定め、それらの行為に対応した権利、すなわち、上演権、演奏権、上映権、公衆送信権などを著作者が保有することを定めている。これらの諸権利こそ

が著作権である。換言すれば、著作権の内容は、著作物の利用形態に応じて定められている。それに、28条が二次的著作物の利用につき原著作物の著作者が併せて権利を保有することを定めている。これも著作権の内容に加えることができる。

このように著作権の内容をひとつひとつ立法によって定め、著作権の関与する「行為（利用）」を確かめる手法は、立法技術の面からいえば手間を要するものだが、著作物に何らかのかたちで関わる一般の者にとっては、著作権がはたらく行為とそうでない行為を明確に識別できる。

その一方、立法例の中には、ドイツ法のように、著作物の利用をより包括的に定める手法も見受けられるが、わが国においては、著作権の関与する「利用」は、少なくとも法文上は、限定的に列挙され、著作権の内容もその内包外延が固まっている。

このように、わが国法制においては、著作物の利用を確かめることができ、他人の著作物を利用する際許諾を要するか否かが比較的容易に識別できるという点で法的安定性が確保されているが、その一方、次々と開発されてくる技術が著作物の利用形態を絶えず変えつつある環境の下では、課題がないわけではない。

ひとつには、著作物の新たな利用形態が21条以下に規定されている「利用」に包摂できるのか否か。包摂できるのであれば法を改正する必要はないが、定められた「利用」にはどうにも包摂できないとなれば新たな規定を設け、その新たな「利用」に対応した新たな権利が著作権の内容のひとつに加えられることになる[6]。著作物の利用技術が激しく変わる今の時代、著作物の利用形態も常に変動する。わが国著作権法が、これまでのように著作権の内容を限定的に列挙する方式を続けるのであれば、著作物を利用する形態の絶え間ない変動に目配りをし、立法上早目に対応することに留意しなければならないであろう。その際、著作者の利益や公衆の利益など諸利益が関わり合うであろうから、これらを迅速に解きほぐして、著作権の関わる「利用」とそうでないものとを早目に定める必要があろう。

6—「上映」のように、かつては映画に特化した「利用」形態として26条で定められていたものが、アルタヴィジョンのような、映画に関連しない新たな映像利用の形態が出現すると、新たに22条の2の規定が設けられ、そこに移されることもある。

(2) 著作権の制限をめぐる調整

さきのように、著作権の内容はその都度確かめられるとしても、著作者の利益や公衆の利益等を調整する作業はなお続く。複製権など、著作権の内容としてひとたび21条以下の規定に組み込まれた権利であっても、さらに、公衆の利益、教育目的、弱者保護、公共目的などのために、著作権を制限する諸規定が設けられる-7。近年、この問題をめぐってはさまざまな論議があるので、まさに著作権の制限は本章が求められている今日的課題の宝庫といえるかもしれない。そのような中から、本章では、私的使用のための複製と著作権制限規定のあり様について述べよう。

(a) 私的使用のための複製

まず、著作権法30条の定める私的使用のための複製だが、具体的には、私的録音録画補償金制度について論議されている。その内容は決して新しい課題ではなく、長過ぎるくらいの年月を費やして設けられた制度である。それがなお今日的課題であるとするとすれば、その内容より、すでに論議を重ねてきた項目を、著作物の利用形態の変化とはおかまいなしに、ときには観念的に、抽象的に、あらためて論議していること自体が「今日的課題」といえるのかもしれない。

ここに詳論するつもりはないが、私的録音・録画の問題は、昭和52年10月、著作権審議会第5小委員会（録音・録画関係）が検討を始め、数年後の昭和56年6月、第25回会議が報告書をまとめている。そこでは、「直ちに特定の対応策を採用することは困難」とする一方、「家庭内録音・録画が著作権者及び著作隣接権者に及ぼす影響をこのまま放置することは妥当ではないと考えられる」との認識の下に、「国民の理解を深めるため関係者及び文化庁は適切な措置を講ずるよう努めるべき」としている-8。その後、さらに数年間、審議会の外の著作権資料協会（現在の著作権情報センター）に舞台を移し、ラウンドテーブル方式で関係者に学識経験者を加えて数年の討議が重ねられ、そこでも結論が得られず、再び著作権審議会に戻して、その第10小委員会が、昭和62年8月、検討を始め、これまた数年を経て、平成3年11月、第17回会議において、「現行法立法当時には予測できなかった不利益から著作者等の利益を保護する必要が生じていると考

7―権利の制限に止まらず、13条のように、権利の適用を除外する規定もある。著作者人格権に特化したものだが、20条2項もその種の規定である。

8―著作権審議会第5小委員会（録音・録画関係）報告書（昭和56年〔1981年〕6月）。

え」、「国際的動向に照らしてみても」「国際的基準との関係においても何らかの対応策が必要」との認識の下に、「一種の補償として」報酬請求権制度の導入が適当との結論を得るに至った−9。そして、今、特例（104条の2以下）を適用するかたちで制度の運用がなされているが、補償金支払いの対象となる機器および媒体を政令で厳密に書いているため、その後新たに使用されるようになった機器または媒体を補償金支払いの対象とすることをめぐって長い論議が続けられている。そこでは、かつて制度立ち上げに漕ぎ着けるまでの論議と重なるような論議を続けているようだが、私的使用を含め、現在の音楽需要、映像需要がどのような状況にあるかをマクロ的に把握すれば容易に解決するはずのところを、論議だけが続いている。

このことは、権利を制限する制度のあり様にも検討を迫る。政令をも含め、権利の制限規定が厳密に過ぎると変動する事実に柔軟に対応できない事態がつくり出されてしまう。制度の発足段階では厳密な規定も必要だが、複製技術、それもデジタルのそれは日に日に開発が続けられていることを考えるとき、技術の範囲を特定した機器や媒体は短い時間に陳腐化する。それに、デジタル関連の機器や媒体については、専ら私的録音録画に供せられるものを想定することがますます難しくなっている。汎用性のない技術を探すことのほうが難しい。

（b）　著作権制限規定のあり様

著作権を制限する規定の仕方は、現行法をみるだけでも多様である。それは、諸利益の多様な調整を反映するものである。30条以下の諸規定をみると（著作隣接権の制限については102条）、無許諾、無償で利用できるもの、無許諾、有償、すなわち補償金の支払いを要するもの、無許諾、無償で利用できることを原則としながら「ただし書き」すなわち、「ただし、当該著作物の種類及び用途並びにその複製の部数及び態様に照らし／当該公衆送信の態様に照らし著作権者の利益を不当に害することとなる場合は、この限りでない」とする文言を加えているもの（35条1項・2項、36条1項、42条）と、多様である。

条約の次元では著作権を制限する基準として3-Step-Testが定められている。ベルヌ条約においては複製権の制限に限られていたが（9条2項）、1996年のWIPO著作権条約に至ると、複製権に限らず著作権一般を制限する基準として

9—著作権審議会第10小委員会（私的録音・録画関係）報告書（平成3年〔1991年〕12月）。

(10条)、加えて、同年のWIPO実演・レコード条約も実演およびレコードに関する権利を制限するものとして（16条）、この3-Step-Testが定められている。

1996年のWIPO著作権条約によると、この3-Step-Testは、著作権を制限するにつき3つの点を吟味することを求めている。すなわち、締約国は、「特別な場合」で、「著作物の通常の利用を妨げず」、かつ「著作者の正当な利益を不当に害しない」ときは、著作者に与えられた権利の制限または例外を定めることができるというもので、権利の制限または例外を考える際、その基準を抽象化すると、このような3つの要素に集約できる。わが国現行法のように、30条以下にかなり詳細な規定が設けられる場合であっても、それらの規定を貫く基軸にはさきの3つの要素を認めることができる。あるいは、少なくともそうあるべきものと思われる。

(c) **権利制限の包括的規定は必要か**

わが国著作権法においても、権利を制限する包括的な規定の有用性を論議する必要があろう。著作物のさまざまな利用形態に応じて権利を制限する規定を設け続けることは現実的でない。それに、技術の領域に踏み込んで微に入り細に入って具体的個別的な規定を設けることは控えたほうがよい。私的録音録画補償金制度の導入に際しては政令で対象機器の指定を厳格に行ったが、これは新たな制度において補償金の支払いを要する場合とそうでない場合とを明確にするのに必要なことであったが、制度が動き出してから長い年月を経ても細かい技術的枠組みを設け続けることはいかがであろうか。技術そのものは常に陳腐化を続けるであろうし、技術はそもそも汎用化の途を歩むのが常であろうから、専ら私的録音・録画用の機器など、想定すること自体が無意味であろう。私的録音・録画に際して補償金の支払いを考えるにしても、現に普及している機器や媒体がその種の複製にどのように用いられ、それが著作物の通常の流通とどのように競合し、著作権者の利益に不当な影響を与えている否かを吟味するだけで済むように思う。そうであれば、権利を制限するために余りにも詳細な規定を設けることは現実と法規範の間の乖離を広げるだけとなる。

権利を制限する規定は、条約の定める3-Step-Testを視野に入れながら、より簡素なもの、より平易なものとする必要があろう。その際、3-Step-Testの中の「特別の場合」は立法上具体的に明示する必要があろう。教育、図書館等、弱者保護、裁判手続き、立法、行政など、「特別の場合」を列挙することが重要である。

包括的な規定のひとつの試案として、教育、図書館等、引用、弱者保護など「特別な場合」を列挙したうえ、それらの場合には、「著作物の通常の利用を妨げず、かつ、著作権者の正当な利益を不当に害しないときは無許諾で、又は無許諾・有償で利用することができる」旨定める方法がある。たしかに規定そのものは簡素になるが、諸利益の対立する中、個別的具体的事例ごとに規定を具体化する作業が残り、その作業に多くの時間と労力を要することになろう。そのように考えると、現行の制限規定ほど詳細ではないにしても、あらかじめ想定できる事例については個別的な制限規定を設け、さきの包括的な規定と併用する途も考えられよう。

　もうひとつの試案としては、35条1項等に設けられているただし書き、すなわち、「当該著作物の種類及び用途並びにその複製の部数及び態様に照らし、又は当該公衆送信の態様に照らし著作権者の利益を不当に害することとなる場合は、この限りでない」とする但書を廃止し、これらを一般化して1カ条にまとめる方法である。たとえば、47条の10を設け、「30条から47条の9までの規定は、著作物の通常の利用を妨げ、かつ、著作者の正当な利益を不当に害する場合には適用しない」という具合である−10。

　もちろん、これらはひとつの試案であって、規定の簡素化、平易化を図りつつ、著作権者の利益と利用者等の利益をほどよく調整する途を探る必要があろう。

　権利を制限する際の包括的な規定を考えるとき、フェアユース（Fair use）の制度の導入が論議されることがあるので、付言しよう。この制度は合衆国において100年以上にわたる長い年月のうちに裁判例によって積み重ねられてきたものであり、たしかに合衆国著作権法107条に規定が設けられているものの、その内容は積み重ねられてきた裁判例であり、加えて、今なおその内容が変容しつつあるという。その意味では、フェアユースの内包外延を把握することは容易ではない。集積された膨大な事例からひとつの法概念をつくり上げるという帰納的手法を得意とする合衆国と違い、日本を含む大陸法系諸国は、どちらかといえば、ひとつの法概念をまず考え、これに諸事例が包摂できるか否かを吟味する演繹的手法に慣れていることを考え合わせるとき、判断基準として不透明なフェアユースの制度を敢えてわが国著作権法に導入する必要はない。法伝統、法文化の違う中

10——47条の10としたのは、平成21年（2009年）の法改正で47条の9の規定が設けられたので、その後に続けたものである。

で培われた制度の導入はいたずらに法的安定性を害するだけである。それに、さきにGoogle和解案について述べたように、合衆国内でおいてすらフェアユースが争いの迅速な解決に適しているとはいえない面がある。合衆国と歴史的にも最も緊密な関係にあるイギリスにおいてさえ、フェアユースでなく、フェアディーリング（Fair dealing）という別の語を用い、その内容も別のものである。

7　「創作者」の原点に立ち返る

(1)　著作者と著作権者

　著作権制度の今日的課題を考えるとき、ときとして看過されているのが「創作者」の位置付けである。「創作者」すなわち「著作者」の位置付けがそれほど曖昧なのか。たしかに、近年、著作権制度をめぐる論議の際に軸足の振れを感ずるときがある。そのような振れは、著作権の保護が「誰のためか」という、著作権制度を考える際の根幹に関わる大きな問題である−11。

　著作権保護のターゲットは何か。この自明とも思える問いも、今の時代、あらためて答えるとなると、さほど単純なことではない。著作権の保護を考える際、その著作権の主体はだれか、著作権の客体である著作物がどのような形態で利用されるのか、それに、ときには著作物の種類によっても、保護の意味に違いが生ずる。そのような中で、とりわけ重要なのは著作権の主体である。著作権は、著作物が創作された時点でその創作者に発生する。その限りでは、著作権の保護は創作者である著作者を保護することになる。ところが、著作者と著作権者が分化することもある。著作権の相続人、著作権の譲受人など、著作者以外の者が著作権を保有する状況においては、著作権の保護を論ずるとしても、直接的に意図するところは、創作者である著作者を保護することではない。著作権の保護、とりわけ保護の強化を論ずる際の力点は、著作者ではなく、著作権者の利益である。とりわけ著作権を譲り受けてビジネスを展開する事業者の利益に重きが置かれる。このように、著作権の保護を考える際に、保護のターゲットに大きな違いのあることにも留意しなければならない。

　たしかに、著作権が財産権である以上、その担い手が著作者から他の者に移れ

11——斉藤博「『著作者と著作権者』の現代的意義」ジュリスト1368号（2008年12月）114頁。

ば著作権の新たな主体の利益を考えるだけで十分と考えることもできよう。しかし、著作権制度に関する限り、そのように単純に割り切って考えることが妥当かどうか、なお吟味を要するところである。そこには、国際著作権界で長きにわたって培われてきた法律思潮の違いをみる。すなわち、著作者（authorship）に重点を置くのか、事業者なり製作者という著作権者（ownership）に重点を置くのか、換言すれば、国際著作権界に併存するふたつの法律思潮である Continental approach と Anglo-American approach のいずれに立つかにより、同じく著作権の保護、保護の強化を論ずるとしても、その意図するところは全く異なることになる-12。

　著作物の利用に伴う利益の調整を考えるにしても、通常は、著作権者と著作物利用者の間の利益調整と考えられてきた。著作権とその制限を考える限り、そのとおりだが、調整すべきはだれの利益とだれの利益なのか。著作権者と著作物利用者の間の利益調整は当然必要であるとしても、そもそも、著作者と著作権者の間の関係はどうなのか、についてもあらためて吟味する必要がある。著作者と著作権者の関係は、もちろん同一人である場合が多いが、映画の著作物にみられるように法的に、または契約によって、著作者と著作権者が分化することもある。そこでは、著作権者と著作物利用者が同一人となり、著作権の保護や保護の強化は、そのような著作物利用に関わる事業者の保護と重なってくる。そのような保護は、著作物を創作する著作者の利益に直接には結び付かない。

　さらには、著作権が著作者の全く関与しないところでひとり歩きし、金融商品の中に組み込まれて投機の対象やマネーゲームの対象となることがあっても、財産権の処分としてこれを当然のことと受け止めるのか。これは、著作権制度の本質を考える際の分岐点である。著作権の保護の行き着くところがその程度でよいのか、それとも、著作権の客体である著作物を創作する者にも配慮するのか。著作権制度の原点は、著作権をなお保有しているか否かを問わず、著作者であることをあらためて確かめるときなのではなかろうか。その際、かりに著作権が著作者から他に譲渡されている場合であっても、著作物を利用する技術の開発が著作物の経済的な価値を大幅に高めるような事態が生じているときは、著作物のそのような利用によって生じた想定外の利益については、著作者も何らかの関与がで

12——斉藤博「著作権制度における利益の調整」高林龍編『知的財産法制の再構築』（日本評論社、2008年）141頁。

きる細やかな利益調整が必要であろう。

(2) 著作権の存続期間

　著作権の存続期間も今日的課題となっているので、ここでは、著作者と著作権者という視点から若干だが言及しよう。著作権の存続には、通常、時間的な限界付けがなされているが、どのような期間が妥当かにつき決定的な論拠があるとはいえない。少なくともいえるのは、国の内外を問わず、存続の期間が徐々に長くなってきたことである。著作権の存続期間についてはベルヌ条約上相互主義が適用されるところから、勢い諸国の立法はより長期の期間に収斂することになる。そのような中で、わが国は、平成15年（2003年）、映画の著作物につき新たな保護期間を設け、その著作権は、著作物の公表から70年間存続することになった。「公表後」70年間存続することになったというだけのようだが、その背景には、著作者と著作権者の関係が透けて見える。映画の著作物につきその保護期間を延長するにはふたつの方法があった。ひとつには、映画製作者に著作権が帰属していることを考え、その著作権は著作物の公表から起算して70年間存続する旨定める方法があり、もうひとつには、映画の著作物の著作者を考え、その死亡後50年間存続する旨定める方法がある。これらを単純に比較しても、著作権は後者の死亡後50年のほうがより長く存続するように思えるが、映画製作者の側は著作権保有者としての立場を基点に「公表」から算定する途のほうにより強い関心をもっていたようだ。著作権者という基点に堅く立ったということであろう。そのこと自体妥当であるが、かりに存続期間の算定の起算点として著作者の死亡を考えたとしても、映画製作者の著作権者としての地位が影響を受けるわけではなく、それに、映画との調和が図られてきた写真の著作物が、平成8年（1996年）、公表から50年間保護する旨の規定を改め、一般の著作物並に著作者の死亡後50年保護することとした点を合わせ考えても、著作者の死亡後50年存続する旨定める途もあったように思う。

(3) 著作者人格権

　著作権制度を考える際、著作者の原点に立ち返るとき言及しなければならないことは著作者人格権である。著作権者（ownership）を基点とするAnglo-American approachにおいては、概して著作者人格権への認識が薄いが、著作者（authorship）を基点とするContinental approachにおいては、当然のことながら、

原則として、著作物を単なる経済財として把握することはしない。著作物は創作者の人格の発露であり、著作物と著作者の間の靱帯が強く認識されている。

(4) 著作権制度の使命

このような例を瞥見するだけでも、創作者を原点とするか否かにより著作権制度の認識に大きな違いの生ずることが明らかとなる。将来における著作権制度のあり様を考えるに際しても、自らの軸足をしかと確かめる必要があろう。これから何世紀にもわたって続けられるであろう文化の発展に寄与するという崇高な使命を担い、文化政策の指針となる著作権法制を意図するのであれば、著作物を創作する著作者を看過してはならない。もちろん、そのことは、著作者の利益のみを考えることではなく、実演家や著作物を世に伝える事業者（著作物の利用者）の利益、公益、公衆の利益など、さまざまな利益を細やかに調整する作業も著作権制度の使命である。重要なことは、ときとして説かれる「著作者なき著作権制度（Copyright system without author, Urheberrechtssystem ohne Urheber）」をつくり出さないことであり、関係者間の信頼関係が常に醸成されることである。

　追記：Google 和解問題につき本文（278 頁）では、和解案が裁判所の最終的な承認を得られるか否かは 2009 年 10 月となる旨記したが、いまだ決着を見ず、和解案は修正を求められ、その修正和解案が 11 月 9 日に地裁に提出されることになった。
　そこには、Amazon, Microsoft, Yahoo, American Society of Journalists and Authors, Council of Literary Magazines and Presses などが加わる団体 "Open Book Alliance" が和解案に反対する意見書を地裁に提出。政府関係からも、米国著作権局長が 9 月 10 日の下院司法委員会で和解案に法的な面から反対を表明。9 月 18 日には、米国司法省がクラスアクション、著作権、独占禁止の面でなお検討するよう求めるなど、国内においても多くの論議があり、加えて、他国との関係で外交上の問題が生じうる旨の懸念も表明されている。

事　項　索　引

ア　行

IPマルチキャスト放送　254
ASCAP（アメリカ作曲家作詞家出版者協会）　16
アーティスト事務所　231
天下り　227
Anglo-American approach　288, 289
アン法（the Statute of Anne）　270
意思決定システム　226
委託者の自己使用　90
委託者の指定　134
一任型（→非一任型）　63
　──の管理　64
一括計算　127
一般社団法人　3
インターネット　165, 183
インタラクティブ送信　217
引用　48
受けるべき金銭の額　124
映画製作者　236
映画の著作物　53
映画の保護期間　214
映画録音権　140
映像ソフト協会　214
営利性　50
営利を目的とせず，かつ，料金を受けない場合　158, 164
NHK　5
MP3ファイル　185, 186
演奏権　35
　──の管理　119
応諾義務　106, 133, 140
公の演奏　158, 163, 174, 175
公の伝達権　39
オーバービュー　210, 211
音楽出版社（者）　16, 71, 231
本国の──（OP）　141
音楽の著作物　30
音楽配信事業者　235

カ　行

会員の意思　226
外国著作権管理団体　144
貸しレコード業　18
価値的相対主義者　198
カラオケ　165
　──の普及　166
カラオケ営業　18
カラオケ法理　37, 173
カラオケ・リース業　19
カラオケ利用に係る許諾契約締結業務の協力に関する協定書　179
カラオケ利用の適正化事業に関する協定書　179
カルテル　5
関係権利者　144
間接事実　161
間接侵害（→寄与侵害）　171
管理委託契約　63
管理委託契約約款　66
管理委託範囲の選択制　80
管理委託範囲の変更　99
管理・支配（right and control）　170, 184
　──の程度　187, 190
管理団体複数化　20
管理手数料規程　148
管理手数料実施料率　148
管理の公正性　152
官僚支配　227
技術的手段　279
擬制的　173
基本使用料　141

旧著作権法　3, 240
強行規定　138
共同著作物　115
曲別許諾　125
曲別使用料　125, 126
曲別分配　125, 127
寄与侵害（→間接侵害、代位侵害）　171, 184, 191
許諾停止　97
　——措置　134
Google 和解案　271, 273, 275, 276
クライアントソフト　186
クリエータ支援　223
経験則　161
経済的利益（financial benefit）　172, 184
携帯電話　188, 189, 190
結合著作物　115
原出版者　64
原盤権　262
権利確定基準日　147
権利管理情報　279
権利制限規定　45
権利の電子的処理　279
公益法人　3
公益法人制度改革　23
公衆　36
公衆送信権　38
口述権　39
公表権　55
公表実績　69
公表時編曲　70
公平義務　103
国際貢献　224
国際条約　195, 200
国際政治力　205
国際票　144
コマーシャル送信用録音　141
固有財産　113
Continental approach　288, 289
コントロールする権限と能力（right and ability to control）　172

サ　行

裁定　123
再放送　263
作品データベース　102
　——検索サービス（J-WID）　102
作品届　101
差止請求　180
差止請求権　111
指し値　95, 96, 139
SACEM　2
サブパブリッシング契約　141
三次利用　213
サンプリング分配　125, 127
事業部制の導入　85
施行令附則3条　167
CISAC（著作権協会国際連合）　25
下請出版者　64
実演　242
実演家　230, 242
　——人格権　239, 243
実質的証拠力（信用性）　158, 160
実質的な寄与（material contribution）　184
実質的に非侵害使用が可能な商品（a commercial product capable of substantial noninfringing uses）　190
実態調査　157
指定管理事業者　65, 122
指定団体　221
私的複製　46
私的録音録画補償金制度　47, 283, 285
私的録音録画問題　271
支分権横断的な利用許諾　121
司法救済システム　245
氏名表示権　56, 243
社会的な評価　222
社団法人音楽出版社協会（MPA）　72
社団法人全日本ダンス協会連合会（全ダ連）　163
自由と民主主義　196
出版特許　270
出版利用者の指定　134

主要商品ルール（staple-article rule）
　　191
上映権　　37
上演権　　35
商業的流通　　213
商業用レコードの還流防止措置　　260
証拠能力　　157, 158, 159, 160
譲渡権　　41, 255
　　──の消尽　　255
情報提供義務　　140
条約解釈　　203, 204, 205
使用料規程　　137
使用料支払計算書　　130, 149
使用料収入　　209
使用料相当損害金　　139
使用料分配明細書　　130, 149
使用料を指定できる利用形態　　95
事例判例（→法理判例）　　169
侵害者　　224
シンクロナイゼイション・ライツ
　（synchronization right）　　96, 140
信託　　108, 110
　　──の倒産隔離機能　　113
　　──の分割　　88
信託契約　　108
信託契約期間　　97
信託契約約款　　30, 42
信託財産　　21
　　──の安全性　　112
　　──の独立性　　112
信託事務処理遂行義務　　114
信託除外　　97
信託法　　21
信任関係　　112, 114
信頼の権利　　178
推奨ルール（inducement rule）　　191
ストーレッジサービス　　188, 190
3-Step-Test　　284, 285
政治主導　　199
全国カラオケ事業者協会（JKA）　　179
センサス分配　　125, 127
戦時加算　　54
戦時加算特例法　　75

専属開放　　92
専属楽曲　　233
専属契約　　91, 134
創作活動の支援　　209, 222
送信可能化　　253
送信可能化権　　220, 221, 251
ソフトウェア情報センター　　23
損害賠償請求権　　111

タ　行

代位侵害（→寄与侵害）　　191
代位責任（Vicarious Liability）　　172, 184
大権利（grand rights）　　79
大日本音楽作家出版者協会　　11
大日本音楽著作権協会　　2, 13, 15
大日本作曲家協会　　6
貸与権　　41, 255
代理　　108, 109, 110
大量性・零細性（権利侵害の）　　156
ダウンロード　　39
諾成契約　　132
WTO協定　　204
WTO提訴　　205
知的財産の利用に関する独占禁止法上の指針　　21
着うた　　19
着うたフル　　19
着メロ　　19
注意義務　　176
忠実義務　　114
著作権
　将来の──　　33
　　──の信託譲渡　　22
　　──の制限　　44, 283
　　──の存続期間　　271, 289
　　──の登録制度　　22
　　──の内容　　281
著作権関係条約　　194, 210
著作権管理の留保または制限　　89
著作権譲渡の特例　　87
著作権使用料　　6
著作権信託契約　　21

──の解除　99
著作権信託契約約款　21
著作権等管理事業　63
著作権等管理事業法（管理事業法）　19, 62
著作権ニ関スル仲介業務ニ関スル法律（仲介業務法）　14, 17, 19, 62
著作権法全面改正　17
著作権法附則14条　166
著作権保護の全廃　210
著作者人格権　4, 31, 52, 54, 289
著作物使用料分配規程　142
著作物資料　144
著作隣接権　20, 238
──の存続期間　241
──保護　215, 216, 219
手足（利用行為主体の）　36
デジタル化　183
データベース　218
テレビジョン放送の伝達権　264
テレビドラマ　247
展示権　40
電子ファイル交換　184
同一性保持権　57, 243
東京音楽協会　8
道具の危険性の性質と程度　178
道具の提供者（権利侵害の）　175, 176, 180
同時再送信　254
同時発行　224
独占禁止法　20
特定電気通信役務提供者の損害賠償責任の制限および発信者情報の開示に関する法律（プロバイダ責任制限法）　19, 185
匿名性（権利侵害の）　156
図書館　47
取次　108, 109, 110
TRIPS協定　204

ナ　行

内外無差別　201, 219
内国民待遇　201

二元論　182
二次使用料請求権　251
二次的著作物　32, 43
二次利用　213
日本音楽著作権協会（JASRAC）　2, 15
日本作歌者協会　6
日本文藝家協会　6
任意的訴訟担当　111
ネット放送　250
ネットワーク化　183

ハ　行

媒介行為　20
排他的権利　152
判決の射程範囲内　174
頒布権　40
ピアツーピア（P2P）　184
非一任型（→一任型）　63
非営利演奏　50
BGM　58
BIEM　5
フェアユース　45, 277, 286
フェアディーリング　287
複製権　35
複製使用料　141
物権的請求権　181
不当利得返還請求権　139
プラーゲ旋風　5
プラーゲ博士　5
──の活動　8
ブロードバンド・コンテンツ　213
文化振興　209, 222
分配計算　148
分配資料　143
分配対象使用料　143
分配点数　128
分配保留　97
分配率　145
分別管理義務　105
ベルヌ条約　3, 201, 217, 218
──ブラッセル改正条約　166
──ベルリン会議　4
──ローマ会議　4

編曲権　42
編曲著作物　70
弁護士法　25
ペンネーム　56
包括許諾　125
包括契約　265
包括使用料　125, 126
報酬請求権化　215, 217, 219
幇助行為者　181
放送および有線放送のための一時的
　固定　272
放送局　216
放送権・有線放送権　249
放送事業者　234, 262
法理判例（→事例判例）　169
保護期間　52
保護期間延長　207, 222
保証義務　102
保全処分　153, 154
翻案権　41
本案訴訟　153, 154
翻訳権　3, 9, 41
　――10年留保　4, 8
　――の保護期間　4

マ 行

マルチメディア　213
密室性（権利侵害の）　155, 191
民事調停　153, 155
民放連　212, 214
無方式主義　3, 22
名誉声望　59
網羅的な著作権管理　118

問題とされている者の行為の内容と
　性質　187

ヤ 行

訳詞または歌詞の指定　134
山田耕筰　7, 11
有限責任中間法人日本ダンス技術検定
　機構（検定機構）　163
有線放送事業者　234, 262
ユーザー・クリエータ　212

ラ 行

利益の調整　281
利益の帰属　171, 187
リピート放送　250
利用楽曲報告　143
利用可能化権　218, 220
利用許諾契約　131
料金　50
利用者代表　123
利用主体論　165
　規範的――　166
レコード製作者　232, 258
レコードの遡及的保護　205
録音権・録画権　245
録音利用者の指定　134

ワ 行

WIPO　204, 205
　――新条約　220
　――著作権条約　271, 279, 284
ワンチャンス主義　245, 249, 252

判　例　索　引

地方裁判所

大阪地判昭 42・8・21 判時 496 号 62 頁（ナニワ観光事件：第一審）　37
東京地判昭 52・7・22 無体裁集 9 巻 2 号 534 頁（舞台装置設計図事件）　46
東京地判昭 54・8・31 無体裁集 11 巻 2 号 439 頁、判時 956 号 83 頁
　（ビートル・フィーバー事件）　37, 170
広島地福山支判昭 61・8・27 判時 1221 号 120 頁（くらぶ明日香事件）　170
高松地判平 3・1・29 判タ 753 号 217 頁（まはらじゃ事件）　174
大阪地判平 6・3・17 知的裁集 29 巻 1 号 230 頁、判時 1516 号 116 頁
　（魅留来事件：第一審）　174
大阪地判平 6・4・12 判時 1496 号 38 頁　174
東京地判平 6・10・17 判時 1520 号 130 頁　81
大阪地判平 9・7・17 知的裁集 29 巻 3 号 703 頁、判タ 973 号 203 頁
　（ネオ・ジオ事件：第一審）　175
大阪地決平 9・12・12 判時 1625 号 101 頁　174
東京地判平 10・8・27 知的裁集 30 巻 3 号 478 頁、判タ 984 号 259 頁
　（カラオケボックス・ビッグエコー事件：第一審）　174
東京地判平 10・10・30 判時 1674 号 132 頁（「血液型と性格」事件）　58
東京地判平 10・11・20 知的裁集 30 巻 4 号 841 頁（ベジャール振付事件）　175
東京地判平 12・2・29 判時 1715 号 76 頁（「中田英寿　日本をフランスに導いた男」事件：
　第一審）　56
東京地判平 12・5・16 判時 1751 号 128 頁（スターデジオ事件）　175
東京地決平 14・4・11 判時 1780 号 25 頁（ファイルローグ仮処分事件決定）　185
東京地判平 14・4・25 判時 1793 号 140 頁（長銀初島事件）　179
東京地判平 14・6・26 判時 1810 号 78 頁（2 ちゃんねる動物病院事件：第一審）　183
東京地判平 14・11・21 判例集未登載（アサツーディ・ケイ事件）　142
東京地判平 15・1・29 判時 1810 号 29 頁（ファイルローグ事件：中間判決）　171, 185
名古屋地判平 15・2・7 判時 1840 号 126 頁　158
大阪地判平 15・2・13 判時 1842 号 120 頁（ヒットワン事件）　180
東京地判平 15・2・28　74
東京地決平 15・6・11 判時 1840 号 106 頁（ノグチ・ルーム事件）　59
東京地判平 15・12・17 判時 1845 号 36 頁（ファイルローグ事件：第一審終局判決）
　185
東京地判平 15・12・19 判時 1847 号 70 頁　79
東京地判平 15・12・19 判時 1847 号 95 頁（記念樹〔対フジテレビ〕事件）　32
東京地判平 15・12・26 判時 1847 号 70 頁　104
東京地判平 16・3・11 判時 1893 号 131 頁（2 ちゃんねる小学館事件：第一審）　182

東京地判平 16・11・12（平 16（ワ）12686）（「知的財産権入門」事件）　58
東京地判平 17・3・23 判時 1894 号 134 頁　79
大阪地判平 17・10・24 判時 1911 号 65 頁（選撮見録事件：第一審）　183
大阪地判平 18・2・6（クラブ・R 事件）　37
東京地判平 18・3・22 判時 1935 号 135 頁　74
東京地判平 18・12・27 判時 2034 号 101 頁　79
東京地判平 19・1・19 判時 2003 号 111 頁（THE BOOM 事件）　33
東京地決平 19・3・22 判例集未登載（CATV 間接強制申立事件）　136
東京地判平 19・4・27（HEAT WAVE 事件）　33
東京地判平 19・5・25 判時 1979 号 100 頁　188
和歌山地判平 19・8・22　164

高等裁判所

名古屋高決昭 35・4・27 下民集 11 巻 4 号 940 頁、判時 224 号 15 頁
　（中部観光事件）　37, 170
大阪高判昭 45・4・30 無体裁集 2 巻 1 号 252 頁、判時 606 号 40 頁
　（ナニワ観光事件：控訴審）　37, 170
大阪高判昭 46・3・19 著判 1 巻 523 頁　153
大阪高判昭 46・3・22　106
東京高判昭 52・7・15 判時 867 号 60 頁　159
東京高判平 3・12・19 判時 1422 号 123 頁（法政大学懸賞論文事件）　57
東京高判平 5・3・16 判時 1457 号 59 頁（チューリップ著作者人格権侵害事件）　135
大阪高判平 9・2・27 知的裁集 29 巻 1 号 213 頁、判時 1624 号 131 頁
　（魅留来事件：控訴審）　174, 176
東京高判平 10・7・13 知的裁集 30 巻 3 号 427 頁（スウィートホーム事件）　58
大阪高判平 10・12・21 知的裁集 30 巻 4 号 981 頁（ネオ・ジオ事件：控訴審）　175
東京高判平 11・7・13 判時 1696 号 137 頁（カラオケボックス・ビッグエコー事件：
　控訴審）　158, 174
東京高判平 11・11・29 民集 55 巻 2 号 266 頁（ビデオメイツ事件：控訴審）　176
東京高判平 12・4・25 判時 1724 号 124 頁（脱ゴーマニズム宣言事件）　58
東京高判平 12・5・23 判時 1725 号 165 頁（三島由紀夫書簡事件）　59
東京高判平 13・7・18 判例集未登載（ペルショウ事件）　139
東京高判平 14・9・6 判時 1794 号 3 頁（記念樹事件：控訴審）　42
東京高判平 14・11・27 判時 1814 号 140 頁（「運鈍根の男」事件：控訴審）　58
東京高判平 14・12・25 判時 1816 号 52 頁（2 ちゃんねる動物病院事件：控訴審）　183
名古屋高判平 16・3・4 判時 1870 号 123 頁（ダンス教授所事件）　139, 161
東京高判平 17・2・17 判例集未登載（どこまでも行こう JASRAC 事件）　136
東京高判平 17・2・27　105
東京高判平 17・3・3 判時 1893 号 126 頁（2 ちゃんねる小学館事件：控訴審）　182
東京高判平 17・3・31（判例集未登載）　185
知財高判平 18・8・31 判時 2022 号 144 頁　79
大阪高判平 19・6・14 判時 1991 号 122 頁（選撮見録事件：控訴審）　183
知財高判平 20・2・28 判時 2021 号 96 頁（チャップリン事件）　54

知財高判平 20・7・30（黒澤明事件）　　54
大阪高判平 20・9・17 判時 2031 号 132 頁（デサフィナード事件：控訴審）　　37, 50, 164

最高裁判所

最判昭 39・6・26 民集 18 巻 5 号 954 頁　　162
最判昭 43・9・24 判時 539 号 40 頁　　172
最判昭 43・12・12 民集 22 巻 13 号 2943 頁　　113
最判昭 46・1・26 民集 25 巻 1 号 102 頁　　172
最判昭 46・7・1 民集 25 巻 5 号 727 頁　　172
最判昭 46・11・9 民集 25 巻 8 号 1160 頁　　172
最判昭 46・11・16 民集 25 巻 8 号 1209 頁　　172
最判昭 47・2・4 著判 1 巻 527 頁（東海観光事件）　　133, 136
最判昭 55・3・28 民集 34 巻 3 号 244 頁（パロディ＝モンタージュ事件）　　49
最判昭 63・3・15 民集 42 巻 3 号 199 頁（クラブ・キャッツアイ）　　19, 36, 167
裁判平 13・3・2 民集 55 巻 2 号 185 頁（ビデオメイツ事件：上告審）　　19, 177
最判平 13・6・28 民集 55 巻 4 号 837 頁（江差追分事件）　　41
最判平 13・10・25 判時 1767 号 115 頁（キャンディ・キャンディ事件）　　44
裁判平 14・4・25 民集 56 巻 4 号 808 頁（中古ゲームソフト事件：上告審）　　41
最判平 19・12・18 民集 61 巻 9 号 3460 頁（シェーン事件）　　53

【編 者】
紋谷暢男（もんや・のぶお）成蹊大学法科大学院教授

【執筆者】（執筆順）
大家重夫（おおいえ・しげお）久留米大学名誉教授
上野達弘（うえの・たつひろ）立教大学准教授
鈴木道夫（すずき・みちお）弁護士
市村直也（いちむら・なおや）弁護士・弁理士
田中　豊（たなか・ゆたか）弁護士・慶応義塾大学教授
岡本　薫（おかもと・かおる）政策研究大学院大学教授
前田哲男（まえだ・てつお）弁護士
斉藤　博（さいとう・ひろし）弁護士・新潟大学名誉教授

JASRAC概論──音楽著作権の法と管理
2009年11月25日　第1版第1刷発行

編　者──紋谷暢男
発行者──黒田敏正
発行所──株式会社　日本評論社
　　　　〒170-8474　東京都豊島区南大塚3-12-4
　　　　電話 03-3987-8621（販売）8631（編集）
　　　　振替 00100-3-16
印刷所──精興社
製本所──牧製本印刷

© N. Monya 2009　Printed in Japan
装幀／山崎　登
ISBN978-4-535-51650-2

盲点…!? 民法と知的財産法は「特別」な関係だった！

民法でみる
知的財産法

金井高志/著

一般法と特別法の関係にある「民法」と「知的財産法」。民法を復習しながら、両者を関連づけて学習することをやさしく、楽しく解説。

◆定価2,835円(税込)／A5判　◆ISBN987-4-535-51528-4

これ以上わかりやすい著作権の本はない！

知って活かそう！著作権
―― 書・音楽・学校の現場から

神谷信行/著

身近な創作・教育現場で起こるごく具体的な著作権の疑問に明快に回答！ 巻末の付表「著作権消滅・存続の作家・作曲家」も便利。

◆定価1,995円(税込)／四六判　◆ISBN987-4-535-51480-5

日本評論社